Philipp Martzog

**Feinmotorische Fertigkeiten
und kognitive Fähigkeiten
bei Kindern im Vorschulalter**

Philipp Martzog

Feinmotorische Fertigkeiten und kognitive Fähigkeiten bei Kindern im Vorschulalter

Tectum Verlag

Philipp Martzog

Feinmotorische Fertigkeiten und kognitive Fähigkeiten bei
Kindern im Vorschulalter
© Tectum Verlag Marburg, 2015

Zugl. Dissertation an der Universität Regensburg 2014
mit dem Originaltitel:
„Beziehungen zwischen feinmotorischen Fertigkeiten und kognitiven
Fähigkeiten bei Kindern im Vorschulalter"
ISBN: 978-3-8288-3573-3

Umschlagabbildung: fotolia.com © ksi
Druck und Bindung: CPI buchbücher.de, Birkach
Printed in Germany
Alle Rechte vorbehalten

Besuchen Sie uns im Internet
www.tectum-verlag.de

Bibliografische Informationen der Deutschen Nationalbibliothek
Die Deutsche Nationalbibliothek verzeichnet diese Publikation in der
Deutschen Nationalbibliografie; detaillierte bibliografische Angaben sind
im Internet über http://dnb.ddb.de abrufbar.

Inhalt

1 Einleitung 8
2 Begriffsklärung 12
2.1 Motorik 13
    2.1.1   Grob- und Feinmotorik 13
    2.1.2   Feinmotorische Fertigkeiten (vs. Fähigkeiten) 14
    2.1.3   Strukturmodelle feinmotorischer Fertigkeiten 16
2.2 Kognitive Fähigkeiten 19
3 **Forschungsstand zur Beziehung zwischen Feinmotorischen Fertigkeiten und Kognitiven Fähigkeiten** 21
3.1 Empirische Befunde – Ein Deskriptiver Überblick 21
    3.1.1   Methodische Kritikpunkte 32
    3.1.2   Konstrukte und Altersgruppen 36
3.2 Theoretische Perspektiven und Einordnung existierender Befunde 41
    3.2.1   Parallele Entwicklungsverläufe 41
    3.2.2   Bedeutung Feinmotorischer Fertigkeiten für Kognitive Entwicklungsveränderungen 46
    3.2.3   Bedeutung Kognitiver Fähigkeiten für den Feinmotorischen Fertigkeitserwerb 59
3.3 Annahmen und Befunde zur Wirkungsrichtung 63
3.4 Zusammenfassung, Forschungsfragen und Hypothesen 67
4 **Studie I** 78
4.1 Entwicklung eines Messinstruments zur Erfassung Feinmotorischer Fertigkeiten 78
    4.1.1   Kritische Beurteilung existierender Instrumente .. 78
    4.1.2   Entwicklung eines neuen Messinstruments 80
4.2 Empirische Überprüfung des Instruments 85

	4.2.1	Stichprobe und Datenerhebung 85
	4.2.2	Resultate 87
4.3	Beziehungen Zwischen Feinmotorischen Fertigkeiten und Kognitiven Fähigkeiten 98	
	4.3.1	Messung der Kognitiven Konstrukte 98
	4.3.2	Existenz von Beziehungen und Beziehungsstruktur 99
4.4	Zusammenfassung und Diskussion 105	

5 Studie II 109

5.1	Design 110
5.2	Stichprobe und Datenerhebung 110
5.3	Messinstrumente 112
5.4	Resultate 114

	5.4.1	Deskriptive Statistiken 115
	5.4.2	Existenz von Beziehungen und Beziehungsstruktur 123
	5.4.3	Drittvariablen 130
5.5	Zusammenfassung und Diskussion 138	

6 Studie III 144

6.1	Design 145
6.2	Stichprobe und Datenerhebung 147
6.3	Messinstrumente 149
6.4	Resultate 152

	6.4.1	Deskriptive Statistiken 153
	6.4.2	Existenz von Beziehungen und Beziehungsstruktur 157
	6.4.3	Drittvariablen 164
	6.4.4	Wirkungsrichtung 174
6.5	Zusammenfassung und Diskussion 188	

7	Gesamtdiskussion	193
7.1	Existenz von Beziehungen und Beziehungsstruktur	194
7.2	Art des Wirkungszusammenhangs	195
7.3	Diskussion spezifischer Beziehungen	201
	7.3.1 Handgeschicklichkeit, Reasoning und Wissen	201
	7.3.2 Auge-Hand-Koordination, Reasoning und Wissen	204
	7.3.3 Tapping, Reasoning und Wissen	206
7.4	Breitere theoretische Implikationen	207
7.5	Limitationen und Forschungsausblick	211
7.6	Praktische Implikationen	216
8	**Literaturverzeichnis**	**222**
9	**Abbildungsverzeichnis**	**237**
10	**Tabellenverzeichnis**	**240**
11	**Anhang**	**245**

Danksagung

An dieser Stelle möchte ich mich bei Frau Professor Dr. Heidrun Stöger und Herrn Professor Dr. Hans Gruber bedanken, die diese Arbeit begutachtet und mich in allen Phasen des Entstehungsprozesses beraten und unterstützt haben. Besonders dankbar bin ich auch für den Austausch über theoretische Grund- und Detailfragen mit Prof. Dr. Sebastian Suggate, der jedes Mal Gelegenheit zum Querdenken bot.

Mein herzlichster Dank geht jedoch an meine Frau, die mir nicht nur eine emotionale Stütze war, sondern auch ständige und geduldige Gesprächspartnerin in allen fachlichen und organisatorischen Fragen und mich hoffentlich trotz allem noch liebt.

1 Einleitung

Feinmotorische Fertigkeiten sind im Vorschulalter unverzichtbar, da sie Kindern grundlegende Erfahrungen in verschiedenen Lebensbereichen ermöglichen. Sie sind für eine Reihe von Spieltätigkeiten (Puzzle, Konstruktions-, Fädelspiele etc.) wichtig, unterstützen Tätigkeiten im Bereich der sozialen Selbstständigkeit (An- und Ausziehen, Schuhe binden etc.) und dienen auch Handlungen mit schulischer Relevanz (Halten und Führen von Stiften etc.). Die Berücksichtigung feinmotorischer Fertigkeiten in frühpädagogischen Bildungs- und Erziehungsplänen (z.b. Fthenakis, 2006) spiegelt den Stellenwert des Merkmalsbereiches wider. In aktuellen theoretischen Ansätzen der kognitiven Entwicklungspsychologie (Smith, 2005; Thelen, 2000) wird feinmotorischen Objekt- und Umweltinteraktionen darüber hinaus auch eine Bedeutung für die kognitive Entwicklung zugeschrieben. Obwohl diese Ansätze nahe legen, dass feinmotorische Objekt- und Umweltinteraktionen über die gesamte Kindheit von Bedeutung sind, konzentrierte sich die empirische Forschung bislang auf das Säuglingsalter (z.B. Schwarzer, Jovanovic, Schum, & Dümmler, 2009) und das frühe Schulalter (Luo, Jose, Huntsinger, & Pigott, 2007; Son & Meisels, 2006). Untersuchungen im Vorschulalter finden sich hingegen nur wenige. Ein wahrscheinlicher Grund hierfür ist in dem nach wie vor großen Einfluss des Konzepts der sensomotorischen Intelligenz zu vermuten, in welchem Piaget (1952) die Rolle motorischer Handlungen für die kognitive Entwicklung auf die ersten beiden Lebensjahre beschränkte. Auch das Interesse an der prädiktiven Relevanz feinmotorischer Fertigkeiten für schulisches Lern- und Leistungsverhalten ist verständlich, da Kinder zu Beginn der Schulzeit hohe feinmotorische Anforderungen bewältigen müssen (Marr, Cermak, Cohn, & Henderson, 2003). Obwohl dies im Vorschulalter nicht anders ist, hat sich bislang keine Forschungsdisziplin für die systematische Erforschung von Beziehungen zwischen feinmotorischen und kognitiven Fähigkeiten in diesem Alter zuständig erklärt.

Die wenigen existierenden Studien mit Kindern im frühen und mittleren Vorschulalter weisen zum Teil gravierende Mängel auf. Obwohl von manchen Autoren suggeriert wird, dass die vorliegenden Ergebnisse bereits auf die Bedeutung feinmotorischer Fertigkeiten für kognitive Entwicklungsveränderungen verweisen, stellen die meist korrelativen Befunde keine ernstzunehmende Evidenz dar. Vor allem deshalb, da die Befunde größtenteils aus Querschnitts- (Davis, Pitchford, & Limback, 2011) und wenigen schlecht kontrollierten Längsschnittstudien stammen (z.B. Dellatolas et al., 2003). Abgesehen von ungeeigneten Untersuchungsdesigns und einer nicht ausreichenden Berücksichtigung von Alternativerklärungen für die Korrelationen (z.B. Reifungs- und Umwelteinflüsse) ist bislang auch noch weitgehend unklar, zwischen welchen feinmotorischen und kognitiven Konstruktaspekten Beziehungen existieren.

Aufgrund der rudimentären Forschungslage interessierten in der vorliegenden Arbeit zunächst grundlegende Aspekte zur Beschaffenheit von Zusammenhängen zwischen feinmotorischen Fertigkeiten und kognitiven Fähigkeiten bei Kindern im Vorschulalter. Neben diesem grundlagenwissenschaftlichen Interesse zielt die Arbeit insbesondere auch auf weitere Erkenntnisse zu der Frage, welche feinmotorischen Fertigkeitsaspekte im Vorschulalter eine Rolle für die kognitive Entwicklung spielen. Empirische Untersuchungsergebnisse zu dieser Frage sind vor allem mit Blick auf die aktuelle frühpädagogische Diskussion zum frühen kognitiven Kompetenzerwerb und zur „Verschulung" des langezeit „bildungsfreien" Vorschulraums von Bedeutung (Stamm, 2004).

Die Arbeit beginnt zunächst mit allgemeinen theoretischen Überlegungen zur Beziehung zwischen feinmotorischen Fertigkeiten und kognitiven Fähigkeiten und der damit verbundenen Begriffsklärung (Kapitel 2). Hierbei wird auf den feinmotorischen Fertigkeitsbegriff ausführlicher eingegangen. Anschließend findet eine Auseinandersetzung mit dem konkreten theoretischen und empirischen Forschungsstand statt, der zur Beziehung zwischen feinmotorischen Fertigkeiten und kognitiven Fähigkeiten im frühen Kindesalter vorliegt (Kapitel 3). Das dritte Kapitel schließt mit einer zusammenfassenden Bewertung des empirischen Forschungsstands, einer Darstellung der drängendsten Forschungslücken und den konkreten Forschungsfragen und Hypothesen, die in der Arbeit untersucht wurden.

Im empirischen Teil wird zunächst das Messinstrument beschrieben, das zur Erfassung der in der Arbeit interessierenden drei feinmotorischen Fertigkeiten Handgeschick, Auge-Hand-Koordination und Tapping entwickelt und überprüft wurde (Studie I, Kapitel 4). Im nächsten Kapitel werden dann Ergebnisse zur querschnittlichen Beziehung zwischen den drei feinmotorischen Fertigkeiten und Fähigkeiten in zentralen kognitiven Bereichen (Reasoning und Wissen) dargestellt (Studie II, Kapitel 5). Ergebnisse, zur Art des Wirkungszusammenhangs und speziell zur Wirkungsrichtung zwischen den in der Arbeit betrachteten feinmotorischen und kognitiven Konstrukten, bilden den Abschluss des empirischen Teils der Arbeit (Studie III, Kapitel 6). Im letzten Kapitel werden die Ergebnisse der drei Studien schließlich einer zusammenfassenden Diskussion unterzogen, in der auch Beiträge zur Theorieentwicklung sowie praktische Implikationen aufgezeigt und diskutiert werden (Kapitel 7).

2 Begriffsklärung

Konzeptuell wurde die Beziehung zwischen dem feinmotorischen und dem kognitiven Merkmalsbereich bisher sehr unterschiedlich diskutiert. Eine erste Auffassung geht davon aus, dass es sich bei feinmotorischen Fertigkeiten und kognitiven Fähigkeiten um Facetten eines gemeinsamen Konstruktbereichs handelt. Churchland (1986) nahm zum Beispiel an, dass motorische und kognitive Funktionen eine Dimension repräsentieren. Sensomotorische Merkmale würden einen Pol der Dimension markieren und höhere kognitive Funktionen, die für die Verhaltensregulation erforderlich sind, den anderen Pol. Eine ähnlich enge Beziehung zwischen motorischen und kognitiven Merkmalen wird im Ansatz zur „Verkörperten Kognition" angenommen (z.b. Barsalou, 2008, Smith, 2005), welcher die kognitive Funktionsfähigkeit auf sensomotorische Interaktionserfahrungen zurückführt. Umgekehrt wird die Beteiligung kognitiver Funktionen und Prozesse an der Motorik in gängigen Definitionsansätzen des Motorikbegriffs erkennbar. Beispielsweise bezeichnen Bös und Mechling (1983) Motorik – und damit auch Feinmotorik – als die „Gesamtheit aller Steuerungs- und Funktionsprozesse, die der Haltung und Bewegung zugrunde liegen". Kognitive und psychische Steuerungsprozesse haben damit konstitutiven Charakter am Gegenstand Motorik, was auch in gängigen Begriffszusammensetzungen wie „Psychomotorik" oder „Sensomotorik" zum Ausdruck kommt.

Neben der beschriebenen Auffassung eines bereits auf begrifflicher Ebene erkennbaren engen Bezugs zwischen dem motorischen und dem kognitiven Merkmalsbereich wurde und wird in der Literatur auch von getrennten Merkmalsbereichen ausgegangen. So legte bereits René Decartes (1596-1650) im kognitiven Dualismus den Grundstein für die Auf-fassung, dass es sich bei motorischen und kognitiven Merkmalen um zwei unterschiedliche Merkmale handelt. Aber auch in den meisten aktuelleren Publikationen findet eine getrennte Behandlung beider Merkmalsbereiche statt, wobei in der Regel auf entsprechende faktorenanalytische Untersuchungsergebnisse (McGrew, 2005) verwiesen wird. An der Auffassung ansetzend, dass feinmotorische Fertigkeiten und kognitive Fähigkeiten zwei eigenständige Konstruktbereiche repräsentieren, schließt sich im Folgenden zunächst eine Begriffsbestimmung beider Bereiche sowie eine Beschreibung der in dieser Arbeit untersuchten Konstrukte an.

2.1 Motorik

Die Beschreibung des feinmotorischen Gegenstands erfolgt vergleichsweise ausführlich, da das Thema in der Pädagogik und der Psychologie bisher stiefmütterlich behandelt wurde (Krombholz, 2011). Jenseits der Pädagogik und Psychologie gilt der feinmotorische Gegenstandsbereich allerdings als relativ gut erforschtes Gebiet. So liegen umfassende theoretische und empirische Erkenntnisse zu verschiedenen Aspekten der Feinmotorik vor, wobei verschiedene Disziplinen spezifische Beiträge geleistet haben (Sportwissenschaft, Ergotherapie, Neuropsychologie). Ausführlichere Beschreibungen des Motorikbegriffs, die auch den Aspekt der Feinmotorik einschließen, finden sich in der Sportwissenschaft (Bös & Mechling, 1983) und hier insbesondere im Teilgebiet der Bewegungswissenschaft (Roth & Willimczik, 1999). In Definitionsansätzen finden sich weitgehend übereinstimmend zwei Aspekte.

Zum einen bezieht sich der Motorikbegriff auf die internen Steuerungs- und Funktionsprozesse (Input). Bös und Mechling (1983) bezeichnen Motorik beispielsweise als die Gesamtheit aller Steuerungs- und Funktionsprozesse, die der Haltung und Bewegung zugrunde liegen. Gemeint sind somit die nicht sichtbaren Informationsverarbeitungsprozesse, die der motorischen Bewegung vorausgehen und sie begleiten. Die Prozesskomponente des Motorikbegriffs ist nach Keogh und Sugden (1985) eng mit dem weiter unten beschriebenen Fähigkeitskonzept verbunden, welches als allgemeine Kapazität zur Ausführung motorischer Bewegungen aufgefasst wird (Burton & Miller, 1998).

Zum anderen existieren phänomenologisch orientierte Begriffsbeschreibungen, welche die Bewegungskomponente (z.B. Schilling, 1974) betonen. Die Bewegungskomponente steht mit dem Fertigkeitskonzept in Verbindung (Burton & Miller, 1998), das in Kapitel 2.1.2 beschrieben wird. Mit der Bewegungskomponente befasst sich das nächste Teilkapitel genauer, da hieran die Abgrenzung des in dieser Arbeit zentralen Begriffs der Feinmotorik vom Begriff der Grobmotorik ansetzt.

2.1.1 Grob- und Feinmotorik

In verschiedenen Definitionen feinmotorischer Fertigkeiten (z.B. Cratty, 1986; Meinel & Schnabel, 1976; Teipel, 1988) werden folgende Kernmerkmale feinmotorischer Bewegungen genannt, die gleichzeitig auch als Unterscheidungsmerkmale zu grobmotorischen Bewegungen betrachtet werden können,

1. Kleinräumigkeit der Bewegung
2. Geringer Kraftaufwand bei Ausführung der Bewegung
3. Präzision der Bewegung
4. Schnelligkeit der Bewegung

Die Merkmalzusammenstellung ist nicht unproblematisch, da beispielsweise auf einige typische feinmotorische Bewegungen nicht alle Merkmale zutreffen. Beispielsweise gilt das Auffädeln von Perlen auf eine Schnur als eine typische feinmotorische Tätigkeit, obwohl keine hohen Geschwindigkeiten verlangt sind. Gleichzeitig sind andere Merkmale nicht spezifisch für feinmotorische Fertigkeiten. So können auch grobmotorische Bewegungen präzise und schnell erfolgen. Ein Merkmal, das über die meisten Definitionsansätze hinweg als relativ unumstrittenes Unterscheidungsmerkmal zur Grobmotorik gilt, ist die Kleinräumigkeit (Cratty, 1986; Meinel & Schnabel, 1976; Williams, 1983).

Bisher wurde nur der feinmotorische Bewegungsbegriff beschrieben. In der vorliegenden Arbeit werden jedoch feinmotorische Fertigkeiten untersucht. Der feinmotorische Fertigkeitsbegriff zeichnet sich neben der Kleinräumigkeit durch weitere Merkmale aus, die im nächsten Teilkapitel herausgearbeitet werden.

2.1.2 Feinmotorische Fertigkeiten (vs. Fähigkeiten)

Üblicherweise wird zwischen feinmotorischen Fertigkeiten und feinmotorischen Fähigkeiten differenziert (z.B. Ahnert, 2005). Da der Unterschied zwischen feinmotorischen Fertigkeiten und Fähigkeiten auch und gerade in der vorliegenden Arbeit von Bedeutung ist, wird das Fertigkeitskonzept zunächst vom Fähigkeitskonzept abgegrenzt.

Feinmotorische Fähigkeiten werden bei Fleishman (1972) als biologisch angelegte oder früh erworbene, relativ stabile Dispositionen des Individuums bezeichnet, welche die Ausführung feinmotorischer Handlungen determinieren. Der Forschungsansatz, der sich mit dem feinmotorischen Fähigkeitskonzept befasst, ist durch das psychometrische Forschungsparadigma geprägt (Teipel, 1988). Wie bereits in der Definition Fleishmans erkennbar dominiert hier traditionell die Auffassung, dass sichtbare Bewegungsleistungen über nicht direkt beobachtbare, latente Konstrukte erklärt werden können.

Die Annahme stabiler Dispositionen, die im Sinne eines Leistungspotentials zur Bewältigung feinmotorischer Aufgaben aufgefasst werden, ist gerade auf das Kindesalter bezogen jedoch nicht unproblematisch. Vor dem Hintergrund neuerer Befunde (Haga, Pedersen, & Sigmundsson, 2008) ist es nur wenig plausibel, dass sich bereits im Kindesalter stabile feinmotorische Fähigkeitsdispositionen herausgebildet haben.

Besser als das Fähigkeitskonzept eignet sich zur Beschreibung der feinmotorischen Leistungsfähigkeit des Kindes der Fertigkeitsbegriff. Fertigkeiten repräsentieren im Allgemeinen relativ automatisierte Handlungen, die sich auf die Bewältigung einer bestimmten Aufgabe oder Aufgabengruppe richten und das Ergebnis wiederholter Übung darstellen (Williams, 1983). Luo und Kollegen (2007) definieren speziell feinmotorische Fertigkeiten wie folgt:

> "we define fine motor skills (also known as visual-motor skills, perceptual-motor skills or psychomotor skills) as small muscle movements that require close eye–hand coordination" (Luo et al., 2007, S.596).

Mit der Definition sind wenigstens zwei Probleme verbunden. Das erste Problem bezieht sich darauf, dass Luo und Kollegen nur die Bewegungskomponente benennen. Gerade der für den Fertigkeitsbegriff typische Bezug zur Aufgabenbewältigung (s.o.) – also die Zielgerichtetheit feinmotorischer Bewegungen – ist in der Definition nicht enthalten. Das zweite Problem der Definition von Luo und Kollegen bezieht sich darauf, dass mit dem Aspekt der Auge-Hand-Koordination nur ein spezieller Ausschnitt feinmotorischer Fertigkeiten fokussiert wird, andere Ausschnitte jedoch ausgegrenzt werden (z.B. Handgeschick). Gerade das zuletzt genannte Problem ist auch in verschiedenen anderen Definitionen erkennbar (z.B. Exner, 2001), die aus diesem Grund hier nicht weiter ausgeführt werden. Eine Definition, die beide der oben genannten Probleme umgeht wurde von (Williams, 1983) vorgeschlagen:

> "Fine motor control may be defined as that dimension of behavior that involves the use of individual body parts, especially the hands and fingers, in manipulating and/or controlling small objects in precision acts (Williams, 1983 S. 8).

Williams stellt den Aufgabenbezug her, indem sie feinmotorische Bewegungen auf die Manipulation oder Kontrolle kleiner Objekte bezieht. Zudem wird der Fokus auf mehrere Körperteile erweitert, indem vor allem Hände und Finger, theoretisch aber auch Augen, Mund und Fußzehenmotorik eingeschlossen werden. Obwohl die Erweiterung der Definition um mehrere Körperregionen zunächst einen Vorteil gegenüber der Definition von Luo und Kollegen darstellt, interessierten in der vorliegenden Arbeit vor allem Finger- und Handmotorik. So setzen die theoretischen Ansätze zur Beziehung zwischen feinmotorischen Fertigkeiten und kognitiven Fähigkeiten (Kapitel 3.2) an einem Fertigkeitskonzept an, welches primär die Hand- und Armregionen einschließt. Vor diesem Hintergrund wird der in dieser Arbeit interessierende feinmotorische Gegenstandsbereich wie folgt definiert.

> **Definition:** Feinmotorische Fertigkeiten sind kleinräumige Handlungen, die mit den Fingern, der Hand oder Teilen des Armes ausgeführt werden und für die Bewältigung mehr oder weniger spezifischer Aufgaben erforderlich sind.

Aus dieser, wie auch aus anderen allgemeinen Definitionen lassen sich verschiedene Einzelfertigkeiten ableiten. Ansätze zur Klassifikation solcher Fertigkeiten finden sich in verschiedenen Strukturmodellen (Baedke, 1980; Chien, Brown, & McDonald, 2009). Die wichtigsten Erkenntnisse hierzu werden im nächsten Teilkapitel beschrieben.

2.1.3 Strukturmodelle feinmotorischer Fertigkeiten

Die Frage, ob im Kindesalter von einem ein- oder mehrdimensionalen feinmotorischen Handlungsrepertoire auszugehen ist, gilt mittlerweile als beantwortet. Obwohl in der Vergangenheit in Analogie zur Intelligenzforschung vorübergehend eine Art G-Faktor motorischer Fertigkeiten angenommen wurde (Argelander, 1925), wird heute von einer differenzierteren Struktur ausgegangen (Chien et al., 2009; Teipel, 1988). Dabei resultieren die Erkenntnisse zu einzelnen Fertigkeitsdimensionen zum einen aus theoretisch geprägten Klassifikationsversuchen, welche inhaltlich voneinander abgrenzbare Handlungsklassen (z.B. Gesten, Objektinteraktionen) beschreiben (Chien et al., 2009). Zum anderen liefern Ansätze Erkenntnisse, die durch die Tradition des psychometrischen Ansatzes der differenziellen Psychologie geprägt sind und denen eine faktorenanalytische Methode zugrunde liegt (z.B. Baedke, 1980; Fleishman, 1972).

In einem aktuelleren theoretischen Klassifikationsversuch, der von Chien, Brown und McDonald (2009) vorgelegt wurde, werden sechs feinmotorische Fertigkeitsklassen unterschieden.

1. *Fertigkeitsklasse I:* Handgestik (z.B. Zeigen, Winken, Klatschen)

2. *Fertigkeitsklasse II:* Fertigkeiten mit Körperkontakt (z.B. Kämmen, Kratzen)
3. *Fertigkeitsklasse III:* Objektbezogene Fertigkeiten mit Arm-Handgelenk und Handbeteiligung (z.B. Fangen, Werfen, Transportieren von Objekten)
4. *Fertigkeitsklasse IV:* Objektbezogene Fertigkeiten mit Beteiligung der Hand, der Finger und des Daumens (z.b. einen Stift aufnehmen, einen Deckel aufdrehen, Bauklötze aufeinander stapeln)
5. *Fertigkeitsklasse V:* Objektbezogene Fertigkeiten mit beiden Händen (z.B. Bedienen eines Reißverschlusses oder Anziehen und Binden von Schuhen)

Eine sechste Kategorie beschreibt die Allgemeine Qualität von Handlungsfertigkeiten (VI) unter den drei Gliederungsaspekten: Genauigkeit (z.B. Stift in einen Behälter legen), Tempo (z.B. Ball prellen oder mit Schere schneiden) und Bewegungsqualität (z.B. Radiergummieinsatz, ohne das Blatt zu zerreißen). Die letzte Kategorie bildet damit eine Art Metakategorie, welche die Art der Handlungsausführung genauer beschreibt.

Obwohl die Autoren des Modells darauf verweisen, dass es sich um eine Synthese und Erweiterung mehrerer, bis dahin bekannter Modelle aus diesem Forschungsbereich handelt, fehlten zum Untersuchungszeitpunkt noch Ergebnisse aus Faktorenanalysen. Daher bleibt unklar, inwiefern es sich bei einzelnen der sechs Fertigkeitskategorien auch empirisch um eigenständige Kategorien handelt.

Zu den systematischsten psychometrischen Analysen der Fertigkeitsstruktur mit Kindern gehören ohne Frage die Studien von Baedke (1980). Baedke ermittelte an einer Stichprobe von über 362 deutschen Grundschülern der 2., 3. und 4. Klasse eine Faktorenlösung mit den folgenden sieben Primärfaktoren.

1. *Fertigkeit I – Manipulation von Objekten:* Geschickte Manipulationen mit der Hand und den Fingern, an und mit Objekten. Die Fertigkeit ähnelt den bei Chien und Kollegen beschriebenen objektbezogenen Fertigkeiten Nr. drei bis fünf.
2. *Fertigkeit II – Auge-Hand-Koordination „paper-pencil":* Visuellgesteuerte Präzisionshandlungen in Papier und Stiftaufgaben.
3. *Fertigkeit III – Auge-Hand-Koordination „Apparativ":* Visuellgesteuerte Präzisionshandlungen in apparativen Aufgaben.
4. *Fertigkeit IV – Reaktionsschnelligkeit:* Schnelle feinmotorische Reaktion auf einen Zielreiz.

5. *Fertigkeit V – Hand-Arm Kraft:* Einhändige und zweihändige maximale Druck- und Zugkraft der Hand.
6. *Fertigkeit VI – Bewegungsschnelligkeit (Tapping) paper-pencil:* Schnell oszillierende, horizontale oder vertikale Bewegungen mit den Fingern und der Hand in paper-pencil Aufgaben.
7. *Fertigkeit VII – Bewegungsschnelligkeit (Tapping) apparativ:* Schnell oszillierende, horizontale oder vertikale Bewegungen mit den Fingern und der Hand in apparativen Aufgaben.

Inwieweit die bei Baedke ermittelte Fertigkeitsstruktur auch bei jüngeren Kindern so differenziert ausfällt wie bei Grundschulkindern wurde bislang nicht untersucht. Zudem ist fraglich, inwiefern eine Aufteilung einzelner inhaltsgleicher Dimensionen nach der Operationalisierungsform (apparativ vs. paper-pencil) für praktische oder auch für Forschungszwecke sinnvoll ist.

Die Darstellung der Strukturmodelle zeigt, dass im Kindesalter mehrere feinmotorische Fertigkeiten unterschieden werden können. Es überrascht daher, dass in existierenden Studien zur Beziehung zwischen feinmotorischen Fertigkeiten und kognitiven Fähigkeiten (Tabelle 3.2) bislang erst Aspekte aus dem Bereich der Objektmanipulationsfertigkeiten (Chien: Fertigkeit III bis V; Baedke: Fertigkeit I) und der Auge-Hand-Koordination (Baedke: Fertigkeit II) betrachtet wurden. Mit dem Ziel einer zumindest etwas differenzierteren Betrachtung sollten in der vorliegenden Arbeit drei Fertigkeiten untersucht werden, die wesentliche Ausschnitte des in bekannten Strukturmodellen (s.o.) beschriebenen Fertigkeitsspektrums repräsentieren.

1. *Finger- und Handgeschick:* Die Fertigkeit repräsentiert die Fertigkeitskategorie, die in den Modellen von Baedke (1980) (Fertigkeit I) und Chien und Kollegen (2009) (Fertigkeiten III-V) als zentrale Objektmanipulationsfertigkeit beschrieben wird. Fertigkeiten dieser Kategorie dienen der Ausführung feinmotorischer Handlungen an Objekten mit dem Arm, Hand oder den Fingern (Bsp. Exploration von Objektmerkmalen und Funktionen).
2. *Auge-Hand-Koordination:* Die Fertigkeit repräsentiert die Fertigkeitskategorie, die bei Baedke (1980), Fleishman (1972), Teipel (1988) als Fertigkeit zur Ausführung feinmotorischer Präzisionshandlungen beschrieben wurde. Die Auge-Hand-Koordination geht Objektinteraktionen voraus oder begleitet sie (Transport von Oebjekten, Positionierung, Ausrichtung von Objekten) (Duff, 2002).

3. *Tapping:* Die Fertigkeit repräsentiert die Fertigkeitskategorie, die bei Baedke (1980), Teipel (1988), Fleishman (1972) als Fertigkeit zur Ausführung schnell oszillierender feinmotorischer Handlungen mit dem Arm, der Hand oder den Fingern beschrieben wurde. Die Fertigkeit ist im Alltag eher selten an Objektinteraktionen beteiligt.

2.2 Kognitive Fähigkeiten

Einer üblichen Konvention folgend werden kognitive Fähigkeiten in dieser Arbeit als Grundlage der kognitiven Leistungsfähigkeit aufgefasst (Wilkening, 2006). Im Gegensatz zum feinmotorischen Fertigkeitsbereich gilt der kognitive Fähigkeitsbereich im Kindesalter als vergleichsweise gut erforscht. Das umfassende Spektrum mehr oder weniger unterscheidbarer kognitiver Fähigkeiten ist mittlerweile detailliert beschrieben worden, wobei je nach Forschungsparadigma (Intelligenzforschung, z.B. Carroll, 2005 und Informationsverarbeitungsansatz, z.B. Wilkening, 2006) jeweils etwas andere Konstruktarten fokussiert wurden. Auf eine Darstellung der umfassenderen Befundlage in diesem Bereich wird an dieser Stelle verzichtet werden, um stattdessen Hinweise auf diejenigen kognitiven Konstrukte herauszuarbeiten, die vermutlich Beziehungen mit dem feinmotorischen Fertigkeitsbereich aufweisen. Hierzu werden im Vorgriff auf Kapitel 3 zunächst relevante Ausschnitte des bisherigen Forschungsstands zur Beziehung zwischen Feinmotorik und Kognition skizziert. Hieraus werden im nächsten Schritt schließlich Konsequenzen für die in dieser Arbeit interessierenden Konstrukte abgeleitet. Der in Kapitel 3 ausführlich dargestellte Forschungsstand zur Beziehung zwischen feinmotorischen Fertigkeiten und kognitiven Fähigkeiten spiegelt zwei Auffassungen hinsichtlich der Frage wieder, welche kognitiven Konstrukte Bezüge zum feinmotorischen Fertigkeitsbereich aufweisen.

Zum einen finden sich Hinweise und Belege für die Annahme, dass der kognitive Funktionsbereich generell Beziehungen mit feinmotorischen Fertigkeiten aufweist. Aus empirischer Sicht sprechen hierfür zunächst Beziehungen zwischen feinmotorischen Fertigkeiten und einer Reihe sehr unterschiedlicher kognitiver Fähigkeitsaspekte (z.B. Wortflüssigkeit, Smirni & Zappalà, 1989; Gedächtnis, Dellatolas et al., 2003; visuell-räumliche Fähigkeiten, Davis et al., 2011). Theoretische Argumente für diese Annahme stellt der Embodied Cognition Ansatz zur Verfügung, der Aussagen zur Art der Informationsrepräsentation im Langzeitgedächtnis macht. Der Ansatz geht von modalitätsspezifischen Gedächtnissystemen aus (Barsalou, 2008), in denen Objektwissen quasi als eine Kopie des neuronalen Aktivierungsmusters repräsentiert wird, welches die erfahrungsbezogene Wahrnehmung des Objektes begleitet hat (z.B. visuell, akustisch, motorisch, haptisch). Das über sensomotorische Objektinteraktionen erworbene Wissen gilt als Basis der kognitiven Leistungsfähigkeit generell (Thelen, 2000) und die Reaktivierung der spezifischen Erfahrungen in den entsprechenden Modalitäten entspricht dem Wissensabruf.

Eine zweite Auffassung setzt an Hinweise an, die nahe legen, dass feinmotorische Fertigkeiten zu nonverbalen kognitiven Fähigkeiten ausgeprägtere Beziehungen aufweisen (z.B. Ahnert, 2005). Beispielsweise argumentieren Ahnert, Bös und Schneider (2003), dass zu Beginn der Kindheit vor allem allgemeine kognitive Ressourcen mit dem motorischen Merkmalsbereich korrelieren sollten, da die motorische Handlungssteuerung in dieser Phase noch stark von solchen Ressourcen abhängt. In älteren (Dickes, 1978; Schewe, 1977) und auch in neueren (Davis et al., 2011) Studien finden sich andererseits Hinweise, dass feinmotorische Fertigkeiten speziell zum (nonverbalen) visuell-räumlichen Fähigkeitsbereich Beziehungen aufweisen.

Vor dem Hintergrund dieser insgesamt uneinheitlichen Forschungslage war ein Teilziel der Arbeit darauf gerichtet zu explorieren, ob feinmotorische Fertigkeiten generell Beziehungen zum kognitiven Bereich aufweisen (Auffassung I) oder eher zum nonverbalen Konstruktbereich (Auffassung II). Mit der nonverbalen *Reasoningfähigkeit* und dem *Allgemeinen Wissen* wurden daher gezielt zwei zentrale kognitive Konstrukte betrachtet, die gleichzeitig als repräsentative Stellvertreter des nonverbalen und verbalen Fähigkeitsspektrums gelten (Ricken, Fritz, Schuck, & Preuss, 2007).

1. *Reasoningfähigkeit*: Das in dieser Arbeit betrachtete nonverbale Reasoning stellt die Fähigkeit zur Entdeckung von Regelhaftigkeiten und Beziehungen dar. Das Konstrukt entspricht dem von Klauer (2001) beschriebenen induktiven Denken.

2. *Allgemeines Wissen*: Wissen stellt in dieser Arbeit das im Langzeitgedächtnis gespeicherte deklarative Wissen von Kindern über ihre dingliche und soziale Lebenswelt dar (Fried, 2005).

Beide Konstrukte nehmen in Fähigkeitstheorien (z.B. Carroll, 2005; Ericsson, 2006) einen zentralen Stellenwert ein, haben zudem eine erkennbare Bedeutung im kindlichen Alltag (Grissmer, Grimm, Aiyer, Murrah, & Steel, 2010; Klauer, 2003) und weisen eine inhaltliche Nähe mit den, im bayerischen Bildungs- und Erziehungsplan formulierten, kognitiven Basiskompetenzen auf (Fthenakis, 2006).

3 Forschungsstand zur Beziehung zwischen Feinmotorischen Fertigkeiten und Kognitiven Fähigkeiten

In diesem Kapitel wird der theoretische und empirische Forschungsstand zur Beziehung zwischen feinmotorischen und kognitiven Fähigkeiten aufgearbeitet. Es existieren nur wenige theoretische Vorarbeiten zur Beziehung zwischen speziell feinmotorischen Fertigkeiten und kognitiven Fähigkeiten im Kindesalter. Auch finden sich nur selten begründete Bezüge zwischen den theoretischen Annahmen und den vorliegenden empirischen Befunden zur Beziehung zwischen feinmotorischen Fertigkeiten und kognitiven Fähigkeiten. Ziel dieses Kapitels war daher eine Systematisierung existierender empirischer Befunde und deren Bewertung vor dem Hintergrund theoretischer Überlegungen.

In Kapitel 3.1 findet hierzu zunächst eine deskriptive Darstellung bisheriger Befunde sowie eine erste kritische Bewertung unter methodischen Gesichtspunkten statt. In Kapitel 3.2 folgt dann eine Auseinandersetzung mit den theoretischen Ansätzen zum Zusammenhang zwischen feinmotorischen und kognitiven Fähigkeiten und eine Neubewertung der in Kapitel 3.1 dargestellten empirischen Befunde.

3.1 Empirische Befunde – Ein Deskriptiver Überblick

Die vorliegenden Befunde zur Beziehung zwischen feinmotorischen Fertigkeiten und kognitiven Fähigkeiten im Vorschulalter (3-6 Jahre) können zwei Gruppen zugeordnet werden. Die erste Gruppe von Befunden stammt aus Studien, in denen feinmotorische Fertigkeiten als Teil eines breiteren motorischen Merkmalsbereiches mit untersucht wurden. Hierzu gehören umfassende Befunde, welche sich auch in aktuelleren Überblicksarbeiten finden (Everke & Woll, 2007; Payr, 2011). Allerdings finden sich nur in wenigen dieser Arbeiten auch Daten zu feinmotorischen Konstruktaspekten, die getrennt analysiert wurden (Eggert & Schuck, 1978; Schewe, 1977). Der Großteil der Befunde aus diesem Bereich lässt daher keine Hinweise auf die spezielle Beziehung zwischen feinmotorischen Fertigkeiten und kognitiven Fähigkeiten zu. Auch deshalb, da den Beziehungen zwischen sportmotorischen Variablen und kognitiven Konstrukten zum Teil andere Mechanismen zugrunde liegen. Beispielsweise werden konditionelle Leistungen mit veränderten physiologischen Aktivierungszuständen (Durchblutung, Neurotransmitterkonstellationen) in Verbindung gebracht, die auch kognitiven Funktionen zugrunde liegen (Burrmann & Stucke, 2009; Fleig, 2008). Beziehungen zwischen feinmotorischen Fertigkeiten und kognitiven Fähigkeiten werden hingegen eher auf neurobiologische sowie auf lern- und entwicklungspsychologische Mechanismen zurückgeführt (Kapitel 3.2).

Eine zweite Gruppe von Befunden stammt aus Studien, in denen speziell feinmotorische Testaufgaben eingesetzt wurden. Auf die Darstellung und Aufarbeitung des Forschungsstands aus diesem Forschungsfeld beziehen sich die folgenden Abschnitte. Tabelle 3.1 zeigt eine Übersicht über die wichtigsten inhaltlichen und formalen Suchkriterien der vorausgehenden Literaturrecherche.

Tabelle 3.1

Dokumentation der Literaturrecherche zur Beziehung zwischen feinmotorischen Fertigkeiten und kognitiven Fähigkeiten bei Kindern im Vorschulalter

Inhaltliche Kriterien	
Untersuchungsgegenstand	Motorik: Motorik, Feinmotorik, Handgeschick, Fingergeschick, Auge-Hand-Koordination, Tapping, Beidhandkoordination etc.
	Kognition: Kognition (Einzelne kognitive Fähigkeiten nach Carroll, 2005), Arbeitsgedächtnis (einzelne Funktionen)
Studiendesign	Korrelative (KS), Längsschnitt (LS), Experimentelle (EP)
Stichprobe	Kinder zwischen 3 und 6 Jahren
Formale Kriterien	
Datenbanken	Social Sciences Citation Index, PsycINFO, PSYNDEX, ERIC
Sprache der Publikation	Deutsch, English
Zeitpunkt der Publikation	Nach 1970 bis 2014
Art der Publikationen	Öffentlich zugänglich

Die Recherche ergab, dass bislang keine Metaanalysen oder Reviews zur Beziehung zwischen speziell feinmotorischen Fertigkeiten und kognitiven Fähigkeiten existierten, allerdings eine Reihe von Einzelstudien. Die Befunde aus Letzteren werden im Folgenden nach den bekanntesten feinmotorischen und kognitiven Konstruktklassen geordnet dargestellt (Tabelle 3.2).

Tabelle 3.2
Befunde zur Beziehung zwischen feinmotorischen Fertigkeiten und kognitiven Fähigkeiten im Kindesalter

Feinmotorische Fertigkeiten			Querschnittsbefunde Kognitive Fähigkeiten					
Merkmal	Testverfahren		Merkmal	Testverfahren	N	Alter	r	Quelle
Finger- und Handgeschick	M-ABC-2 (Henderson & Sugden, 1992)	Fluide F.	Reasoning	CFT (Cattell, Weiss, & Osterland, 1997)	47	5-6	.36*	KS 20
Fingergeschick	BOT-2 (Bruininks & Bruininks, 2005)	Kristalline F.	Kristalline Intelligenz	KABC-II – (Melchers & Preuß, 2009)	248	4-11	n.s.	KS 16
Fingergeschick	Pegboard (Annett, 1985)		Wortschatz	Eigene Aufgabe (Dellatolas et al., 2003)	1022	4,3	.24**	KS 9
Fingergeschick	Grooved Pegboard Test (Lezak, 1983)		Hörverständnis	Token-Test (Renzi & Nichelli, 1975)	47	5,2	.30*	KS 10
Fingergeschick	Pegboard (Annett, 1985)	Gedächtnis	KZG-Kapazität	Wortspanne (Kremin & Dellatolas, 1995)			n.s.	
				Zahlenspanne (Dellatolas et al., 2003)	1022	4,3	.16**	KS 9

Tabelle 3.2 – Fortsetzung

	Feinmotorische Fertigkeiten			Kognitive Fähigkeiten		N	Alter	r	Quelle
	Merkmal	Testverfahren		Merkmal	Testverfahren				
Finger und Handgeschick	Fingergeschick mit Auge-Hand-Koordination	Grooved Pegboard Test (Lezak, 1983)	Visuelle F.	Vis. räumliche Fähigkeit	Block-Design test	47	5,2	.30*	KS 10
				Visuelle Differenzierung	Visual Perception Test (Benton, Kraft, Glover, & Plake, 1984)			-.03	
	Fingergeschick	Pegboard (Voelcker-Rehage C & Wiertz O., 2003)		Visuelle Differenzierung	POD-4 (Sauter, 2001)	39	4	.50**	KS 11
						31	5	.57**	
						15	6	n.s.	
	Fingergeschick	Grooved Pegboard Test (Lezak, 1983)	Abruf	Wortflüssigkeit	Set test (Lezak, 1983)	47	5,2	.05	KS 10
Auge-Hand-Koordination	Auge-Hand-Koordination	Tracing; Punktieraufgabe (Schilling, 1974)	Fluide F.	Seriation	Piaget Aufgabe: Reihenbildung nach Größe von Objekten	126	5 ½	.22**	KS 15
				Konservierung Reihen	Piaget Aufgabe			.09	
				Konservierung Volumen	Piaget Aufgabe			.07	

Tabelle 3.2 – Fortsetzung

	Feinmotorische Fertigkeiten		Kognitive Fähigkeiten					
	Merkmal	Testverfahren	Merkmal	Testverfahren	N	Alter	r	Quelle
Auge-Hand-Koordination	Auge-Hand-Koordination	Tracing; Punktieraufgabe (Schilling, 1974)	**Kristalline Fähigkeiten** — Artikulation	Bremer Artikulationstest (BAT) (Niemeyer, 1976)			.24**	
			Wortschatz	Peabody-picture-vocabulary-test (PPVT) (Dunn, Dunn, & Dunn, 1965)	126	5 ½	.26**	KS 15
	Komplexe Auge-Hand Koordination	BOT-2: Punkte verbinden; Schneiden; Abzeichnen etc. (Bruininks & Bruininks, 2005)	Kristalline Intelligenz	KABC-II – (Melchers & Preuß, 2009)	248	4-11	n.s.	KS 16
		Pursuit tracking task (?)	Mengen u. Größen Konzepte	MAP-Number concepts (?)	50	4,9	.29*	KS 5a
	Auge-Hand-Koordination	Tracing; Punktieraufgabe (Schilling, 1974)	**Gedächtnis** — Mengenverständnis	Primary Mental Abilities (Thurstone & Thurstone, 1949) (PMA-Q)			.33***	
			KZG-Kapazität — Sätze nachsprechen (?)		126	5 ½	.19*	KS 15
			Zahlenspanne (?)				.19*	

Tabelle 3.2 – Fortsetzung

	Feinmotorische Fertigkeiten		Kognitive Fähigkeiten				
	Merkmal	Testverfahren	Merkmal	Testverfahren	N	Alter	r	Quelle
Auge-Hand-Koordination	Auge-Hand-Koordination	BOT-2: Punkte verbinden; Schneiden; Abzeichnen etc. (Bruininks & Bruininks, 2005)	*Gedächtnis* KZG-Kapazität	Zahlenspanne, Wortspanne: KABC-II – (Melchers & Preuß, 2009)	248	4-11	n.s.	KS 16
	Auge-Hand-Koordination	Tracing und Punktieraufgabe (Schilling, 1974)	*Visuelle Fähigkeiten* Vis. räumliche Fähigkeit	Primary Mental Abilities (PMA-SR) (Thurstone & Thurstone, 1949)	126	5 ½	.26**	KS 15
			Vis. räumliche Fähigkeit	Primary Mental Abilities (PMA-Sb) (Thurstone & Thurstone, 1949)			.40***	
			Vis. räumliche Fähigkeit	Reversal-Test (Edfeldt, 1954)			.39***	
			Vis. räumliche Fähigkeit	Mosaik Test (?)			.31***	
			Visual Closure	Figurenergänzen (?)			.29***	
		MOT (Zimmer & Volkamer, 1987)	Mentale Rotation	BIRT (Quaiser-Pohl, 2003)	80	5 ½	.36**	KS 22

Tabelle 3.2 – Fortsetzung

	Feinmotorische Fertigkeiten			Kognitive Fähigkeiten					
	Merkmal	Testverfahren		Merkmal	Testverfahren	N	Alter	r	Quelle
Auge-Hand-Koordination	Komplexe Auge-Hand-Koordination	Pursuit tracking task (?)	Visuelle Fähigkeiten	Vis. räumliche Fähigkeit	MAP-Test (?)	50	4,9	.37*	KS 5a
		BOT-2: (Punkte verbinden; Schneiden; Abzeichnen etc.) (Bruininks & Bruininks, 2005)		Vis. räumliche Fähigkeit	KABC-II – (Melchers & Preuß, 2009)	30	4	.43*	
						30	5	.48**	
						32	6	.70**	KS 16
			Abruf	Verb. Langzeitgedächtnis	KABC-II – (Melchers & Preuß, 2009)		4-6	n.s.	
	Auge-Hand-Koordination	Tracing und Punktieraufgabe (Schilling, 1974)	Speed	Wahrnehmungsgeschwindigkeit	Primary Mental Abilities (PMA-P) (Thurstone & Thurstone, 1949)	126	5 ½	.26**	KS 15
Tapping	Ballistische Geschwindigkeit	Einfaches und komplexes Tapping (?)	Gesamt Score	Allgemeine kognitive Fähigkeiten	Test Razkol (?)	665	5-6	.32*	KS 13

Tabelle 3.2 – Fortsetzung

	Längsschnittuntersuchungen						
Feinmotorische Fertigkeiten		Kognitive Fähigkeiten					
Merkmal	Testverfahren	Merkmal	Testverfahren	N	Alter	R	Quelle
Feinmotorik Gesamt	Ages and stages questionnaires (Squires & Potter, 1997)	Allgemeine Intelligenz	HAWIK IV (Petermann, 2008)	33	4→6	n.s.	LS 18
		Gedächtnis – KZG Kapazität	Zahlenspanne (Kremin & Dellatolas, 1995)	256	4→6	n.s.	
			Wortspanne (Kremin & Dellatolas, 1995)	250	4→5	n.s.	
		Visuelle F. – Visuelle Differenzierung	Mustererkennung (?)	250	4→5	.23*	LS 9
	Pegboard (Annett, 1985)	Visuelle F. – Figur-Grundwahrnehmung	Embedded Figures (Gottschaldt, 1929)	256	4→6	.29*	
		Abruf – Wortflüssigkeit	Wortproduktionsgeschwindigkeit (?)	256	4→6	.21*	
Fingergeschick	M-ABC-2 (Henderson, Sugden, & Barnett, 2007)	Fluide F. – Reasoning	CFT (Cattell et al., 1997).	169	5→6	.20*	LS 1

Tabelle 3.2 – Fortsetzung

Längsschnittuntersuchungen

	Feinmotorische Fertigkeiten		Kognitive Fähigkeiten					
Merkmal	Testverfahren	Merkmal		Testverfahren	N	Alter	R	Quelle
Auge-Hand-Koordination	Bender Gestalt Test; Frostig (DTVP); Shape-O-Ball Test	Grundlegende sprachliche und mathematische Konzepte	Krist. F.	Boehms Test of Basic Concepts (Boehm, 1971)	61	5→6	sig.[1]	LS 21

(Quasi)experimentelle Untersuchungen

Feinmotorischer Merkmalsbereich	UV	Kognitiver Merkmalsbereich	AV	N	Alter	r	Quelle
Auge-Hand-Koordination	6-monatiges Auge-Hand-Koordinationstraining im Pre-test Post-test Kontrollgruppendesign	Aspekte der Aufmerksamkeit	Cognitive Assessment System (CAS) (Naglieri & Das, 1997b)	68	6	.19	EP 19

KS = Querschnittsstudie; LS = Längsschnittstudie; EP = Experimentelle Studie; Fluide F. = Fluide Fähigkeiten; Krist. F. Kristalline Fähigkeiten; LGT = Lernen und Gedächtnis; Vis. F. = Visuelle Wahrnehmung; Abruf = Abruffähigkeiten; (?) uneindeutige Quellenangaben; Allg. Kog. F. = Allgemeine kognitive Fähigkeiten; UV = Unabhängige Variable; AV = Abhängige Variable.
*$p < .05$; **$p < .01$; ***$p < .001$; n.s. = auf dem 5% Niveau nicht signifikant

---

[1] Die Autoren berichten nur unstandardisierte Regressionskoeffizienten ohne Standardfehler.

Die Darstellung in Tabelle 3.2 zeigt, dass sich die wenigen vorliegenden Studien zum Teil sehr voneinander unterscheiden. Die offensichtlichsten Unterschiede beziehen sich auf die untersuchten Konstrukte, die Altersgruppen, die eingesetzten Messinstrumente und die Altersvarianzen innerhalb der Stichproben. Inwiefern sich die Studien darüber hinaus auch in bestimmten Kovariaten (z.B. kontextuelle Besonderheiten) unterscheiden, lässt sich in den meisten Fällen nicht beurteilen, da hierzu keine Informationen publiziert wurden.

Für eine erste Einschätzung der Beziehungen zwischen den bisher untersuchten feinmotorischen Fertigkeiten und kognitiven Fähigkeiten können verschiedene Indikatoren des Zusammenhangs betrachtet werden. Zu den wichtigsten zählen die Richtung des Zusammenhangs, die Anzahl signifikanter Beziehungen, die Effektgröße des mittleren Zusammenhangs und die Streuung der Effektstärken (Tabelle 3.3). Die inhaltlichen und methodischen Unterschiede zwischen den Studien sind bei der Interpretation der Ausprägungen der Indikatoren allerdings zu berücksichtigen.

Tabelle 3.3
Zusammenfassende Darstellung von Studienmerkmalen

Querschnittstudien	8
Längsschnittstudien	4
Experimentelle Studien	1
Anzahl einzelner Befunde	41
Anteil signifikanter Befunde	66%
Anteil positiver Beziehungen insgesamt	97%
Gewichtete mittlere Effektstärke r	0.27
Streuung SD	0.21

Aus Tabelle 3.3 wird ersichtlich, dass erst wenige Studien vorliegen und dass der Großteil bisheriger Untersuchungen zur Beziehung zwischen feinmotorischen und kognitiven Fähigkeiten im Kindesalter aus Querschnittsstudien stammt. Längsschnitt und experimentelle Untersuchungen finden sich nur wenige.

Besonders häufig wurde im feinmotorischen Fertigkeitsbereich die Auge-Hand-Koordination (17 Befunde) und im kognitiven Bereich visuell-räumliche Fähigkeiten (11) untersucht. Während im kognitiven

Fähigkeitsbereich auch bereits eine Reihe weiterer Konstrukte betrachtet wurden (Auditive Wahrnehmung, Wissensabruf, Kognitive Geschwindigkeit), wurden im feinmotorischen Bereich manche Konstrukte erst selten (Finger- und Handgeschicklichkeit) oder noch überhaupt nicht untersucht (z.B. Tapping, Beidhandkoordination). Am häufigsten wurden Aspekte der Auge-Hand-Koordination betrachtet.

Insgesamt sind die untersuchten Zusammenhänge überwiegend positiv und es finden sich mehr signifikante Korrelationen. Gleichzeitig stehen jedoch den signifikanten Befunden auch einige insignifikante Befunde gegenüber und die Effektstärke zeigt eine starke Streuung innerhalb und über verschiedene Studien hinweg. Neben hohen signifikanten Beziehungen (z.B. KS 16; r = .70) existieren auch geringe nicht signifikante (z.B. KS 15; r = .07) Beziehungen. Übereinstimmend hiermit zeigte auch der Test nach Hedges und Olkin (1985) eine signifikante Abweichung von der Homogenitätsannahme (p = .003). Die Variabilität der zusammengefassten Effekte geht demnach über die Variabilität hinaus, die allein aufgrund des Stichprobenfehlers zu erwarten war.

Die inkonsistente Befundlage überrascht jedoch nur wenig angesichts der methodischen Unterschiede zwischen den Studien und der zum Teil sehr unterschiedlichen feinmotorischen und kognitiven Konstrukte, die untersucht wurden. Im Folgenden werden zunächst potenzielle methodische Gründe für die Beziehungsunterschiede beschrieben. Dann wird herausgearbeitet, inwiefern Konstrukt- und Altersunterschiede zu den Beziehungsunterschieden beitragen. Dies entspricht gleichzeitig bereits der Frage, ob die existierenden Befunde Hinweise darauf geben, dass zwischen bestimmten Konstruktkombinationen engere Beziehungen existieren als zwischen anderen.

3.1.1 Methodische Kritikpunkte

Aus methodischer Sicht kommen vor allem zwei Gründe für die oben beschriebene inkonsistente Befundlage in Frage. Zum einen sind die Korrelationskoeffizienten der meisten Studien von der stichprobenspezifischen Altersvarianz der jeweiligen Studie abhängig. Zum anderen spielen spezifische Operationalisierungsprobleme bei den feinmotorischen und kognitiven Konstrukten eine Rolle.

Unterschiede in der Altersvarianz: Bereits Kiphart und Schilling (Kiphard & Schilling, 1974) wiesen darauf hin, dass die Beziehung zwischen motorischen Fertigkeiten und kognitiven Fähigkeiten im Kindesalter nicht mehr nachweisbar ist, wenn das Alter auspartialisiert wird. Von einem ähnlichen Befund berichten Ahnert, Bös und Schneider (2003) aus der Logikstudie (Longitudinalstudie zur Genese individueller Kompetenzen).

Da sich sowohl feinmotorische als auch kognitive Fähigkeiten im Kindesalter noch stark entwickeln (Oerter, 2008), verfügen ältere Kinder (entwicklungsbedingt) sowohl über höhere feinmotorische als auch über höhere kognitive Fähigkeiten als jüngere Kinder. Daher fällt die Beziehung zwischen feinmotorischen Fertigkeiten und kognitiven Fähigkeiten in altersheterogenen Stichproben auch höher aus als in altershomogenen Stichproben. Wenn in Publikationen allerdings nicht berichtet wird, ob es sich bei den gefundenen Korrelationskoeffizienten um bivariate oder um alterskorrigierte Koeffizienten handelt, ergeben sich gravierende Interpretationsprobleme. Dies ist, abgesehen von wenigen Ausnahmen für einen Großteil der Studien zur Beziehung zwischen feinmotorischen Fertigkeiten und kognitiven Fähigkeiten aber leider der Fall (z.B. Dellatolas et al., 2003; Roebers & Kauer, 2009). Bei fast allen Studien sind die gefundenen Korrelationskoeffizienten somit vermutlich mit der spezifischen Altersvarianz konfundiert und folglich nicht vergleichbar. Wird vorläufig davon ausgegangen, dass in Studien, in denen nicht explizit von der Kontrolle der Altersvarianz berichtet wird, auch tatsächlich keine Kontrolle stattfand, muss zudem von einer Überschätzung der meisten Zusammenhänge ausgegangen werden.

Operationalisierungsprobleme: Eine weitere methodische Kritik an bisherigen Befunden setzt an der Art und Weise an, wie in einigen Studien die untersuchten feinmotorischen oder kognitiven Konstrukte operationalisiert wurden. Die beiden offensichtlichsten Probleme bestehen darin, dass bestimmte kognitive Maße feinmotorische Fertigkeitsanteile miterfassen (Problem I) und dass umgekehrt feinmotorische Maße kognitive Fähigkeitsanteile miterfassen (Problem II). Hieraus folgt, dass Beziehungen zwischen Konstrukten, die Konfundierungen in diesem Sinne aufweisen, systematisch überschätzt wurden.

Hinweise auf das erste Operationalisierungsproblem wurden bereits früh geäußert (Cratty, 1985) und beschränken sich nicht auf den speziellen Zusammenhang zwischen feinmotorischen und kognitiven Fähigkeiten (Payr, 2011; Ruiter, Nakken, Meulen, & Lunenborg, 2010). Bezogen auf Zusammenhänge zwischen speziell feinmotorischen und kognitiven Fähigkeiten zeigt Tabelle 3.4 die kognitiven Aufgaben, die in den entsprechenden Studien zur Erfassung kognitiver Fähigkeiten eingesetzt wurden. Zudem enthält Tabelle 3.4 die implizierten feinmotorischen Aufgabenanforderungen.

Tabelle 3.4

Studien, in denen kognitive Testaufgaben mit feinmotorischen Komponenten eingesetzt wurden

Studie	Kognitive Aufgabe	Feinmotorische Anforderung
Smirni & Zappalà (1989) (KS 9)	Block-Design Test	Fingergeschick; Auge-Hand-Koordination
Dickes (1978) (KS 15)	Mosaik Test	Fingergeschick; Auge-Hand-Koordination
	Figuren legen	Auge-Hand-Koordination
	Mann-Zeichen-Test	Auge-Hand-Koordination
Davis et al., (2011) (KS 16)	Konstruktion dreidimensionaler Vorlagen; labyrinthähnliche Aufgabe	Fingergeschick; Auge-Hand-Koordination
Graf & Hinton (1997) (KS 17)	Labyrinth Test	Auge-Hand-Koordination
	Mosaik Test	Fingergeschick; Auge-Hand-Koordination
	Figuren legen	Fingergeschick; Auge-Hand-Koordination
Michel, Roethlisberger, Neuenschwander, & Roebers, (2011) (KS 20)	Aufgaben zur Erfassung Exekutiver Funktionen	Motorische Reaktionszeit

KS # = Nummer der Studie in Tabelle 3.2

Das zweite Operationalisierungsproblem ist weniger bekannt, hat aber dieselbe Struktur wie das erste Problem, da in einigen Studien feinmotorische Aufgaben eingesetzt wurden, die kognitive Anforderungen aufweisen. Tabelle 3.5 enthält die betroffenen Studien und spezifiziert die Art der implizierten kognitiven Anforderung.

Tabelle 3.5
Studien, in denen feinmotorische Testaufgaben mit ausgeprägten kognitiven Komponenten eingesetzt wurden

Studie	FM- Aufgabe	Kognitive Anforderung
Planinsec (2002) (KS 13)	Komplexes rhythmisches Tapping	Gedächtnisspanne (für spezifischen Tappingrhythmus)
Graf & Hinton (1997) (KS 17)	Abzeichnen geometrischer Formen	Wissen über Merkmale geometrischer Formen
Davis et al., (2011) (KS 16)		
Feder & Kerr (1996) (KS 5a)	Pursuit tracking (Anpassung einer Zielbewegung an ständige Geschwindigkeits- und Richtungswechsel	Zentrale Exekutive (shifting und Inhibition)

KS # = Nummer der Studie in Tabelle 3.2; FM-Aufgabe = Feinmotorische Aufgabe

Die beschriebene Problematik liegt nicht für alle Studien vor. Aus Tabelle 3.5 wird deutlich, dass sich das Problem gehäuft in Studien findet, in denen visuell-räumliche Fähigkeiten untersucht wurden. Dies ist bei der Interpretation der vergleichsweise hohen Korrelationskoeffizienten zu beachten, die gerade in diesem Fähigkeitsbereich gefunden wurden.

Wie bereits erwähnt sind die beschriebenen methodischen Probleme, die mit einem Großteil der vorliegenden Studien verbunden sind nur einer von zwei wahrscheinlichen Gründen für die beobachtbaren Beziehungsunterschiede, die zwischen den Studien gefunden wurden. Im nächsten Teilkapitel wird herausgearbeitet, inwiefern die Beziehungsunterschiede zusätzlich auch als Konstrukt und Altersgruppeneffekte interpretierbar sind.

3.1.2 Konstrukte und Altersgruppen

Die vorliegenden Studien zur Beziehung zwischen feinmotorischen Fertigkeiten und kognitiven Fähigkeiten lassen kaum ein theoriegeleitetes Vorgehen erkennen, welches Aussagen dazu ermöglicht, zwischen welchen Konstruktkombinationen in welchen Altersgruppen Beziehungen zu erwarten sind. Dies äußert sich auch darin, dass – von einzelnen Ausnahmen abgesehen (Davis et al., 2011) – meist nur einzelne Konstruktkombinationen oder einzelne Altersgruppen betrachtet wurden (Michel, Roethlisberger, Neuenschwander, & Roebers, 2011; Planinsec, 2002). Systematischere Studien, in denen gleichzeitig Beziehungen zwischen mehreren feinmotorischen und kognitiven Konstrukten in verschiedenen Altersgruppen betrachtet werden, fehlen weitgehend. Solche Studien eignen sich für die Identifikation von Konstrukt- und Altersgruppeneffekten prinzipiell jedoch besser, da Stichproben- und Instrumentierungsfehler konstant gehalten werden.

Bislang liegt mit der Querschnittsstudie von Davis und Kollegen (2011) erst eine Untersuchung vor, in der Beziehungen zwischen feinmotorischen und kognitiven Konstrukten in dem beschriebenen systematischen Sinn analysiert wurden. Untersucht wurde die Beziehung zwischen der Auge-Hand-Koordination, der Finger- und Handgeschicklichkeit und drei Aspekten kognitiver Fähigkeiten. Leider berichten die Autoren jedoch nur die Korrelationskoeffizienten für die Konstruktkombination zwischen der Auge-Hand-Koordination und den visuell-räumlichen Fähigkeiten (Tabelle 3.6).

Tabelle 3.6

Beziehungen der Handgeschicklichkeit und der Auge-Hand-Koordination mit verschiedenen kognitiven Fähigkeiten (Davis et al., 2011)

	Handge-schick	Auge-Hand-Koordination		
	4,5,6 Jahre	4 J.	5 J.	6 J.
Kristalline Intelligenz	ns.	Ns.	Ns.	Ns.
Zahlen- und Wortspanne	ns.	Ns.	Ns.	Ns.
Visuell-räumliche Fähigkeiten	ns.	.43*	.48*	.70**

*$p < .05$, **$p < .01$; J. = Jahre

Die Studie legt moderate bis hohe Zusammenhänge zwischen der Auge-Hand-Koordination und den visuell-räumlichen Fähigkeiten in allen untersuchten Altersgruppen nahe. Neben dem bereits angesprochenen Problem fehlender Angaben zu den übrigen Korrelationskoeffizienten (ns.), liegt der Studie auch das weiter oben beschriebene Problem bei der Operationalisierung visuell-räumlicher Fähigkeiten zugrunde. Da das Antwortverhalten im Test hohe Anforderungen an die Auge-Hand-Koordination impliziert (manuelles Konstruieren dreidimensionaler Vorlagen, Zeichnen eines Labyrinths), ist eine Konfundierung mit dem untersuchten Feinmotorikkonstrukt (Auge-Hand-Koordination) wahrscheinlich.

Neben der bereits erwähnten Studie von Davis und Kollegen (2011) existiert nur noch eine weitere Studie, in der Beziehungen in mehr als einer Altersgruppe betrachtet wurden (Voelcker-Rehage, 2005). In der Studie, in der die Beziehung zwischen der Fingergeschicklichkeit und der optischen Differenzierungsfähigkeit analysiert wurden, fanden sich in den beiden jüngeren Altersgruppen moderate Zusammenhänge ($r = .50$; 4-jährige; $r = .57$; 5-jährige). In der Gruppe der 6-jährigen Kinder war kein Zusammenhang mehr nachweisbar. Zu beachten ist allerdings, dass der Befund auf einer kleinen Stichprobe ($N = 15$) basiert und nur eine Konstruktkombination untersucht wurde.

Weitere Hinweise zu Beziehungen zwischen verschiedenen feinmotorischen und kognitiven Konstrukten beschränken sich auf Studien, in denen einzelne Altersgruppen fokussiert wurden. Dickes (1978) analysierte in einer Querschnittsstudie mit 126 fünfjährigen Kindern die Beziehungen zwischen der Auge-Hand-Koordination und kognitiven Fähigkeiten aus fünf Bereichen (Tabelle 3.7).

Tabelle 3.7

Beziehungen der Auge-Hand-Koordination mit verschiedenen kognitiven Fähigkeiten (Dickes, 1978)

	Auge-Hand-Koordination
Fluide Fähigkeit[a]	.12
Kristalline Fähigkeit[b]	.28***
Gedächtnis & Lernen	.19**
Visuell Räumliche Fähigkeit[c]	.33***
Verarbeitungsgeschwindigkeit	.26**

[a]mittlere Korrelation basierend auf drei Einzeltests; [b]mittlere Korrelation basierend auf drei Einzeltests; [c]mittlere Korrelation basierend auf 5 Einzeltests; *$p < .05$, **$p < .01$

Tabelle 3.7 ist zu entnehmen, dass von den fünf untersuchten Beziehungen vier signifikante Beziehungen vorlagen. Zwar zeigten sich im statistischen Sinne keine Unterschiede zwischen den Korrelationskoeffizienten, der Tendenz nach korrelierten visuell-räumliche Fähigkeiten jedoch am engsten mit der Auge-Hand-Koordination. Obwohl Dickes mit der Studie eine relativ differenzierte Analyse unterschiedlicher kognitiver Fähigkeiten vorlegte, ermöglicht die Studie leider nur Aussagen über Beziehungen mit der Auge-Hand-Koordination. Dazu kommt, dass die Kinder auch in dieser Studie bei der Bearbeitung der visuell-räumlichen Testaufgaben feinmotorische Anforderungen bewältigen mussten. Wie bereits bei Davis und Kollegen (2011) liegt daher aufgrund der Konfundierung mit dem untersuchten feinmotorischen Konstrukt (Auge-Hand-Koordination) eine Überschätzung der entsprechenden Beziehung nahe.

Neben den beschriebenen Studien mit jüngeren Kindern werden an dieser Stelle auch Befunde aus zwei ebenfalls querschnittlich angelegten Untersuchungen mit Kindern im Grundschulalter berichtet, da in diesen eine differenziertere Analyse des feinmotorischen Fertigkeitsspektrums realisiert wurde. Schewe (1977) untersuchte die Beziehung zwischen fünf kognitiven Fähigkeiten und zwei feinmotorischen Fertigkeiten an einer Stichprobe mit 80 Mädchen im Alter von acht Jahren (Tabelle 3.8).

Tabelle 3.8

Beziehungen der Handgeschicklichkeit und der Auge-Hand-Koordination mit verschiedenen kognitiven Fähigkeiten (Schewe, 1977)

	Handge-schick	Auge-Hand-Koordination
Fluide Fähigkeit	.09	.07
Kristalline Fähigkeit	.07	.14
Gedächtnis	.22*	-.03
Visuell-Räumliche Fähigkeiten	.22*	.29*
Verarbeitungsgeschwindigkeit	.19*	.13

*$p < .05$.

Von den untersuchten feinmotorischen Fertigkeiten korrelierte die Handgeschicklichkeit insgesamt etwas höher und mit mehreren kognitiven Fähigkeitsdimensionen als die Auge-Hand-Koordination (statistisch nicht signifikant). Von den untersuchten kognitiven Fähigkeiten korrelierten nur visuell räumliche Fähigkeiten konsistent mit beiden untersuchten feinmotorischen Fertigkeiten. Allerdings ergibt sich auch hier das bereits bei Davis und Kollegen (2011) sowie Dickes (1978) beschriebene Problem einer Konfundierung des eingesetzten Instruments zur Erfassung visuell räumlicher Fähigkeiten.

In einer weiteren Studie mit 362 Grundschulkindern untersuchte Baedke (1980) den feinmotorischen Fertigkeitsbereich mit drei feinmotorischen Fertigkeitsdimensionen am differenziertesten. Baedke fand überwiegend signifikante Korrelationen (9 von 12). Die konsistentesten Korrelationen identifizierte er im feinmotorischen Fertigkeitsbereich für die Handgeschicklichkeit und im kognitiven Bereich für die Verarbeitungsgeschwindigkeit (Tabelle 3.9).

Tabelle 3.9

Beziehungen der Handgeschicklichkeit, der Auge-Hand-Koordination und der Tappingfertigkeit mit kognitiven Fähigkeiten (Baedke, 1980)

	Handge-schick	Auge-Hand-Koordination	Tapping
Fluide Fähigkeit	.32**	.24**	-.06
Kristalline Fähigkeit	.29**	.09	.30**
Visuell-räumliche Fähigkeit	.25**	.10	.32**
Verarbeitungsgeschwindigkeit	.16**	.37**	.18**

$**p < .01$.

Die Studie von Baedke – wie auch die Studie von Schewe – zeigt, dass auch im Grundschulalter noch Beziehungen zwischen dem feinmotorischen und dem kognitiven Konstruktbereich existieren. Zudem zeigte sich, dass in der untersuchten Altersgruppe neben der häufiger untersuchten Auge-Hand-Koordination und der Handgeschicklichkeit auch die Tappingfertigkeit Beziehungen mit drei der untersuchten kognitiven Konstrukte aufweist.

Insgesamt liefern die sich andeutenden Beziehungsunterschiede zwischen verschiedenen Konstruktkombinationen erste Hinweise auf die Abhängigkeit der Beziehungen von den jeweils untersuchten feinmotorischen und kognitiven Konstrukten. Allerdings wurde gerade im frühen Kindesalter schwerpunktmäßig die Auge-Hand-Koordination fokussiert, so dass Beziehungen anderer feinmotorischer Fertigkeiten zum kognitiven Fähigkeitsbereich bislang nicht einschätzbar sind. Darüber hinaus ist mit dem studienübergreifenden Befund engerer Beziehungen zum Konstrukt visuell-räumlicher Fähigkeiten das oben bereits mehrfach angesprochene Problem einer konfundierten Messung verbunden.

Der von verschiedenen Autoren (Ahnert, 2005; Schneider, 1992) geäußerte Hinweis, engerer Beziehungen zwischen nonverbalen und feinmotorischen als zwischen verbalen und feinmotorischen Fertigkeiten, ist vor diesem Hintergrund klar in Frage zu stellen. Zusammengenommen lässt sich der Mangel an Studien, in denen gleichzeitig mehrere feinmotorische und valide gemessene kognitive Konstrukte in verschiedenen Altersgruppen betrachtet werden, als erstes Forschungsdefizit festhalten. Nur Studien ohne ein solches Defizit liefern verlässliche Hinweise darauf, welche Rolle bestimmte feinmotorische und kognitive Konstrukte einerseits und bestimmte Altersgruppen andererseits für die Höhe von Beziehungen zwischen feinmotorischen und kognitiven Konstrukten spielen.

3.2 Theoretische Perspektiven und Einordnung Existierender Befunde

Nachdem im vorangehenden Kapitel bereits eine erste methodenkritische Bewertung existierender Befunde zur Beziehung zwischen feinmotorischen Fertigkeiten und kognitiven Fähigkeiten vorgenommen wurde, werden die Befunde in diesem Kapitel vor dem Hintergrund theoretischer Ansätze bewertet. In der Literatur finden sich eine Reihe unterschiedlicher Erklärungen für den Zusammenhang zwischen feinmotorischen Fertigkeiten und kognitiven Fähigkeiten (Luo et al., 2007; Payr, 2011). Bei genauerer Betrachtung handelt es sich jedoch in den meisten Fällen mehr um „Ideenskizzen" als um ausgearbeitete, empirisch fundierte Theorien. In diesem Kapitel werden einige der Vorschläge, die für den Zusammenhang zwischen speziell feinmotorischen und kognitiven Fähigkeiten Relevanz haben, detaillierter dargestellt. Im ersten Teilkapitel werden Zusammenhänge zwischen feinmotorischen Fertigkeiten und kognitiven Fähigkeiten mit Hilfe des kindlichen Entwicklungsstands erklärt. Reifungs- und Umweltfaktoren werden hierbei als ursächlich für parallele Entwicklungsverläufe der feinmotorischen und kognitiven Leistungsfähigkeit beschrieben. Im zweiten Teilkapitel werden Ansätze beschrieben, die einen kausalen Wirkungszusammenhang nahe legen. Ein Schwerpunkt der Darstellung liegt dabei auf Ansätzen, in denen von einer Bedeutung feinmotorischer Fertigkeiten für kognitive Entwicklungsveränderungen ausgegangen wird. Zusätzlich wird eine Theorie beschrieben, in der die Rolle kognitiver Fähigkeiten für den feinmotorischen Fertigkeitserwerb beschrieben wird.

3.2.1 Parallele Entwicklungsverläufe

Bereits mehrfach wurde zur Erklärung von Zusammenhängen zwischen dem motorischen und dem kognitiven Merkmalsbereich entweder direkt oder indirekt auf den allgemeinen Entwicklungsstand verwiesen (Davis et al., 2011; Luo et al., 2007; Payr, 2011). Sowohl die feinmotorische als auch die kognitive Leistungsfähigkeit entwickeln sich der Annahme zufolge, in Abhängigkeit von gemeinsamen (übergeordneten) Faktoren (z.B. Reifungs- und oder Umwelteinflüssen), parallel. Zusammenhänge existieren demzufolge aufgrund von parallelen Entwicklungsverläufen des feinmotorischen und des kognitiven Merkmalsbereiches.

Für die Annahme, dass die feinmotorische und kognitive Leistungsfähigkeit im Kindesalter von gemeinsamen Reifungseinflüssen abhängt können wenigstens zwei Argumente angeführt werden. Während das erste Argument einen rein biologischen Mechanismus unterstellt, schließt das zweite Argument auch erfahrungsabhängige Reifungseinflüsse mit ein.

Für eine biologische Reifungskomponente spricht, dass feinmotorische und kognitive Leistungen unter anderem von der Nervenleitgeschwindigkeit abhängen (Garvey et al., 2003). Unterschiedliche Nervenleitgeschwindigkeiten im Kindesalter korrespondieren daher auch mit Unterschieden in der feinmotorischen und kognitiven Leistungsfähigkeit. Dieser Zusammenhang sollte bis in die mittlere Kindheit fortbestehen, da die Nervenleitgeschwindigkeit von der Myelinisierung der afferenten und efferenten Nervenbahnen abhängt, welche erst ab einem Alter von 7 Jahren Erwachsenenwerte erreicht (Müller, Ebner, & Hömberg, 1994).

Gemeinsame neuronale Funktionszentren der feinmotorischen und kognitiven Leistungsfähigkeit (Diamond, 2000) sind die Basis des zweiten Arguments. Wenn solche Funktionszentren biologisch oder erfahrungsabhängig reifen, sollte dies mit korrespondierenden Verläufen der feinmotorischen und kognitiven Leistungsfähigkeit einhergehen. Von den verschiedenen neuronalen Arealen, die sowohl mit kognitiven, als auch mit motorischen Funktionen in Verbindung gebracht werden (Diamond, 2000; Eisenegger, Herwig, & Jancke, 2007; Lawrenz, 2008), wird die Rolle des Cerebellums am häufigsten erwähnt. Das Cerebellum ist einerseits eng mit der motorischen Feinkoordination verbunden, andererseits liegen Befunde vor, nach welchen auch höhere kognitive Fähigkeiten Verbindungen zum Cerebellum haben (Diamond, 2000). Da das Cerebellum erst etwa im sechsten Lebensjahr Erwachsenengröße erreicht (Peter, 1938), könnten unterschiedliche Reifungsgeschwindigkeiten bis zu diesem Alter Zusammenhänge zwischen feinmotorischen und kognitiven Fähigkeiten erklären[2]. Eine weitere Gehirnregion, welche für parallele Entwicklungsverläufe der feinmotorischen und kognitiven Leistungsfähigkeit verantwortlich sein könnte, ist der dorsolaterale präfrontale Cortex. So zeigen Befunde relativ übereinstimmend Assoziationen des präfrontalen Cortex mit Funktionen, welche an der Planung und Ausführung sowohl komplexer kognitiver als auch komplexer motorischer Aufgaben beteiligt sind (Kaplan & Crawford, 1998). Da die Entwicklung von Funktionen des präfrontalen Cortex noch bis in die späte Kindheit reicht (Anderson, 2002a) ist eine parallele feinmotorische und kognitive Leistungsentwicklung, zumindest bei komplexeren Aufgaben, bis in dieses Alter zu erwarten. Auf die Möglichkeit, dass speziell feinmotorische Erfahrungen die Reifung der genannten komplexen kognitiven Funktionen unterstützen, wird in Kapitel 3.2.2.3 detaillierter eingegangen.

Obwohl Reifungseinflüsse somit wahrscheinlich eine Rolle spielen, ist es schwierig diese in Studien zur Beziehung zwischen feinmotorischen Fertigkeiten und kognitiven Fähigkeiten zu schätzen. Eine erste Möglichkeit solche Einflüsse zu schätzen setzt an der Auffassung an, dass das Alter der Kinder eine unspezifische Proxyvariable für Reifungseinflüsse darstellt. Hieraus ergibt sich, dass sich die Beziehung zwischen feinmotorischen und kognitiven Fähigkeiten nach Auspartialisierung des Alters reduzieren müsste, wenn Reifung eine Rolle spielt (Ahnert et al., 2003; Voelcker-Rehage, 2005). Der Reifungseffekt, der über die Methode der Altersauspartialisierung erfolgt, entspricht dabei einer Mischung aus biologischen (genetischen) und erfahrungsabhängigen Einflüssen. Bezogen auf die bisher vorliegenden Befunde zur Beziehung zwischen feinmotorischen Fertigkeiten und kognitiven Fähigkeiten lässt sich der über diese Methode ermittelbare Einfluss des Alters nur schwer einschätzen. Dies liegt daran, dass nur selten berichtet wird, ob es sich bei den publizierten Korrelationskoeffizienten um alterskorrigierte Koeffizienten handelt (Dellatolas et al., 2003; Dickes, 1978). Als spezifischere Proxyvariable für biologische Reifungseinflüsse kann die Verarbeitungsgeschwindigkeit gelten, da diese eine direktere Funktion der mit der Myelinisierung verbundenen Nervenleitgeschwindigkeit ist (Bjorklund & Schneider, 2006; Keil, 2000). Bislang wurde die Verarbeitungsgeschwindigkeit erst in zwei Studien zur Beziehung zwischen feinmotorischen und kognitiven Fähigkeiten

---

[2] Die Größe des Cerebellums ist nur ein grober Indikator für die Leistungsrelevante Reifung. Möglicherweise spielt die zunehmende Dichte der wechselseitigen Zellverschaltungen ebenfalls eine Rolle.

untersucht (Davis et al., 2011; Roebers & Kauer, 2009). In beiden Studien wurde die Verarbeitungsgeschwindigkeit jedoch mit einem Messinstrument erfasst, das eine starke feinmotorische Konfundierung aufwies (schnelles Umstecken von Stäbchen), beziehungsweise selbst als Maß für die Fingergeschicklichkeit bekannt ist. Daher ist davon auszugehen, dass die Rolle der Verarbeitungsgeschwindigkeit in beiden Studien überschätzt wurde.

Aussagen darüber, ob bestimmte feinmotorische und kognitive Konstrukte im Kindesalter gegebenenfalls besonders durch Reifung beeinflusst werden, sind derzeit nicht möglich. Auch die Frage bis zu welchem Alter Reifungseinflüsse eine Rolle spielen gilt bislang als nicht beantwortet. Auf der einen Seite nehmen Dyck, Piek, Kane und Patrick (2009) an, dass motorische und kognitive Merkmale vor allem im frühen Kindesalter Reifungseinflüssen unterliegen, später aber nicht mehr. Auf der anderen Seite argumentieren Davis und Kollegen (2011) und auch Diamond (2000) für einen Einfluss der Reifung bis in die späte Kindheit. Der bekannte Befund geringerer Zusammenhänge zwischen motorischen und kognitiven Fähigkeiten bei älteren als bei jüngeren Kindern (Ahnert et al., 2003, Payr, 2011) ist zwar mit der Position von Dyck und Kollegen vereinbar, konnte aber bislang nicht für feinmotorische Fertigkeiten repliziert werden. Die einzigen beiden Studien, in denen Beziehungen zwischen feinmotorischen und kognitiven Fähigkeiten in verschiedenen Altersgruppen untersucht wurden, zeigen widersprüchliche Ergebnisse. So fanden Davis und Kollegen (2011) bei vier-, fünf- und sechsjährigen Kindern zwar vergleichbare Zusammenhänge, allerdings weist die Studie das bereits beschriebene Messproblem auf. In der Studie von Voelcker-Rehage (2005) konnte bei sechsjährigen Kindern kein signifikanter Zusammenhang mehr gefunden werden. Aufgrund der geringen Stichprobengröße von nur 15 Kindern ist jedoch auch dieser Befund nicht interpretierbar.

Wie bereits angesprochen wurden neben Reifungsfaktoren auch übergeordnete Umweltfaktoren für parallele Entwicklungsverläufe der feinmotorischen und kognitiven Leistungsfähigkeit angenommen (Luo et al., 2007). Dabei wird in der Regel argumentiert, dass bestimmte Umweltfaktoren gleichgerichtete Einflüsse sowohl auf den feinmotorischen als auch auf den kognitiven Merkmalsbereich ausüben. Bezogen auf das frühe Kindesalter sind solche Umweltfaktoren vor allem im sozialen Hintergrund und der häuslichen Anregung der Kinder zu vermuten (Oerter, 2008). Zu den für die kindliche Entwicklung potenziell wichtigsten Status und Prozessvariablen zählen hierbei der sozioökonomische Status, die Bildung der Eltern, Förderverhalten wichtiger Bezugspersonen sowie die Nutzung spezifischen Spielzeugs (Tietze, Rossbach, & Grenner, 2005). Für den sozioökonomischen Status konnten im frühen Kindesalter bereits enge Zusammenhänge mit kognitiven Fähigkeiten identifiziert werden (Biedinger, 2010; Eggert & Schuck, 1978; Liaw & Brooks-Gunn, 1994; Smith, Brooks-Gunn & Klebanov, 1997). Auch motorische Fertigkeiten korrelieren mit dem sozioökonomischen Status (Eggert & Schuck, 1978; Krombholz, 2011; Schewe, 1977). Allerdings zeigen sich hier schwächere Beziehungen als mit dem kognitiven Fähigkeitsbereich. Auch für die seltener untersuchte Rolle der elterlichen Bildung zeigen sich bereits im frühen Kindesalter Effekte auf die kognitive Entwicklung (z.B. Biedinger, 2011). Entsprechende Untersuchungen für die feinmotorische Entwicklung liegen nicht vor.

Grundsätzlich kommen verschiedene Wirkvariablen in Frage, die einen synchronen Einfluss des sozioökonomischen Status sowie der elterlichen Bildung auf die kognitive und feinmotorische Entwicklung vermitteln könnten. Naheliegende Variablenbereiche stellen hierbei spezifisches Förderverhalten wichtiger Bezugspersonen und die Verfügbarkeit und Nutzung ausgewählten Spiel- und Lernmaterials dar. Gerade der zuletzt genannte Bereich ist auch deshalb von Bedeutung, da Kinder bis zu ihrem sechsten Lebensjahr durchschnittlich acht Stunden pro Tag im Spiel verbringen (Mogel, 2008). Auch empirisch finden sich Hinweise auf die Bedeutung von Spieltätigkeiten für die kognitive Entwicklung (Beilei, Lei, Qi, & Hofsten, 2002; Bradley & Caldwell, 1976). Eine der systematischsten Studien zur Beziehung zwischen Spielmaterial und anderen Bereichen der häuslichen Anregung einerseits und der frühkindlichen Entwicklung kognitiver Fähigkeiten andererseits stellt die „Little Rock Longitudinal Study" (Bradley & Caldwell, 1976) dar. In der Studie prädizierte Spielzeug die spätere kognitive Entwicklung der Kinder unabhängig vom sozioökonomischen Status. Im Vergleich mit anderen Merkmalen der häuslichen Anregung (z.B. verbale Anregung durch die Eltern) stellte Spielzeug sogar den stärksten Prädiktor dar. Da die eingesetzten Items zur Spielzeugerfassung überwiegend feinmotorische Anforderungen implizierten, ist neben der nachgewiesenen kognitiven Förderwirkung auch eine in der Studie nicht untersuchte feinmotorische Förderwirkung wahrscheinlich. Auch in der Untersuchung von Beilei und Kollegen (2002) wies ein Großteil der Spieltätigkeiten, für die eine kognitive Förderwirkung identifiziert wurde (z.B. Konstruktionsspiel) auch feinmotorische Anforderungen auf. Erste empirische Hinweise, dass Spielmaterial, welchem kognitive Förderwirkungen zugeschrieben wurde (z.B. Zuordnungsspiele), auch tatsächlich den feinmotorischen Fertigkeitserwerb anregt, fanden Franchin und Kollegen (2011).

Inwieweit sich die oben beschriebenen Umweltfaktoren tatsächlich auf die Beziehung zwischen feinmotorischen Fertigkeiten und kognitiven Fähigkeiten auswirken, ist empirisch noch nicht geklärt. Von den in Kapitel 3.1 berichteten Studien zur Beziehung zwischen feinmotorischen Fertigkeiten und kognitiven Fähigkeiten findet sich nur eine Studie, in der die Rolle des sozioökonomischen Status analysiert wurde (Piek, Dawson, Smith, & Gasson, 2008). Die Autoren fanden in der Studie zur Beziehung zwischen einem globalen feinmotorischen Fertigkeitsmaß und einem globalen kognitiven Fähigkeitsmaß keinen Zusammenhang mehr, nachdem der sozioökonomische Status kontrolliert wurde. Hinweise darauf, welche Bedeutung die elterliche Bildung oder Aspekte der häuslichen Anregung (z.B. feinmotorisches Spielzeug) für die Beziehung spielen, finden sich hingegen in keiner Studie. Auch Erkenntnisse darüber welche speziellen feinmotorischen und kognitiven Konstrukte gegebenenfalls von Umwelteinflüssen beeinflusst werden, oder ob diese nur in bestimmten Entwicklungsphasen bedeutsam sind, fehlen.

Insgesamt weisen die Ausführungen auf drei Aspekte hin. Erstens stellt die Annahme paralleler Entwicklungsverläufe der feinmotorischen und der kognitiven Leistungsfähigkeit im Kindesalter eine plausible Erklärung für die bereits vorliegenden Befunde zum Zusammenhang zwischen feinmotorischen Fertigkeiten und kognitiven Fähigkeiten dar. Zweitens wurde diese Annahme bislang keinem ernsthaften Hypothesentest unterzogen und drittens wurden auch einzelne Determinanten für solche Entwicklungsverläufe noch nicht genauer untersucht. Zu letzteren gehören einerseits die oben beschriebenen Reifungs- und Umweltfaktoren, andererseits als Manifestationen solcher Faktoren auch persönliche Merkmale (z.B. Aufmerksamkeit, Motivation etc.) der Kinder (Rhemtulla & Tucker-Drob, 2011).

3.2.2 Bedeutung Feinmotorischer Fertigkeiten für Kognitive Entwicklungsveränderungen

Die Relevanz feinmotorischer Fertigkeiten für die kognitive Entwicklung wird durch zwei unterschiedliche Argumente nahegelegt. Das erste basiert auf der Annahme, dass feinmotorische Fertigkeiten Objekt- und Umweltinteraktionen unterstützen. Letzteren wird sowohl in der Psychomotorikforschung (Seewald, 2003) als auch in der kognitiven Entwicklungspsychologie (Smith, 2005; Thelen, 2000) eine grundlegende Bedeutung für kognitive Entwicklungsveränderungen zugeschrieben (Kapitel 3.2.2.1 und 3.2.2.2). Dem zweiten Argument liegt der Gedanke der *Learning To Learn Analogie* (Adolph, 2005) zugrunde. Er geht davon aus, dass feinmotorisches Lernen in der Kindheit zu neurobiologischen Veränderungen führt, die auch Grundlage für kognitive Entwicklungsveränderungen sind (Kapitel 3.2.2.3).

Dem ersten Argument zu Folge spielen feinmotorische Fertigkeiten im Kindesalter eine Rolle für kognitive Entwicklungsveränderungen, weil im Alltag viele feinmotorische Objekt- und Umweltinteraktionen stattfinden. In den Kapiteln 3.2.2.1 und 3.2.2.2 wird dargestellt, wie feinmotorische Objekt- und Umweltinteraktionen potentiell zu kognitiven Entwicklungsveränderungen beitragen. Zunächst jedoch werden die vielfältigen Gelegenheiten für feinmotorische Objekt- und Umweltinteraktion im Kindesalter herausgearbeitet.

Feinmotorische Handlungen sind im Alltag von Vorschulkindern allgegenwärtig. Den diesbezüglich einzigen empirischen Hinweis legten Marr und Kollegen (2003) aus einer Studie mit amerikanischen Vorschulkindern vor. Die Autoren ermittelten, dass sich die Kinder im Schnitt etwa 46 % ihrer Zeit mit feinmotorischen Aufgaben beschäftigten. Systematischere empirische Beschreibungen dazu, in welchen Tätigkeitsbereichen welche feinmotorischen Handlungen wie häufig auftreten, liegen bislang nicht vor. Für eine grobe Einschätzung bezüglich des Anteils feinmotorischer Handlungen, der im Verlauf eines typischen Tages deutscher Vorschulkinder registrierbar ist, wird in diesem Kapitel auf die Aktivitätenliste zurückgegriffen, die im BIKS-Projektes (Bildungsprozesse, Kompetenzentwicklung und Selektionsentscheidungen im Vor- und Grundschulalter) verwendet wurde (Smidt, Lehrl, Anders, Pohlmann-Rother, & Kluczniok, 2012). Bei der Liste handelt es sich um die im deutschen Raum bislang systematischste Übersicht typischer Tätigkeiten von Vorschulkindern, in die auch Inhalte des etablierten HOME Instrumentes (Caldwell & Bradely, 1985) einfließen.

Aus Übersichtsgründen wurden die in der BIKS-Liste aufgeführten Aktivitäten in dieser Arbeit nach vier Bereichen gruppiert A) Spieltätigkeiten, B) alltägliche Routinen (z.B. Selbstfürsorge), C) Tätigkeiten mit akademischem Bezug, D) Andere Tätigkeiten. Per Augenschein wurden die in der Liste beschriebenen Aktivitäten dann danach beurteilt, ob typischerweise feinmotorische Handlungen involviert sind. Da der Urteilsvorgang allein durch den Autor der Arbeit und eine weitere

Person vorgenommen wurde, hat das Ergebnis zunächst Vorläufigkeitscharakter. Tabelle 3.10 enthält die Aktivitäten.

Tabelle 3.10
Aktivitäten im Kindergartenalter und feinmotorischer Handlungsbezug

		Handlungsbezug
Spielaktivitäten	*Sensomotorisches Spiel; Experimentier- und Explorationsspiel:* Objekte und Geräte erkunden, Spielen mit Sand und Wasser, z.B. „Matschen", Sandburgen bauen, Wasserläufe bilden	X
	Konstruktionsspiel: Alle Spiele mit Material, mit dem man Dinge bauen oder konstruieren kann z.B. LEGO (o.ä.), Holzbausteine, Baukästen, magnetische Bausätze, TIP, Mosaike, Fischertechnik, Baufix, Puzzle	X
	Basteln: Konstruktionen mit Papier, Buntpapier, Tonkarton; Malen und Zeichnen; Gestaltung mit Materialien (Ton, Knete, Wachs, Steck- und Fädelmaterial)	X
	(Symbol- und) Rollenspiel: Spiele mit Puppen, Handpuppen, Figuren; Verkleiden; Theater spielen; Nachahmung von Tieren und Berufen	X
	Regelspiel: Alle gängigen Karten-, Lege-, Brett- und Würfelspiele, die nach festgelegten Regeln gespielt werden	X
	Musikbezogene Spieltätigkeiten: Jede Art von Singen, Singspielen, Musizieren, etc.	X
	Spielen am Computer: Alle Aktivitäten am Computer, z.B. Computerspiele, Surfen im Internet, Spielen mit Lerncomputern	X
	Rennen, Toben: Spielen im Garten oder Hof, Hobbyraum, Spielplatz	
Alltägliche Routineaktivitäten	*An- und Ausziehen:* Vorbereitung der Kleidung; Selbstständiges Anziehen von Kleidung; Bedienen eines Klettverschlusses; Schleife binden; Auf- und Zuknöpfen	X
	Mahlzeiten: Essen vorbereiten (z.B. Tischen decken, abräumen und abwischen; öffnen von Gläsern und Flaschen; volle Gläser transportieren und eingießen; Brote schmieren); Essen mit Besteck; Trinken aus Tassen und Gläsern	X
	Hygiene: Zähne putzen; Kämmen; Waschen; Toilettengang	X

Fortsetzung Tabelle 3.10

Alltägl. Routineaktivitäten	*Tiere und Pflanzen versorgen:* Alle Aktivitäten, bei denen das Kind mithilft oder selbstständig Pflanzen und (Haus-) Tiere versorgt, z.B. Füttern der Haustiere, Reinigen von Käfigen/Aquarien, Arbeiten im Garten: Unkraut jäten, säen, Pflanzen gießen/düngen etc.	X
	Mithilfe im Haushalt: Jegliche Art von Mithilfe bzw. zur Hand gehen bei Arbeiten im Haushalt z.B. helfen zu kochen/backen, Tisch decken, Putzen, Aufräumen	X
	Einkaufen gehen: Selbstständiges oder begleitetes Einkaufen	X
Aktivitäten mit akademischem Bezug	*Zahlenspiel:* Würfelspiele, Rechenspiele, Lösen einfacher Rechenaufgaben, Zahlen schreiben	X
	Buchstabenspiel: Brettspiele mit Buchstaben, Schreiben von Wörtern, Erraten der Anfangsbuchstaben von Wörtern etc.	X
	Sprachspiele: Reimen, Wortspiele, Übungen zur Verbesserung der Aussprache/Grammatik	
	Experimente und Naturerfahrungen: Gezieltes Beobachten der Natur, Beobachtungen von Tieren und Pflanzen mit einer Lupe, „Experimentieren in der Küche" mit Essig, Salz, Backpulver etc.	X
Andere Aktivitäten	*Vorbereitung/Aufräumen in Spielsituationen:* Anordnen von Gegenständen; Sortieren von Gegenständen	X
	Übergang, Leerlauf: Langweilen, Nachdenken, Träumen, zielloses Umherwandern, suchen/holen neuer Spielsachen, Warten	
	Entspannen und Ruhen: Gemeinsames Kuscheln und Schmusen; Nachtschlaf, Mittagsschlaf; Entspannung und Ausruhen	
	Therapeutische Anwendungen: Einnahme von Medikamenten, Sprach- und Konzentrationsübungen; Ergo-, Logo- oder Physiotherapie	X
	Wegstrecke zurücklegen: Wegstrecken zwischen einzelnen Orten zurücklegen (zu Fuß, Fahrrad, Bus, Auto)	
	Fernsehen/ Video/ DVD/ Kassetten, CDs oder MP3s hören: Konsumieren von Fernsehsendungen oder Videos, DVDs; Hören von CDs, Kassetten oder Radio	
	Erledigungen: Besuch beim Zahn-/Kinderarzt, Therapeuten, Friseur oder auch das Erledigen bestimmter Dinge auf einem Amt etc.	

Fortsetzung Tabelle 3.10

<td rowspan="8">Andere Aktivitäten</td>	*Ausflüge machen:* Besuch im Zoo/ Zirkus, ins Kino/ Theater/ Museum/ usw. gehen, Sehenswürdigkeiten besichtigen, Wander-/ Fahrradtouren	
	Regelmäßige Aktivitäten außer Haus: Fußballtraining, Ballettstunden, Musikunterricht, Sprachunterricht (z.B. Englisch/ Französisch)	X
	Freunde/ Verwandte besuchen, Besuch empfangen: Spielen bei Freunden, Kindergeburtstag; Besuch der Großeltern	
	Beobachten anderer Personen: Zuschauen beim Kochen/ Aufräumen/ Putzen, Beobachten des Spiels anderer	
	Freie Sprache: Erzählen über die Aktionen im Kindergarten, berichten was man bei der Oma erlebt hat, ein gemaltes Bild beschreiben	
	Vorlesen: Aus Büchern, Zeitschriften, Spielanleitungen	
	Beschäftigung mit Büchern, Zeitschriften und Bildern: Anschauen von Büchern, Gespräche über den Inhalt eines Buches, Lernspiele mit Büchern	X
	Religiosität/Normen/ Wertevermittlung: Kirchenbesuch, Beten, Weitergeben von Grundüberzeugungen	

Die in Tabelle 3.10 dargestellte Übersicht zeigt, dass in allen vier Tätigkeitsbereichen feinmotorische Handlungen denkbar sind, wobei ein Großteil in den beiden Bereichen *Spieltätigkeiten* und *alltägliche Routinen* auftritt. Aussagen darüber wie häufig feinmotorische Handlungen im jeweiligen Bereich auftreten sind damit allerdings noch nicht möglich. In einem weiteren Schritt wurde daher der Versuch unternommen, die Häufigkeit der feinmotorischen Aktivitäten in den jeweiligen Bereichen einzuschätzen.

Spieltätigkeiten: Spieltätigkeiten nehmen im frühen Kindesalter insgesamt den größten Zeitanteil ein. So verbringen Kinder bis zu ihrem sechsten Lebensjahr durchschnittlich 15000 Spielstunden, also ca. sieben Stunden pro Tag im Spiel (Mogel, 2008). Nach einer Studie von Tizzard, Phelps und Plewis (1976) beziehen sich über 90% der Spielerfahrungen auf den Umgang mit Spielzeugen. Da diese in den meisten Fällen manuelle Handlungen erfordern ist der Feinmotorikanteil in diesem Bereich als besonders hoch einzuschätzen. In Übereinstimmung hiermit konnte Rubin (1977) in einer Studie mit 42 Kindergartenkindern zeigen, dass Kinder im freien Spiel vorzugsweise feinmotorische Tätigkeiten auswählten. Von den zehn bevorzugten Tätigkeiten, die im freien Spiel beobachtet werden konnten, wiesen acht feinmotorische Merkmale auf.

Alltägliche Routinen (z.B. Selbstfürsorge): Die meisten Tätigkeiten, die in den zweiten Bereich fallen, stellen einen festen Bestandteil des Alltages von Kindern dar (z.B. Essen, Körperpflege, Anziehen) und treten täglich mehrfach auf. Hinweise auf den Zeitanteil, den solche Aktivitäten einnehmen, basieren auf Einschätzungen von Erzieherinnen. So geben Erzieherinnen beispielsweise an, dass pflegerische Aktivitäten an normalen Kindergartentagen etwa 20 % der Gesamtzeit ausmachen (Smidt et al., 2012). Da pflegerische Aktivitäten nur einen Teil der alltäglichen Routinen ausmachen und in der Studie zudem nur ein Tagesausschnitt (ein Kindergartentag) zugrunde gelegt wurde, ist für den Bereich insgesamt von höheren Zeitanteilen auszugehen. Dies gilt auch für den Umfang feinmotorischer Handlungen, da alltägliche Routinen (z.B. Selbstfürsorge) fast ausnahmslos den Einsatz der Hände erfordern (Henderson, 1995). Insgesamt treten feinmotorische Handlungen daher vermutlich auch in diesem zweiten Bereich relativ häufig auf.

Tätigkeiten mit akademischem Bezug: Tätigkeiten aus dem dritten Bereich scheinen vergleichsweise seltener aufzutreten. Werden die Befunde zur Häufigkeit spezifischer Aktivitäten in deutschen Kindergärten aus der BIKS Studie zugrunde gelegt, entfallen auf schulbezogene Tätigkeiten laut Erzieherinnenauskunft gerade einmal 10 Prozent der Gesamtzeit eines Kindergartentages (Smidt et al., 2012). Dies ist vor dem Hintergrund, dass in der Studie Kinder im letzten Kindergartenjahr beobachtet wurden, auffallend wenig. Der Anteil beteiligter feinmotorischer Handlungen liegt vermutlich noch unter 10 Prozent, da nicht alle der gelisteten Tätigkeiten feinmotorische Handlungen erfordern. Am ehesten ist dies von Experimenten/Naturerfahrungen sowie von Zahl und Buchstabenspielen zu erwarten. Sprachspiele implizieren vermutlich am seltensten feinmotorische Anforderungen.

Andere Tätigkeiten: Wie Tabelle 3.10 zeigt, stellt die letzte Tätigkeitskategorie eine sehr heterogene Gruppe dar. Angaben über entsprechende Zeitanteile aller Tätigkeiten, die in diese Gruppe fallen, liegen leider nicht vor. Diejenigen Zeitangaben, die vorliegen entfallen auf Tätigkeiten ohne Bezug zu feinmotorischen Handlungen (Übergang, Leerlauf, Schmusen, Kuscheln, Schlafen, freie Sprache). Die einzigen Tätigkeiten aus diesem Bereich, die einen Bezug zu feinmotorischen Handlungen erkennen lassen, sind zum einen Tätigkeiten, die sich auf die Vorbereitung und das Aufräumen von Spielsituationen beziehen sowie die Beschäftigung mit Büchern und Zeitschriften. Feinmotorische Handlungen treten in diesem Bereich daher vermutlich eher selten auf.

Insgesamt deuten die Ausführungen auf eine moderate bis ausgeprägte Beteiligung feinmotorischer Handlungen an Objekt- und Umweltinteraktionen hin. Die meisten feinmotorischen Betätigungsgelegenheiten sind dabei in den Bereichen „Spieltätigkeiten" und „Alltägliche Routinen" zu vermuten. Die nachfolgenden Ausführungen (Kapitel 3.2.2.1 bis Kapitel 3.2.2.2) beziehen sich auf die Frage, welche Relevanz solche feinmotorischen Objekt- und Umweltinteraktionen potentiell für kognitive Entwicklungsveränderungen haben.

3.2.2.1 Feinmotorische Objektinteraktionen als Grundlage für sensomotorische Objektrepräsentationen

Ein erster Mechanismus, über welchen feinmotorische Fertigkeiten vermutlich kognitive Entwicklungsveränderungen unterstützen, kann unter Bezug auf den Ansatz zur *verkörperten Kognition* (Barsalou, 2008; Smith, 2005) beschrieben werden. Dieser ist mit den in der Psychomotorikforschung bekannten strukturaffinen Ansätzen vergleichbar (Seewald, 2003) und geht von einer strukturellen Ähnlichkeit zwischen feinmotorischen Handlungen und kognitiven Verständnisprozessen aus. Die zentrale Annahme setzt an der Art der Wissensrepräsentation im Langzeitgedächtnis an, die in Kapitel 2.2 als sensomotorisch charakterisiert wurde. In diesem Teilkapitel wird argumentiert, dass (fein)motorische Fertigkeiten am Aufbau sensomotorischer Wissensrepräsentationen beteiligt sind.

Piaget wies in seiner Theorie der Denkentwicklung erstmals auf die Beteiligung der motorischen Modalität am Aufbau von Objektrepräsentationen hin. Da die Theorie als eine Art Vorläufertheorie des Ansatzes der verkörperten Kognition aufgefasst werden kann, sind speziell die Annahmen Piagets, die sich auf die Bedeutung sensomotorischer Erfahrungen beziehen relevant. Piaget nahm nur in der ersten der vier aufeinander folgenden Phasen der kognitiven Entwicklung eine Bedeutung motorischer Handlungen an. Zentral war hierbei das Konzept der sensomotorischen Intelligenz, das die typische Form des Denkens bei Kindern im Alter zwischen null und zwei Jahren beschreibt. Demnach eignen sich Kinder in dieser Phase Wissen über ihre physische Umwelt an, indem sie sich handelnd mit ihr auseinandersetzen. Hiernach sind physikalische Begriffe wie Gewicht, Größe, Länge, Volumen, Anzahl, Beschaffenheit, Konsistenz, Schwung, Beschleunigung, Schwerkraft etc. direkt an die Eigenaktivität des Kindes gebunden. Wissen über Objekte wird in Form der sensomotorischen Handlungserfahrungen repräsentiert, die aus der Interaktion mit den Objekten resultieren. Wiederholte Handlungserfahrungen, die aus der Interaktion mit einem bestimmten Objekt oder den Elementen einer Objektkategorie resultieren werden schließlich in Handlungsschemata integriert, die von Piaget als frühe Form von Konzepten aufgefasst wurden (Piaget, 1952). Das Wissen über die Merkmale einer Kugel wird z.B. über die Erfahrung des „in den Mund Nehmens" oder die Handlungen rollen oder werfen repräsentiert. Merkmale eines Stiftes sind beispielsweise über die Handlungen des Schreibens oder Zeichnens repräsentiert.

In der präoperatorischen Phase (2-7 Jahre), die als zweites Stadium der kognitiven Entwicklung gilt, nimmt in Piagets Ansatz die Bedeutung internalisierter Handlungserfahrungen als Repräsentationsform von Objektwissen ab. Stattdessen übernehmen Symbole diese Funktion, so dass in dieser Phase insbesondere der Spracherwerb und nicht mehr motorische Handlungen im Mittelpunkt stehen. Das Stadium des konkret operatorischen Denkens als dritte Phase der kognitiven Entwicklung (7-12 Jahre) unterscheidet sich vom zweiten Stadium vor allem dadurch, dass nun mentale Operationen mit Repräsentationen von Objekten durchgeführt werden können, um Probleme zu lösen. Damit schreibt Piaget auch im dritten Stadium motorischen Handlungen keine Relevanz mehr zu. Dasselbe gilt für die vierte Phase der kognitiven Entwicklung (ab 12 Jahren), in der hypothetisches und theoriegeleitetes Denken im Vordergrund steht (formaloperatorisches Stadium).

Neuere Befunde zum Ansatz der verkörperten Kognition deuten darauf hin, dass motorische Interaktionserfahrungen über die frühe Kindheit hinaus eine Grundlage des Konzepterwerbs darstellen. So konnten Holt und Beilock (2006) zeigen, dass die Häufigkeit wiederholter motorischer Objekterfahrungen mit der Qualität der entsprechenden kognitiven Objektrepräsentation korrespondierte. Dabei operationalisierten die Autoren die Qualität der Objektrepräsentationen über die Geschwindigkeit, mit der in einer Wahlaufgabe das jeweilige Objekt wiedererkannt wurde. In einer ähnlichen Untersuchung fanden Siakaluk und Kollegen (2008), dass Probanden in einer lexikalischen Entscheidungsaufgabe Worte schneller erkannten, wenn sich die Worte auf Objekte bezogen, mit denen im Alltag viele motorische Interaktionen durchgeführt werden (Türgriff vs. Uhrzeiger). Regula, Soden-Fraunhofen, Eun-Jin und Liebich (2007) fanden Hinweise darauf, dass vor allem die Art der motorischen Interaktion relevant für den Konzepterwerb ist. In der Studie wurde der Erwerb von Wissen über Objekte nur durch solche motorische Interaktionen unterstützt, die das Handlungsangebot der Objekte sinnvoll aufgriffen. Im Gegensatz dazu erwies sich eine einfache Zeigebewegung, also eine in Bezug auf das Objekt sinnfreie motorische Interaktion, als wenig wirksam für den Wissenserwerb.

Die beschriebenen Befunde sprechen für die grundsätzliche Beteiligung motorischer Handlungen am Aufbau kognitiver Repräsentationen. Auf die Relevanz speziell feinmotorischer Handlungen deutet der im Kindesalter identifizierbare hohe Anteil manueller Objektinteraktionen hin (Kapitel 3.2.2). Aus der Perspektive des Ansatz der verkörperten Kognition sollte sich dabei die Art der „feinmotorischen Handlungserkenntnis" speziell auf die perzeptuellen und funktionalen Bedeutungsfacetten der Interaktionsobjekte beziehen.

Neben Bedeutungsfacetten der Objekte, die vermutlich über die feinmotorischen Handlungen selbst repräsentiert werden (z.B. aufheben, transportieren, rotieren, abstellen eines Holzklotzes), ermöglichen feinmotorische Handlungen auch Erfahrungen mit visuellen, auditiven, haptischen etc. Bedeutungsfacetten der Objekte. Beispielsweise gilt prinzipiell jedes „in die Handnehmen und Rotieren" eines Gegenstandes, um ihn genauer zu betrachten, als eine feinmotorisch unterstützte visuelle Exploration. Sind die jeweiligen feinmotorischen Handlungen gut automatisiert, werden Aufmerksamkeitsressourcen freigesetzt, so dass in der Folge visuelle Objektmerkmale besser exploriert und repräsentiert werden (Jones & Christensen, 1999).

Feinmotorische Konstrukte: Die vorangehenden Ausführungen bezogen sich auf feinmotorische Handlungen a) als „Repräsentationsformat" und b) als Mittel zur Nutzung weiterer Objektexplorationsmodalitäten (z.B. visuell). Inwiefern feinmotorische Fertigkeiten wichtig dafür sind, ob und wie solche feinmotorischen Handlungen überhaupt durchgeführt werden, ist aus empirischer Sicht noch nicht systematisch untersucht. Dasselbe gilt für die Art des feinmotorischen Konstruktes.

Aus der Perspektive des Ansatzes der verkörperten Kognition sollten grundsätzlich solche Fertigkeiten relevant sein, welche die Exploration perzeptueller und funktionaler Objektmerkmale unterstützen. Hiervon betroffen sind daher am ehesten Fertigkeiten aus dem Finger- und Handgeschicklichkeitsspektrum, da diese Kinder dazu befähigen gut koordinierte Manipulationen mit und an Objekten durchzuführen (Pehoski, 1995). Empirisch spiegelt sich diese Annahme in positiven Beziehungen zwischen der Handgeschicklichkeit und verschiedenen kognitiven Fähigkeiten wieder (z.B. Dellatolas et al., 2003).

Kognitive Konstrukte: Neben der Frage, welche feinmotorischen Fertigkeiten den Erwerb von Objektwissen unterstützen, stellt sich auch die Frage, welche kognitiven Konstrukte möglicherweise eine feinmotorische oder eine feinmotorisch unterstützte Repräsentationsgrundlage haben. Erste Überlegungen hierzu setzen daran an, dass motorische Objektinteraktionen im Kindesalter unter anderem aus räumlichen und auch visuellen Erkundungshandlungen bestehen (Mönks, Lehwald, & Ahnert, 1991). Unterschiede im Niveau der Finger- und Handgeschicklichkeit und der Auge-Hand-Koordination wirken sich daher möglicherweise besonders auf die Entwicklung visuell-räumlicher Fähigkeiten aus. Der Annahme entspricht, dass Zusammenhänge zwischen motorischen Objektinteraktionen und visuell-räumlichen Fähigkeiten postuliert (Honig, 2006) und gefunden (Caldera et al., 1999) wurden. Auch bei Betrachtung der vorliegenden Befunde zur Beziehung zwischen feinmotorischen Fertigkeiten und kognitiven Fähigkeiten im Kindesalter fallen für visuell-räumliche Fähigkeiten in der Tat etwas engere Beziehungen auf als für andere kognitive Konstrukte (Tabelle 3.2). Zu beachten ist allerdings, dass visuell-räumliche Fähigkeiten in den meisten Studien mit einer feinmotorischen Komponente operationalisiert wurden, so dass die entsprechenden Beziehungen vermutlich überschätzt wurden (Kapitel 3.1.1).

Entwicklungsphase: Der im Ansatz der verkörperten Kognition postulierte strukturelle Zusammenhang zwischen der (fein)motorischen Modalität und der kognitiven Entwicklung wird für die gesamte Kindheit postuliert (Thelen, 2000). Wie sich die Bedeutung des feinmotorischen Fertigkeitsniveaus im Laufe der Kindheit verändert ist hingegen relativ unklar. Zu vermuten ist jedoch, dass die Handgeschicklichkeit mit zunehmendem Alter immer seltener einen begrenzenden Faktor für erfolgreiche Objektinteraktionen darstellt. Hierfür sprechen Befunde, die zeigen, dass die meisten Kinder im Alter zwischen vier und fünf Jahren ein Handgeschicklichkeitsniveau erreicht haben, das für alltägliche Objektinteraktionen ausreicht (Henderson & Pehoski, 1995). Demzufolge wären bei älteren Kindern auch geringere Beziehungen zwischen der Handgeschicklichkeit und kognitiven und speziell visuell-räumlichen Fähigkeiten zu erwarten als bei jüngeren. Die beiden bislang einzigen Studien hierzu liefern widersprüchliche Ergebnisse. So sprechen die Befunde der oben bereits berichteten Studie von Davis und Kollegen (2011) einerseits für vergleichbare Zusammenhänge bei jüngeren und älteren Kindern. Andererseits berichtet Voelker-Rehage (2005) von einer nicht mehr nachweisbaren Beziehung bei sechsjährigen Kindern. Die geringe Stichprobengröße von nur 15 Kindern schränkt die Interpretierbarkeit des Befundes jedoch stark ein.

3.2.2.2 Feinmotorische Fertigkeiten begünstigen Erfolgserfahrungen im Alltag

Ein weiterer Mechanismus, über den feinmotorische Fertigkeiten möglicherweise kognitive Entwicklungsveränderungen unterstützen setzt an emotionalen und motivationalen Vermittlungsprozessen an. Die Annahme hierbei ist, dass feinmotorische Fertigkeiten im frühen Kindesalter eine Bedingung für die motivationale und emotionale Entwicklung darstellen und, hierüber vermittelt, auch für die kognitive Entwicklung wichtig sind. Die Argumente hierfür entsprechen im Wesentlichen den Argumenten, die auch der Selbstwertstabilisierungshypothese (Seewald, 2003) der psychomotorischen Denkrichtung zugrunde liegen. Der Begründungszusammenhang enthält mehrere Teilschritte.

Im ersten Schritt wird angenommen, dass feinmotorische Fertigkeiten eine Befähigung zur Bewältigung alltäglicher Anforderungen darstellen und somit Bedingung für vielfältige Kompetenz und Misserfolgserfahrungen sind (Seewald, 2003). Dies ist bei der Betrachtung der in Kapitel 3.2.2 dargestellten feinmotorischen Aufgabenanforderungen durchaus plausibel.

Im zweiten Schritt wird angenommen, dass diese Kompetenz- und Misserfolgserfahrungen ihrerseits Auswirkungen auf die Entwicklung motivationaler und emotionaler Merkmale der Kinder haben. Entsprechend zeigen Befunde, dass Kinder mit feinmotorischen und Koordinationsstörungen ein geringeres allgemeines Selbstkonzept, ein ungünstigeres Fähigkeitsselbstkonzept (Piek, Baynam, & Barrett, 2006), weniger soziale Unterstützung und höhere Ängstlichkeits- und Depressivitätswerte aufweisen (Piek, Bradbury, Elsley, & Tate, 2008; Skinner & Piek, 2001).

Im dritten Schritt des Erklärungsmodells wird angenommen, dass die motivationalen und emotionalen Merkmale Auswirkungen auf das Aktivitätsniveau und das Explorationsverhalten der Kinder haben. Auch hierfür sprechen erste Befunde. Bouffard, Watkinson, Thompson, Dunn und Romanow (1996) konnten beispielsweise zeigen, dass Kinder mit motorischen Defiziten in ihrer Freizeit seltener mit Spielgeräten hantierten, sich eher zurückzogen und weniger Zeit mit anderen Kindern verbrachten. Im Bereich affektiver Merkmale bestätigen Untersuchungen mit Kindern im Vorschulalter speziell den Einfluss von Ängstlichkeit auf das Aktivitätsniveau wenn neuartige Situationen erkundet werden (z.B. McReynolds, Acker, & Pietila, 1961).

In der funktionalen Abhängigkeit kognitiver Entwicklungsveränderungen von der aktiven, selbst initiierten Auseinandersetzung des Kindes mit der Umwelt besteht schließlich der letzte Schritt des Erklärungsmodells. So wird gerade die selbstinitiierte und eigenaktive Auseinandersetzung des Kindes mit seiner physischen und sozialen Umwelt in traditionellen (Piaget, 1952) wie aktuellen (Smith, 2005; Thelen, 2000) theoretischen Ansätzen als zentraler Mechanismus für die kognitive Entwicklung angesehen.

Trotz der Hinweise auf die Plausibilität der Teilschritte des Begründungsmodells steht eine gezielte Überprüfung des Gesamtzusammenhangs noch aus. Eine Einschätzung der Relevanz des Mechanismus muss sich somit vorläufig daran orientieren, in welchem Umfang Kinder im Alltag auf herausfordernde feinmotorische Aufgaben treffen, die Erfolgs- und Misserfolgserfahrungen ermöglichen. Ein Blick auf die in Tabelle 3.10 dargestellten Aktivitäten zeigt, dass sich entsprechende Aufgaben in mehreren Bereichen finden. Beispielsweise impliziert das Binden einer Schleife, die Bedienung eines Reißverschlusses, das Auf- und Zuknöpfen oder selbstständiges Essen (Henderson, 1995) bis zum Ende der Vorschulzeit große feinmotorische Herausforderungen. Neben den Aufgaben aus dem Bereich der sozialen Selbstständigkeit implizieren auch die meisten Tätigkeiten mit akademischem Bezug (Zeichnen, Malen, Schreiben von Buchstaben und Zahlen) im Vorschulalter noch hohe feinmotorische Anforderungen (Marr, Windsor, & Cermak, 2001). Gelegenheiten für Erfolgs- und Misserfolgserfahrungen in Abhängigkeit des feinmotorischen Fertigkeitsniveaus finden sich aber auch im Bereich der Spieltätigkeiten. Beispielsweise stoßen Vorschulkinder an die Grenzen ihrer Auge-Hand-Koordination, wenn sie aus Bauklötzen einen hohen Turm bauen oder Perlen auf eine Kette auffädeln sollen (Oerter, 2008).

Feinmotorische Konstrukte: An der Bewältigung der eben beschriebenen feinmotorischen Aufgabenanforderungen sind vor allem Aspekte der Handgeschicklichkeit beteiligt (Henderson, 1995; Pehoski, 1995). Aber auch Fertigkeiten aus dem Auge-Hand-Koordinationsspektrum sollten eine Rolle spielen, da die Bewältigung der beschriebenen Aufgaben grundsätzlich auch visuell gesteuerte Präzisionshandlungen erfordert (z.B. gezielter Transport von Objekten von Ort zu Ort, gezieltes Greifen von Objekten, präzises Ausmalen von Malvorlagen). Die mehrfach gefundenen Beziehungen zwischen der Handgeschicklichkeit und der Auge-Hand-Koordination einerseits und dem kognitiven Fähigkeitsbereich andererseits (Tabelle 3.2) sind mit den Annahmen grundsätzlich vereinbar.

Kognitive Konstrukte: Die Annahme einer über die emotionale und motivationale Entwicklung vermittelten Bedeutung feinmotorischer Fertigkeiten für kognitive Entwicklungsveränderungen repräsentiert einen unspezifischen Wirkungsmechanismus. Die Beziehung zwischen kognitiven und feinmotorischen Fertigkeiten basiert demzufolge wahrscheinlich nicht auf einzelnen kognitiven Konstrukten. Aus empirischer Sicht sprechen hierfür beispielsweise Befunde, die Beziehungen zwischen feinmotorischen und sehr unterschiedlichen kognitiven Fähigkeiten dokumentieren (z.B. Wortschatz, Dellatolas et al., 2003; Mentale Rotation, Jansen & Heil, 2010; Kurzzeitgedächtnis, Dickes, 1978).

Entwicklungsphase: Obwohl auch hinsichtlich der Frage, ab welchem Alter der Mechanismus zum Tragen kommt, noch keine empirischen Erkenntnisse vorliegen, ist zu vermuten, dass er bereits früh eine Rolle spielt. So fanden Pieck und Kollegen (2008), dass Kinder mit motorischen Problemen bereits im Alter von vier Jahren eine erhöhte Ängstlichkeit und erste depressive Symptome zeigen. Etwa ab diesem Alter sollten feinmotorische Erfolgs- und Misserfolgserlebnisse auch bereits Konsequenzen für das Selbstwirksamkeitserleben haben. So attribuieren Kinder ihre Handlungsergebnisse ab einem Alter von drei Jahren auf die eigene Tüchtigkeit (Heckhausen & Roelofsen, 1962) und orientieren sich spätestens ab vier Jahren dann auch an den Reaktionen der sozialen Umwelt auf ihre Handlungsergebnisse (Holodynski, 2006). Da dies gleichzeitig auch der Zeitraum ist, wenn Kinder vermehrt miteinander spielen (Mogel, 2008), ist zudem anzunehmen, dass das feinmotorische Fertigkeitsniveau eines Kindes auch im Spiel mit darüber entscheidet, ob es von den anderen Kindern als kompetenter Spielpartner akzeptiert wird.

3.2.2.3 Learning to Learn

Der gemeinsame Nenner der beschriebenen Ansätze 3.2.2.1 und 3.2.2.2 besteht in der Annahme, dass die, durch feinmotorische Fertigkeiten unterstützten oder erst ermöglichten feinmotorischen Objekt- und Umweltinteraktionen, kognitive Entwicklungsveränderungen bewirken. Möglich wäre jedoch auch, dass kognitive Entwicklungsveränderungen durch den feinmotorischen Fertigkeitserwerb selbst verursacht werden. Dies wurde beispielsweise in der „Learning to Learn" Analogie (Adolph, 2005) beschrieben, in der angenommen wird, dass die neuronale Infrastruktur, die im Zuge motorischen Lernens zur Steuerung der feinmotorischen Handlungsausführung aufgebaut wird, auch der Lösung kognitiver Probleme dient. Für einen solchen Mechanismus würden prinzipiell Befunde sprechen, die zeigen, dass es in Folge eines Feinmotoriktrainings zu einer Steigerung kognitiver Funktionen kommt, die an der Bewältigung der im Training eingesetzten Feinmotorikaufgaben beteiligt waren (z.B. zentrale exekutive Funktionen). Solche Befunde existieren bislang nicht. Allerdings liegen in der Tat Hinweise darauf vor, dass kognitive Fähigkeitsaspekte wie Abstraktion, Verhaltensplanung und exekutive Funktionen gerade dann deutlichen Entwicklungsveränderungen unterliegen (Anderson, 2002), wenn sich auch die Bewegungskontrolle und die visumotorische Koordination entwickelt (Williams, 1983) – nämlich zwischen 3 und 6 Jahren. Hierzu passen auch neurobiologische Befunde, die auf eine parallele Entwicklung neuronaler Areale sowohl für die motorische Koordination als auch für höhere kognitive Steuerungsfunktionen hindeuten (Diamond, 2000). Allerdings ist gerade dieser Befund grundsätzlich auch als Ursache statt als Folge korrespondierender Entwicklungsverläufe interpretierbar (siehe Kapitel 3.2.1).

Zusammenfassend ist festzuhalten, dass hinsichtlich der drei in diesem Kapitel beschriebenen Ansätze zur Bedeutung feinmotorischer Fertigkeiten für die kognitive Fähigkeitsentwicklung bislang wenig bis keine empirische Evidenz vorliegt. Vor allem drei Aspekte sind hiervon betroffen. Erstens ist offen, ob überhaupt einer der in den Ansätzen beschriebenen Mechanismen wirkt. Zweitens liegen so gut wie keine belastbaren Hinweise auf die feinmotorischen und kognitiven Konstrukte vor, zwischen welchen gemäß der aus den Ansätzen ableitbaren Annahmen Beziehungen existieren sollten. Drittens ist weitgehend ungeklärt, welche Mechanismen in welchen Entwicklungsphasen eine Rolle spielen. Selbst wenn akzeptiert wird, dass die bisher gefundenen querschnittlichen Korrelationen zwischen feinmotorischen und kognitiven Fähigkeiten das Resultat einer systematischen Beeinflussung kognitiver durch feinmotorische Fertigkeiten darstellen, sind weitere Erklärungen für die Beziehungen nicht auszuschließen. Hierzu gehört auch die Möglichkeit einer umgekehrten Beeinflussung des feinmotorischen Fertigkeitserwerbs durch kognitive Fähigkeiten. Hierauf bezieht sich das nächste Kapitel.

3.2.3 Bedeutung Kognitiver Fähigkeiten für den Feinmotorischen Fertigkeitserwerb

Im vorangehenden Kapitel wurde ausgeführt, dass feinmotorische Fertigkeiten Umweltinteraktionen unterstützen, welche wiederum der kognitiven Fähigkeitsentwicklung dienen. Analog hierzu kann argumentiert werden, dass auch kognitive Fähigkeiten Umweltinteraktionen unterstützen, die ihrerseits den feinmotorischen Fertigkeitserwerb anregen (z.B. Puzzle). Kognitive Fähigkeiten wirken aber vermutlich nicht nur über diesen indirekten Mechanismus auf den feinmotorischen Fertigkeitserwerb. Naheliegend ist auch ein direkterer Mechanismus. Dieser basiert darauf, dass für die Planung, Initiierung und Steuerung feinmotorischer Handlungen kognitive Ressourcen benötigt werden (Exner & Henderson, 1995; Michel et al., 2011). In diesem Kapitel wird diese Annahme unter Bezug auf das Modell psychomotorischen Lernens (Ackerman, 1988) konkretisiert. Hierzu werden im Folgenden zunächst die wesentlichen Annahmen des Modells dargestellt.

Bereits Fleishman (1972) wies in Folge experimenteller Untersuchungen zum motorischen Fertigkeitserwerb auf den Zusammenhang zwischen kognitiven Fähigkeiten und motorischem Lernen hin. Darauf aufbauend entwickelte Ackerman (1988) in eigenen Untersuchungen zum Fertigkeitserwerb ein Modell, in dem die Rolle kognitiver Fähigkeiten für den motorischen Fertigkeitserwerb weiter konkretisiert wurde. Das Modell verbindet bekannte drei Phasen Modelle des Fertigkeitserwerbs (z.B. Fitts & Posner, 1967) mit Erkenntnissen des Informationsverarbeitungsansatzes und des psychometrischen Fähigkeitsansatzes.

In Phasenmodellen des (feinmotorischen) Fertigkeitserwerbs werden in der Regel drei Phasen durchlaufen (Fitts & Posner, 1967). In der ersten Phase (deklarative Phase) erfolgt eine bewusste Auseinandersetzung mit der Aufgabenstellung. Die Aufmerksamkeit richtet sich auf das Verständnis der Aufgabenanforderungen und Strategien der Aufgabenlösung werden Schritt für Schritt ausprobiert. In der zweiten Phase (assoziative Phase) erfolgen die zur Lösung der Aufgabe notwendigen Handlungsabläufe bereits flüssiger, aber noch nicht ganz fehlerfrei. Es besteht also noch Kontroll- und Nachsteuerungsbedarf. Die letzte Phase (autonome Phase) zeichnet sich durch automatisierte Handlungsabläufe aus.

Ackerman (1988) argumentierte, dass die spezifischen Aufgabenanforderungen, die mit den drei Phasen des Fertigkeitserwerbs verbunden sind, primär durch drei psychometrische Fähigkeiten bewältigt werden. Zu den drei wichtigsten Fähigkeiten zählte er allgemeine kognitive Fähigkeiten, die Wahrnehmungsgeschwindigkeit und motorische Fähigkeiten. Jede der drei Fähigkeiten hat nach Ackerman spezifische Relevanz für eine bestimmte Phase. Zu Beginn des Fertigkeitserwerbs (deklarative Phase) werden vor allem allgemeine kognitive Fähigkeiten benötigt, da die Aufgabenstellung verstanden und Lösungsstrategien ausprobiert werden müssen. Die Bedeutung allgemeiner kognitiver Fähigkeiten für den Fertigkeitserwerb nimmt über die zweite bis zur dritten Phase kontinuierlich ab, da nach mehreren Übungsdurchgängen weitgehend automatisierte Handlungsroutinen erworben werden. Sobald in der zweiten Phase (assoziative Phase) die Abfolge der einzelnen Handlungsschritte bekannt und internalisiert sind, müssen diese über mehrere Wiederholungsdurchgänge weiter „verflüssigt" werden. Da die Aufgabenstellung in dieser Phase also die Verarbeitung bekannter (und wenig komplexer) Handlungsinformationen erfordert, sollte der Lernerfolg von der Wahrnehmungsgeschwindigkeit einer Person abhängig sein. Wenn die Aufgabenfertigkeit weitgehend automatisiert ist und die dritte Phase (automatische Phase) erreicht wurde, nimmt die Bedeutung der Verarbeitungsgeschwindigkeit für die Leistung ab. Weitere Leistungssteigerungen hängen in dieser letzten Phase vorwiegend von biomechanischen Fähigkeitsparametern ab, die Ackerman als motorische Fähigkeiten bezeichnet.

Infolge weiterer experimenteller Untersuchungen erweiterte Ackerman diese allgemeinen Gesetzmäßigkeiten des Fertigkeitserwerbs um Erkenntnisse über Moderatoren. Erstens konnte gezeigt werden, dass die Relevanz allgemeiner kognitiver Fähigkeiten für motorisches Lernen mit zunehmender Aufgabenkomplexität ansteigt. Zweitens sind allgemeine kognitive Fähigkeiten für motorisches Lernen besonders wichtig, wenn Fertigkeiten in inkonsistenten Aufgaben erworben werden. Inkonsistente Aufgaben sind im Vergleich zu konsistenten Aufgaben stärker von situativen Leistungsanforderungen (z.B. wechselnde Materialeigenschaften) abhängig. Da sich die Aufgabenanforderungen somit in inkonsistenten Aufgaben ständig ändern, sind Handlungsautomatisierungen entweder nicht möglich oder dauern länger als bei konsistenten Aufgaben (Ackerman, 1988).

Hinsichtlich des feinmotorischen Lernens bedeuten die Überlegungen Ackermans, dass allgemeine kognitive Fähigkeiten vor allem im frühen Kindesalter für den feinmotorischen Fertigkeitserwerb relevant sind, da feinmotorische Fertigkeiten zu diesem Zeitpunkt erst wenig automatisiert sind (Henderson & Pehoski, 1995). Betroffen sollte vor allem der Erwerb feinmotorischer Fertigkeiten bei komplexen oder inkonsistenten Aufgaben sein. Typische Beispiele alltäglicher Aufgaben von Kindern, die sich hinsichtlich Konsistenz und Komplexität unterscheiden sind in Tabelle 3.11 dargestellt.

Tabelle 3.11

Konsistente und inkonsistente Aufgaben mit unterschiedlichen Komplexitätsgraden

		Konsistenz	
		Hoch	Gering
Komplexität	Gering	Zählen mit Hilfe der Finger einer Hand	Bedienen eines Reißverschlusses
		Ansehen eines Bilderbuches	Aufrämen/Sammeln von Gegenständen
	Hoch	Instrumentalspiel	Abmalen einer Vorlage
		Zähne Putzen	Schleife binden

Auch aktuellere Publikationen weisen auf die Abhängigkeit der motorischen Leistungsfähigkeit von der kognitiven Funktionsfähigkeit hin. Allerdings ist in diesen Publikationen statt von allgemeinen kognitiven Fähigkeiten von zentralen exekutiven Funktionen die Rede, die speziell eine Rolle für koordinative motorische Fertigkeiten spielen (Diamond, 2000; Roebers & Kauer, 2009). Die eigentlich erforderlichen längsschnittlichen oder experimentellen Untersuchungen zur Rolle exekutiver Funktionen beim Erwerb (komplexer) feinmotorischer Fertigkeiten speziell bei jüngeren Kindern existieren bislang nicht.

3.3 Annahmen und Befunde zur Wirkungsrichtung

In den vorangehenden Kapiteln 3.2.2 und 3.2.3 wurden Ansätze beschrieben, welche einen kausalen Wirkungszusammenhang zwischen feinmotorischen Fertigkeiten und kognitiven Fähigkeiten unterstellen. Ein wesentlicher Unterschied zwischen den Ansätzen bezieht sich auf die im jeweiligen Ansatz postulierte Wirkungsrichtung. Während die in Kapitel 3.2.2 beschriebenen Ansätze einen Einfluss feinmotorischer Fertigkeiten auf die kognitive Fähigkeitsentwicklung nahelegen, unterstellt die in Kapitel 3.2.3 beschriebene Perspektive die umgekehrte Wirkungsrichtung. In diesem Kapitel wird der Frage nachgegangen, inwiefern die vorliegenden Befunde zur Beziehung zwischen feinmotorischen Fertigkeiten und kognitiven Fähigkeiten Hinweise auf die Wirkungsrichtung enthalten.

Nach Cook und Campbell (1979) müssen Studien für den Nachweis von Kausalität prinzipiell die drei folgenden Bedingungen erfüllen:

1. Die Ursache (UV) ist der Wirkung (AV) zeitlich vorgelagert.

2. Es ist eine Kovariation zwischen Ursache (UV) und Wirkung (AV) nachweisbar, die nicht zufällig ist.

3. Die Ursache ist die alleinige (oder mindestens hauptsächliche) Erklärung für die Wirkung.

Querschnittstudien: Die in Tabelle 3.2 dargestellten Befunde aus Querschnittstudien, die den größten Anteil aller Befunde zur Beziehung zwischen feinmotorischen und kognitiven Fähigkeiten ausmachen, erfüllen keine der drei Bedingungen von Cook und Campbell (1979). Dies gilt selbst dann, wenn akzeptiert wird, dass die querschnittlichen Korrelationen möglicherweise ein Resultat systematischer Wechselwirkungen zwischen feinmotorischen Fertigkeiten und kognitiven Fähigkeiten sind. Ein wesentlicher Grund hierfür bezieht sich darauf, dass die Rolle wesentlicher Drittvariablen bisher unberücksichtigt blieb.

Ein erstes Beispiel stellt die Altersvariable dar, die für den Entwicklungsstand der Kinder steht. Die querschnittlich gefunden Zusammenhänge könnten allein deshalb existieren, da in den allermeisten Studien die stichprobenspezifische Altersvarianz nicht kontrolliert wurde (Kapitel 3.1.1). Auch die Verarbeitungsgeschwindigkeit, welche im Unterschied zur Altersvariable eine noch spezifischere Schätzung von Reifungsaspekten der Entwicklung ermöglicht (Bjorklund & Schneider, 2006; Kail, 2007), wurde bisher erst in zwei Querschnittstudien kontrolliert (Davis et al., 2011; Roebers & Kauer, 2009). Da die Verarbeitungsgeschwindigkeit in beiden Studien jedoch mit einem

Messinstrument erfasst wurde, das eine starke feinmotorische Komponente aufwies, wurden die entsprechenden Zusammenhänge vermutlich unterschätzt.

Eine weitere Drittvariable, die möglicherweise speziell hinsichtlich der Beziehung zwischen feinmotorischen und kognitiven Fähigkeiten von Bedeutung ist, stellt die Fähigkeit zur Aufmerksamkeitsfokussierung dar, da die Fähigkeit sowohl für die Bearbeitung der meisten feinmotorischen (Exner & Henderson, 1995) als auch der meisten kognitiven Aufgaben (Schweizer, Moosbrugger, & Goldhammer, 2005) erforderlich ist. Entsprechend fanden Wassenberg und Kollegen (2005) eine deutlich reduzierte Beziehung zwischen motorischen und kognitiven Fähigkeiten, nachdem die Aufmerksamkeit kontrolliert wurde.

Neben dem Entwicklungsstand und der Aufmerksamkeit der Kinder wäre zudem denkbar, dass höher gebildete Eltern feinmotorische und kognitive Fähigkeiten stärker fördern, als weniger gebildete Eltern. Auch Aspekte der häuslichen Anregung (z.B. spezifisches Spielzeug) könnten systematisch sowohl auf die feinmotorische, als auch auf die kognitive Fähigkeitsentwicklung wirken (Franchin et al., 2011). In keiner der existierenden Studien zur Beziehung zwischen feinmotorischen Fertigkeiten und kognitiven Fähigkeiten im Kindesalter wurden die genannten Merkmale jedoch angemessen berücksichtigt.

Längsschnittstudien: Zur prädiktiven Bedeutung feinmotorischer Fertigkeitsaspekte für spätere kognitive liefern verschiedene Längsschnittstudien erste wichtige Hinweise (Belka & Williams, 1979; Dellatolas et al., 2003; Piek et al., 2008; Roebers et al., 2014). Zum Teil erfüllen diese neben der ersten sogar auch die zweite und dritte der oben beschriebenen Bedingungen für den Nachweis von Kausalität. So berichten Belka und Williams (1979) von einer signifikanten Beziehung zwischen der Auge-Hand-Koordination bei fünfjährigen Kindern und Aspekten sprachlichen sowie mathematischen Vorläuferfertigkeiten ein Jahr später. Dellatolas und Kollegen (2003) fanden, dass die Handgeschicklichkeit vierjähriger Kinder ein Jahr später visuell-räumliche Fähigkeitsaspekte und die Wortflüssigkeit prädizierte, andere Fähigkeitsaspekte (Gedächtnisspanne) jedoch nicht. Piek und Kollegen (2008) analysierten die Beziehung zwischen einem feinmotorischen Gesamtscore und der allgemeinen Intelligenz im Längsschnitt bei 4-jährigen Kindern. Nach Kontrolle des sozioökonomischen Status fanden die Autoren keine Beziehung mehr zwischen der betrachteten Konstruktkombination. Kritisch ist zu beurteilen, dass das feinmotorische Konstrukt in der Studie nur über einen Elternfragebogen erfasst wurde.

Das vielleicht schwerwiegendste Problem der drei beschriebenen Längsschnittstudien besteht jedoch darin, dass den Untersuchungen kein Cross-Lagged-Panel Design[3] zugrunde lag, welches für den Nachweis von Kausalität in Längsschnittstudien mindestens erforderlich ist (Reinders, 2006). Die dritte Bedingung von Cook und Campbell (1979), die sich auf die Kontrolle der wichtigsten Alternativerklärungen bezog (z.B. kognitive Ausgangsleistung), kann somit nicht als erfüllt gelten. Auch die Rolle kognitiver Fähigkeiten für den feinmotorischen Fertigkeitserwerb kann somit in keiner der drei Studien eingeschätzt werden.

Bislang können in dieser Hinsicht erst aus zwei Studien entsprechende Hinweise abgeleitet werden. Für den Bereich allgemeiner motorischer Fertigkeiten ist hier die LOGIK-Studie (Longitudinalstudie zur Genese individueller Kompetenzen) erwähnenswert, in der Beziehungen zwischen motorischen Fertigkeiten und kognitiven Fähigkeiten an 205 Vorschulkindern in einem Cross-Lagged-Panel Design untersucht wurden. Die Ergebnisse machen deutlich, dass ein Pfad von den kognitiven Fähigkeiten vierjähriger Kinder, auf deren motorische Fertigkeiten ein Jahr später, führte, allerdings kein umgekehrter Wirkungspfad (Schneider, 1992). In der bislang einzigen Cross-Lagged-Panel Studie, in der explizit feinmotorische Fertigkeiten untersucht wurden, deutete sich die umgekehrte Wirkungsrichtung an (Roebers et al., 2014). Interessanterweise fanden Roebers und Kollegen, dass die Handgeschicklichkeit fünfjähriger Kinder nur dann Veränderungen ihrer Reasoningfähigkeit ein Jahr später vorhersagte, wenn die exekutiven Funktionen nicht kontrolliert wurden. Im bereinigten Modell existierte der Wirkungspfad von Handgeschick auf Reasoning nicht mehr. Da Roebers und Kollegen allerdings feinmotorische Fertigkeiten und kognitive Fähigkeiten nicht differenzierter untersucht haben, gilt dieses Ergebnis bislang nur für die Handgeschicklichkeit und die Reasoningfähigkeit.

Zu dem Problem, dass erst eine der drei Längsschnittstudien zum speziellen Zusammenhang zwischen feinmotorischen und kognitiven Fähigkeiten eine Cross-Lagged-Panel Untersuchung darstellte, kommt ein weiteres, auf das bereits im Kontext der Querschnittsbefunde hingewiesen wurde. So wurden mit Ausnahme des sozioökonomischen Status (Piek et al., 2008) und Exekutiven Funktionen (Roebers et al., 2014) keine weiteren Drittvariablen berücksichtigt. Die Aussagekraft der teilweise signifikanten Längsschnittbefunde (Belka & Williams, 1979; Dellatolas et al., 2003) reduziert sich dadurch zusätzlich.

---

[3] In einem solchen Design werden feinmotorische Fertigkeiten und kognitive Fähigkeiten zu mindestens zwei Messzeitpunkten gemessen.

Experimentelle Studien: Der beschriebene Mangel an gut kontrollierten Längsschnittstudien gilt auch für experimentelle Studien, die für den Kausalitätsnachweis prinzipiell am besten geeignet sind. Speziell feinmotorische Fertigkeiten wurden erst in einer experimentell ausgerichteten Studie untersucht (Stewart, Rule, & Giordana, 2007). In der prätest post-test Kontrollgruppenstudie mit 68 6-jährigen Kindern wurde der Effekt eines sechsmonatigen Trainings der Auge-Hand-Koordination auf die Aufmerksamkeitsentwicklung untersucht. In der Studie fand sich nur ein schwacher, nicht signifikanter Effekt des Trainings auf die Aufmerksamkeitsentwicklung.

Insgesamt ist festzuhalten, dass erst wenige Erkenntnisse zur Wirkungsrichtung zwischen speziell feinmotorischen Fertigkeiten und kognitiven Fähigkeiten im frühen Kindesalter vorliegen. Grund hierfür ist ein Mangel an gut kontrollierten Längsschnitt- und Interventionsstudien.

3.4 Zusammenfassung, Forschungsfragen und Hypothesen

In diesem Kapitel wird zunächst der Forschungsstand zur Beziehung zwischen feinmotorischen Fertigkeiten und kognitiven Fähigkeiten im frühen Kindesalter zusammengefasst. Von einigen der drängensten Forschungsdefizite ausgehend, werden dann die in der Arbeit untersuchten Forschungsfragen beschrieben.

Feinmotorische Fertigkeiten stellen im frühen Kindesalter eine von mehreren Voraussetzungen für erfolgreiche Objekt- und Umweltinteraktionen dar. Erforderlich sind sie beispielsweise für das Umblättern von Buchseiten, Lego spielen oder Puzzles zusammenfügen, für das An- und Ausziehen, Schuhe binden, Benutzung von Besteck, Halten und Führen von Stiften, Pinseln, mit der Schere schneiden etc.. In traditionellen (Piaget, 1952) wie aktuellen Theorien der kindlichen Entwicklung (Smith, 2005; Thelen, 2000) werden kompetente feinmotorische Objekt- und Umweltinteraktionen darüber hinaus auch als Bedingung für basale kognitive Entwicklungsveränderungen aufgefasst.

Hiervon ausgehend, und unter Bezug auf entsprechende empirische Beziehungen, wurde feinmotorischen Fertigkeiten auch bereits mehrfach eine Bedeutung für die kognitive Entwicklung zugeschrieben (z.B. Davis et al., 2011; Dellatolas et al., 2003; Grissmer et al., 2010; Stewart et al., 2007). Allerdings stützt sich diese Annahme bislang vorwiegend auf Querschnittsbefunde, für die grundsätzlich auch andere Erklärungen in Frage kommen. Befunde, die zeigen, dass feinmotorische und kognitive Fähigkeiten parallele Entwicklungsverläufe aufweisen (Diamond, 2000) legen nahe, dass die Beziehung zwischen beiden Konstruktbereichen vorwiegend aufgrund von gemeinsamen Reifungs- und Umwelteinflüssen existiert (Kapitel 3.2.1). Des Weiteren wurde vorgeschlagen, dass in der Beziehung zwischen feinmotorischen und kognitiven Fähigkeiten eine Abhängigkeit des feinmotorischen Fertigkeitserwerbs von allgemeinen kognitiven Steuerungsressourcen zum Ausdruck kommt (Ahnert et al., 2003).

Bislang liegen noch keine Studien vor, in welchen die verschiedenen theoretischen Erklärungsansätze zur Beziehung zwischen feinmotorischen Fertigkeiten und kognitiven Fähigkeiten im Kindesalter gezielter untersucht wurden. Auch die Implikationen zur Beschaffenheit des Zusammenhangs, die sich aus den Ansätzen ableiten lassen, wurden noch nicht oder erst unzureichend untersucht. Dies betrifft erstens die

Annahme, dass Beziehungen zwischen dem feinmotorischen und dem kognitiven Merkmalsbereich existieren (Implikation I – Existenz von Beziehungen). Zweitens sind Annahmen betroffen, die sich auf Beziehungen zwischen bestimmten Konstruktkombinationen in verschiedenen Altersgruppen beziehen (Implikation II – Beziehungsstruktur). Drittens sind Annahmen zur Art des Wirkungszusammenhangs und speziell zur Wirkungsrichtung zwischen feinmotorischen Fertigkeiten und kognitiven Fähigkeiten betroffen (Implikation III – Wirkungsrichtung).

Implikation I – Existenz von Beziehungen: Die überwiegende Anzahl an Befunden bestätigt den aus theoretischer Sicht plausiblen Zusammenhang zwischen feinmotorischen Fertigkeiten und kognitiven Fähigkeiten im frühen Kindesalter. Zwar variieren die Effektstärken zum Teil stark (Davis et al., 2011; Smirni & Zappalà, 1989) und einige Befunde sprechen auch gegen einen Zusammenhang (Piek et al., 2008), angesichts der sehr unterschiedlichen Studien überrascht diese inkonsistente Befundlage allerdings nur wenig.

Aus methodischer Sicht kommen hauptsächlich drei Probleme in frage, die zu der inkonsistenten Befundlage beitragen und welche die Interpretation von Beziehungen zwischen feinmotorischen Fertigkeiten und kognitiven Fähigkeiten erschweren. Erstens wurden die feinmotorischen Konstrukte nur aspekthaft durch einzelne Items erfasst, wobei vor allem die Auge-Hand-Koordination betrachtet wurde und selten auch die Handgeschicklichkeit. Die Tappingfertigkeit, die ebenfalls eine Dimension des feinmotorischen Fertigkeitsspektrums repräsentiert oder andere feinmotorische Konstrukte (z.B. Beidhandkoordination), wurden im frühen Kindesalter bislang noch überhaupt nicht untersucht. Dazu kommt zweitens, dass in einigen Studien feinmotorische Messinstrumente zum Einsatz kamen, über die auch ausgeprägte kognitive Fähigkeitsanteile erfasst wurden (z.B. Planinsec, 2002) oder dass die eingesetzten kognitiven Testinstrumente umgekehrt erhebliche feinmotorische Anforderungen aufwiesen (z.B. Davis et al., 2011, Smirni & Zappalà, 1989). Daher ist anzunehmen, dass die wahren Zusammenhänge teilweise überschätzt wurden. Drittens wurde, von einigen Ausnahmen abgesehen (Dellatolas et al., 2003; Roebers & Kauer, 2009), nicht berichtet, ob die betrachteten Beziehungen um die stichprobenspezifische Altersvarianz korrigiert wurden. Die meisten Befunde zur Beziehung zwischen feinmotorischen Fertigkeiten und kognitiven Fähigkeiten sind daher vermutlich mit der Altersvarianz der jeweiligen Studie konfundiert. Die drei Probleme zeigen, dass bislang allein aus methodischen Gründen noch weitgehend unklar ist, ob und in welcher Höhe Zusammenhänge zwischen feinmotorischen Fertigkeiten und kognitiven Fähigkeiten im Vorschulalter existieren (Forschungsdefizit I).

Implikation II – Beziehungsstruktur: Einige der in Kapitel 3.2 beschriebenen theoretischen Ansätze lassen auch Annahmen zur Beziehungsstruktur zu, also hinsichtlich der Frage, wie sich die Beziehungen zwischen verschiedenen feinmotorischen und kognitiven Konstruktkombinationen in verschiedenen Altersgruppen darstellen.

Hinweise liefern zum einen Ansätze, die feinmotorischen Objekt- und Umweltinteraktionen gerade im frühen Kindesalter eine Bedeutung für basale kognitive Entwicklungsveränderungen zuschreiben (Smith, 2005; Thelen, 2000). So sollten speziell feinmotorische Fertigkeiten, die solche Objekt- und Umweltinteraktionen erkennbar unterstützen, Beziehungen mit dem kognitiven Fähigkeitsbereich aufweisen. Wenn die meisten Kinder im Laufe der Zeit ein Fertigkeitsniveau erreicht haben, das auch für anspruchsvollere Objekt- und Umweltinteraktionen ausreicht, sollten die Beziehungen zum kognitiven Fähigkeitsbereich wieder abnehmen. Engere Beziehungen im frühen Kindesalter werden auch durch das Modell psychomotorischen Lernens (Ackerman, 1988) nahe gelegt. Hier wird vermutet, dass gerade der Erwerb komplexer feinmotorischer Fertigkeiten zu Beginn der Kindheit noch sehr von kognitiven Steuerungsressourcen abhängig ist (Ahnert et al., 2003). Eine Überprüfung dieser Annahmen mittels Studien, in denen Beziehungen zwischen verschiedenen feinmotorischen und kognitiven Konstrukten in mehreren Altersgruppen betrachtet werden, steht bislang noch aus.

Hinsichtlich der Frage, welche kognitiven Konstrukte Beziehungen zum feinmotorischen Fertigkeitsbereich aufweisen, existieren unterschiedliche Auffassungen. Einerseits sollte der kognitive Konstruktbereich generell betroffen sein, da feinmotorischen Objekt- und Umweltinteraktionen eine Bedeutung, nicht für spezifische, sondern für basale, kognitive Entwicklungsveränderungen zugeschrieben wird (Smith, 2005). Andererseits liegen auch Hinweise vor, dass speziell Beziehungen zwischen feinmotorischen Fertigkeiten und dem nonverbalen Konstruktbereich existieren (Ahnert, 2005; Dickes, 1978; Schewe, 1977). Hierbei wird zum einen auf die Annahmen des erwähnten Modells psychomotorischen Lernens verwiesen, welches allgemeinen kognitiven Steuerungsressourcen (z.B. Verarbeitungskapazität, Allgemeine Intelligenz) eine zentrale Bedeutung für den feinmotorischen

Fertigkeitsbereich beimisst (Ahnert, Bös & Schneider, 2003). Zum anderen kann argumentiert werden, dass feinmotorische Objektinteraktionen die Entwicklung visuell-räumlicher Fähigkeiten unterstützen, da sie Aufschluss über visuelle und räumliche Objektinformationen geben. Zwar korrelieren feinmotorische Fertigkeiten in der Tat fast konsistent mit visuell-räumlichen Fähigkeiten (z.B. Davis et al., 2011; Dickes, 1978), da das visuell-räumliche Konstrukt in den betroffenen Studien allerdings eine ausgeprägte feinmotorische Komponente enthielt, ist von einer Konfundierung der Beziehungen auszugehen.

Insgesamt verdeutlicht die Darstellung, dass weitgehend ungeklärt ist, zwischen welchen feinmotorischen und kognitiven Konstrukten in den verschiedenen Phasen des Kindesalters Beziehungen existieren (Forschungsdefizit II). Dem umfassenden Forschungsbedarf, der sich aus diesem Forschungsdefizit hinsichtlich der zu untersuchenden Beziehungen ergibt, kann im Rahmen der Arbeit jedoch nicht begegnet werden. In einem ersten Schritt sollten daher Beziehungen zwischen zentralen feinmotorischen und kognitiven Konstrukten untersucht werden. Bei der Frage, welche zentralen feinmotorischen und kognitiven Konstrukte genau untersucht werden sollten, spielten verschiedene Kriterien eine Rolle.

Im Bereich feinmotorischer Fertigkeiten sollte die Auswahl der Konstrukte eine Überprüfung von Hinweisen auf die häufig geäußerte Annahme ermöglichen, feinmotorische Fertigkeiten würden kognitive Entwicklungsveränderungen unterstützen. In theoretischen Ansätzen, die eine solche Annahme nahe legen, wird davon ausgegangen, dass feinmotorische Objekt- und Umweltinteraktionen im Kindesalter eine wesentliche Rolle für kognitive Entwicklungen spielen (Smith, 2005; Thelen, 2000). Daher sollten sich die in dieser Arbeit fokussierten feinmotorischen Fertigkeiten in ihrem spezifischen Nutzen für Objekt und Umweltinteraktionen unterscheiden.

Im kognitiven Fähigkeitsbereich wurden Konstrukte ausgewählt, die sich zur Untersuchung der Frage eigneten, ob feinmotorische Fertigkeiten zu kognitiven Fähigkeiten generell oder speziell zu nonverbalen kognitiven Fähigkeiten Beziehungen aufweisen. Neben einem zentralen verbalen wurde daher auch ein zentrales nonverbales Konstrukt gewählt. Im Unterschied zu existierenden Studien wurde zudem darauf geachtet, dass sich beide Konstrukt feinmotorikfrei operationalisieren lassen (s.o.).

Mit der Untersuchung von Beziehungen zwischen den im Folgenden dargestellten feinmotorischen und kognitiven Konstrukten sollten die oben genannten Zielsetzungen realisiert werden.

Drei Konstrukte im feinmotorischen Bereich:

1. *Finger- und Handgeschicklichkeit* (direkter Nutzen für Objektinteraktionen): Die Fertigkeit stellt eine zentrale Objektmanipulationsfertigkeit dar und dient der Ausführung feinmotorischer Handlungen an und mit Objekten mit dem Arm, der Hand oder den Fingern (z.b. Exploration von Objektmerkmalen und Funktionen) (Baedke, 1980; Chien et al., 2009).

2. *Auge-Hand-Koordination* (indirekter Nutzen für Objektinteraktionen): Die Fertigkeit ermöglicht visuell-gesteuerte Präzisionshandlungen und geht Objektinteraktionen voraus oder begleitet sie (z.b. Transport von Objekten, Positionierung, Ausrichtung von Objekten) (Baedke, 1980; Duff, 2002).

3. *Tapping* (kein Nutzen für Objektinteraktionen): Die Fertigkeit ermöglicht die Ausführung schnell oszillierender feinmotorischer Handlungen mit dem Arm, der Hand oder den Fingern. Hinweise auf eine Bedeutung der Fertigkeit für alltägliche Objekt- und Umweltinteraktionen im Kindesalter liegen nicht vor.

Zwei Konstrukte im kognitiven Bereich

1. *Reasoningfähigkeit:* Das in dieser Arbeit betrachtete nonverbale Reasoningkonstrukt stellt die Fähigkeit zur Entdeckung von Regelhaftigkeiten und Beziehungen dar. Das Konstrukt entspricht dem bei Klauer (2001) beschriebenen induktiven Denken.

2. *Allgemeines Wissen:* Wissen stellt in dieser Arbeit im Langzeitgedächtnis gespeichertes deklaratives Wissen von Kindern über ihre dingliche und soziale Lebenswelt (Fried, 2005) dar.

Die erste Forschungsfrage lautet:

Frage I: „Welche Beziehungen existieren zwischen den drei feinmotorischen Fertigkeiten Handgeschick, Auge-Hand-Koordination und Tapping und den zwei kognitiven Konstrukten Reasoning und Wissen bei Kindern im Vorschulalter?"

Beziehungen zwischen den drei feinmotorischen und den zwei kognitiven Konstrukten werden dabei zum einen aufgrund von parallelen Entwicklungsverläufen beider Merkmalsbereiche erwartet. Darüber hinaus sollten Beziehungen auch aufgrund der angenommenen Bedeutung feinmotorischer Fertigkeiten für kognitive Entwicklungsveränderungen existieren. Dabei wurde angenommen, dass die Handgeschicklichkeit, mit direktem Nutzen für Objekt- und Umweltinteraktionen, eng mit dem kognitiven Bereich korreliert. Die Auge-Hand-Koordination, mit indirektem Nutzen für Objekt- und Umweltinteraktionen, sollte moderat und die Tappingfertigkeit, ohne Nutzen für Objekt- und Umweltinteraktionen, sollte gering mit dem kognitiven Bereich korrelieren. Unter der Annahme, dass feinmotorische Objekt- und Umweltinteraktionen basale und statt spezifische kognitive Entwicklungsveränderungen unterstützen (Smith, 2005; Thelen, 2000), sollten die Beziehungen mit Reasoning und Wissen ähnlich ausfallen, wenn beide Konstrukte feinmotorikfrei operationalisiert werden.

Die Hypothesen 1 bis 3 lauten somit:

H 1: Handgeschick korreliert eng mit Reasoning und Wissen.

H 2: Auge-Hand-Koordination korreliert moderat mit Reasoning und Wissen.

H 3: Tapping korreliert gering mit Reasoning und Wissen.

Bei der Überprüfung der Hypothesen werden die von Cohen (1988) vorgeschlagenen Kriterien für geringe $r \geq .10$, mittlere $r \geq .30$ und enge $r \geq .50$ Korrelationen zugrunde gelegt. Damit ist gleichzeitig auch das Spektrum der Korrelationskoeffizienten abgedeckt, das in exitierenden Studien zur Beziehung zwischen feinmotorischen Fertigkeiten und kognitiven Fähigkeiten im Kindesalter gefunden wurde (Tabelle 3.2).

Die zu erwartende Beziehungsstruktur lässt sich noch weiter differenzieren wenn berücksichtigt wird, dass die meisten Kinder etwa ab Mitte des Vorschulalters bereits über ein Fertigkeitsniveau im Bereich der Handgeschicklichkeit und der Auge-Hand-Koordination verfügen, das für die meisten alltäglichen Objekt- und Umweltinteraktionen aus reicht (Henderson & Pehoski, 1995). Für Fertigkeiten mit direktem (Handgeschick) Nutzen und indirektem (Auge-Hand-Koordination) Nutzen für alltägliche Objekt- und Umweltinteraktionen sind daher bei älteren Kindern geringere Beziehungen zu erwarten als bei jüngeren Kindern. Die Hypothesen vier und fünf lauten somit:

H 4: Beziehungen zwischen der Handgeschicklichkeit, Reasoning und Wissen nehmen im Laufe der Vorschulzeit ab.

H 5: Beziehungen zwischen der Auge-Hand-Koordination, Reasoning und Wissen nehmen im Laufe der Vorschulzeit ab.

Hinsichtlich der Beziehungen zwischen der Tappingfertigkeit und den beiden kognitiven Konstrukten war keine mit dem Alter assoziierte Veränderung zu erwarten, da die Tappingfertigkeit im Kindesalter weder einen direkten noch einen indirekten Alltagsnutzen aufweist. Die sechste Hypothese lautet somit:

H 6: Die Beziehungen zwischen der Tappingfertigkeit und den beiden kognitiven Fähigkeiten (Reasoning und Wissen) bleiben über das Vorschulalter erhalten

Implikation III – Art des Wirkungszusammenhangs: Einige der oben beschriebenen theoretischen Ansätze zur Beziehung zwischen feinmotorischen Fertigkeiten und kognitiven Fähigkeiten gehen von der Bedeutung dritter Faktoren aus. Andere Ansätze legen gerichtete Zusammenhänge nahe.

Dritte Faktoren: Hinweise zur Rolle dritter Faktoren beziehen sich auf verschiedene Merkmale und Variablenbereiche. Beispielsweise wurde bereits mehrfach direkt oder indirekt darauf hingewiesen, dass Beziehungen zwischen feinmotorischen und kognitiven Konstrukten allein aufgrund des allgemeinen Entwicklungsstands der Kinder existieren (Rhemtulla & Tucker-Drob, 2011). Obwohl die Bedeutung des Entwicklungsstands statistisch relativ einfach eingeschätzt werden kann indem die bivariaten Beziehungen mit den alterskorrigierten Beziehungen verglichen werden, finden sich hierzu in den allermeisten Publikationen keine Angaben. Auch die Verarbeitungsgeschwindigkeit, welche im Unterschied zur Altersvariable eine noch spezifischere Schätzung von Reifungsaspekten der Entwicklung ermöglicht (Bjorklund & Schneider, 2006; Kail, 2007), wurde bisher erst in zwei Querschnittstudien kontrolliert (Davis et al., 2011; Roebers & Kauer, 2009). Beide Studien liefern jedoch keine interpretierbaren Ergebnisse, da die Verarbeitungsgeschwindigkeit jeweils mit einem Messinstrument erfasst wurde, das eine starke feinmotorische Komponente aufwies.

Die Fähigkeit zur Aufmerksamkeitsfokussierung stellt eine weitere mögliche Drittvariable dar, da sowohl für die Bearbeitung der meisten feinmotorischen (Exner & Henderson, 1995), als auch der meisten kognitiven Aufgaben (Schweizer et al., 2005) fokussierte Aufmerksamkeit erforderlich ist. So berichten Wassenberg und Kollegen (2005) von einer deutlich reduzierten Beziehung zwischen motorischen und kognitiven Fähigkeiten, nachdem die fokussierte Aufmerksamkeit kontrolliert wurde. Speziell feinmotorische Fertigkeiten wurden in dieser Studie allerdings nicht betrachtet.

Neben dem Entwicklungsstand und der Aufmerksamkeit der Kinder wäre zudem denkbar, dass Eltern mit höherer Bildung feinmotorische und kognitive Fähigkeiten stärker fördern als weniger gebildete Eltern. Auch Aspekte der häuslichen Anregung (z.B. spezifisches Spielzeug) könnten systematisch sowohl auf die feinmotorische als auch auf die kognitive Fähigkeitsentwicklung wirken (Franchin et al., 2011). Untersuchungen hierzu liegen allerdings nicht vor.

Der beschriebene Mangel an Studien, in denen die Rolle der wichtigsten bekannten Drittvariablen hinsichtlich der Beziehung zwischen feinmotorischen Fertigkeiten und kognitiven Fähigkeiten angemessen überprüft wurde, stellt ein weiteres Forschungsdefizit dar (Defizit III). Dem Forschungsdefizit soll in dieser Arbeit begegnet werden, indem Einflüsse des Alters, der Verarbeitungsgeschwindigkeit, der fokussierten Aufmerksamkeit sowie des sozialen Hintergrunds auf die Beziehung zwischen den feinmotorischen und kognitiven Konstrukten genauer untersucht werden. Die zweite Forschungsfrage lautet somit:

Frage II: „Welche Bedeutung hat das Alter, die Verarbeitungsgeschwindigkeit, die fokussierte Aufmerksamkeit und der soziale Hintergrund für den Zusammenhang zwischen den drei feinmotorischen Fertigkeiten und den zwei kognitiven Fähigkeiten?"

Weiter oben wurde argumentiert, dass feinmotorische Fertigkeiten mit Bedeutung für Objekt- und Umweltinteraktionen vermutlich kognitive Entwicklungsveränderungen unterstützen. Da sowohl die Handgeschicklichkeit als auch die Auge-Hand-Koordination einen Nutzen für Objekt- und Umweltinteraktionen aufweisen (Pehoski, 1995), sollten zwischen diesen Fertigkeiten und Reasoning und Wissen Beziehungen existieren, die über die vermuteten Einflüsse der genannten

Drittvariablen hinausgehen. Die Tappingfertigkeit ohne Nutzen für Objekt- und Umweltinteraktionen sollte hingegen keine Beziehungen mit Reasoning und Wissen mehr aufweisen. Hieraus ergeben sich drei weitere Hypothesen.

H 7: Die Beziehungen zwischen der Handgeschicklichkeit und Reasoning und Wissen sind auch nach Kontrolle des Alters, der Verarbeitungsgeschwindigkeit, der Aufmerksamkeit und des sozialen Hintergrunds nachweisbar.

H 8: Die Beziehungen zwischen der Auge-Hand-Koordination und Reasoning und Wissen sind auch nach Kontrolle des Alters, der Verarbeitungsgeschwindigkeit der Aufmerksamkeit und des sozialen Hintergrunds nachweisbar.

H 9: Die Beziehungen zwischen der Tappingfertigkeit und Reasoning und Wissen sind nach Kontrolle des Alters, der Verarbeitungsge schwindigkeit der Aufmerksamkeit und des sozialen Hintergrunds nicht mehr nachweisbar.

Wirkungsrichtung: In einem weiteren Schritt soll die Wirkungsrichtung genauer untersucht werden. Ansätze, die von einem gerichteten Wirkungszusammenhang ausgehen, postulieren entweder eine Bedeutung feinmotorischer Fertigkeiten für die kognitive Fähigkeitsentwicklung (Kapitel 3.2.2) oder eine Bedeutung kognitiver Fähigkeiten für den feinmotorischen Fertigkeitserwerb (Kapitel 3.2.3). Die wenigen Studien, die Hinweise auf die Wirkungsrichtung bereitstellen, sind widersprüchlich. Belka und Williams (1979) berichten von einer signifikanten längsschnittlichen Beziehung zwischen der Auge-Hand-Koordination bei fünfjährigen Kindern und Aspekten ihrer sprachlichen sowie mathematischen Vorläuferfertigkeiten ein Jahr später. Dellatolas und Kollegen (2003) fanden, dass die Handgeschicklichkeit vierjähriger Kinder visuell-räumliche Fähigkeitsaspekte und die Wortflüssigkeit ein Jahr später prädizierte. Pieck und Kollegen (2008) analysierten die Beziehung zwischen einem feinmotorischen Gesamtscore und der allgemeinen Intelligenz im Längsschnitt bei vierjährigen Kindern, fanden aber nach Kontrolle des sozioökonomischen Status keine Beziehung mehr. Auch Roebers und Kollegen (2014) berichten, dass der Wir kungspfad von der Handgeschicklichkeit vierjähriger Kinder auf die Reasoningfähigkeit der Kinder ein Jahr später, nach Kontrolle der Exekutiven Funktionen, verschwindet.

Zur Inkonsistenz der berichteten Längsschnittbefunde kommen zwei methodische Probleme. Das erste Problem bezieht sich darauf, dass drei der vier existierenden Längsschnittstudien kein Cross-Lagged-Panel Design zugrunde lag, welches für den Nachweis von Kausalität in Längsschnittstudien mindestens erforderlich ist (Reinders, 2006). In keiner der Studien (Belka & Williams, 1979; Dellatolas et al., 2003; Piek et al., 2008) wurde folglich die kognitive Ausgangsleistung kontrolliert und auch zur Rolle kognitiver Fähigkeiten für den feinmotorischen Fertigkeitserwerb liefern diese Studien daher keine Informationen. In der Studie von Roebers und Kollegen (2014) ist diese zentrale Problematik erstmals behoben. Allerdings wurde in der Studie leider nur die Konstruktkombination zwischen Handgeschick und Reasoning analysiert. Das zweite Problem resultiert daraus, dass in keiner der Längsschnittstudien die oben beschriebenen Drittvariablen (Verarbeitungsgeschwindigkeit, Aufmerksamkeit, sozialer Hintergrund) ausreichend kontrolliert wurden. Auch seriöse Interventionsstudien mit Kontrollgruppendesigns, die zur Analyse kausaler Wirkungszusammenhänge grundsätzlich besser geeignet sind als Längsschnittstudien, liegen bislang nicht vor.

Insgesamt ist somit ein Mangel an Studien erkennbar, in denen die Wirkungsrichtung zwischen verschiedenen feinmotorischen Fertigkeiten und verschiedenen kognitiven Fähigkeiten bei Kindern im Vorschulalter genauer untersucht wurde (Forschungsdefizit IV). Hieraus ergibt sich eine dritte Forschungsfrage.

Frage III: „Lässt sich eine bestimmte Wirkungsrichtung zwischen den drei feinmotorischen und den zwei kognitiven Konstrukten nachweisen?"

Von der Annahme ausgehend, dass feinmotorische Objektinteraktionen basale kognitive Entwicklungsveränderungen unterstützen wird erwartet, dass nur zwischen feinmotorischen Fertigkeiten mit Nutzen für Objekt- und Umweltinteraktionen gerichtete Beziehungen zu den kognitiven Fähigkeiten existieren. Damit werden für die Handgeschicklichkeit und die Auge-Hand-Koordination, nicht aber auf die Tappingfertigkeit gerichtete Beziehungen erwartet. Konkret sollen die folgenden Hypothesen überprüft werden:

H 10: Die Handgeschicklichkeit von Kindern zu Beginn des Vorschulalters prädiziert kognitive Entwicklungsveränderungen in den Bereichen Reasoning und Wissen gegen Ende der Vorschulzeit

H 11: Die Auge-Hand-Koordination von Kindern zu Beginn des Vorschulalters prädiziert kognitive Entwicklungsveränderungen in den Bereichen Reasoning und Wissen gegen Ende der Vorschulzeit

H 12: Es existiert im Vorschulalter keine gerichtete Beziehung zwischen der Tappingfertigkeit und Reasoning oder Wissen

4 Studie I

Das erste Forschungsdefizit bezog sich auf methodische Probleme, die mit bisherigen Studien zur Beziehung zwischen feinmotorischen Fertigkeiten und kognitiven Fähigkeiten verbunden waren. Eines der wesentlichsten Probleme resultiert daraus, dass erst einzelne feinmotorische Fertigkeiten, und diese häufig nur aspekthaft, untersucht wurden (Smirni & Zappalà, 1989). Daher sollte zunächst ein geeignetes Messinstrument zur vollständigen Erfassung der zentralen feinmotorischen Fertigkeiten, Finger- und Handgeschicklichkeit, Auge-Hand-Koordination und Tapping entwickelt und empirisch überprüft werden. Bei entsprechender Eignung sollte das Instrument in einem zweiten Schritt zur Untersuchung der ersten Forschungsfrage eingesetzt werden.

Frage I: „Welche Beziehungen existieren zwischen den drei feinmotorischen Fertigkeiten Finger- und Handgeschick, Auge-Hand-Koordination und Tapping und den zwei kognitiven Konstrukten Reasoning und Wissen bei Kindern im Vorschulalter?"

1.1 Entwicklung eines Messinstruments zur Erfassung Feinmotorischer Fertigkeiten

Im ersten Teil des Kapitels (Kap. 4.1.1) werden zunächst Probleme existierender Instrumente zur Erfassung feinmotorischer Fertigkeiten beschrieben. Ausgehend hiervon wird dann im nächsten Teilkapitel (Kap 4.1.2) das Messinstrument beschrieben, das in der vorliegenden Studie zur Erfassung von Finger- und Handgeschicklichkeit, Auge-Hand-Koordination und Tapping entwickelt wurde.

4.1.1 Kritische Beurteilung existierender Instrumente

Einzelne feinmotorische Fertigkeitsaspekte können durch eine Reihe von Instrumenten erfasst werden. Bei den meisten dieser Instrumente handelt es sich um Entwicklungsscreenings (z.B. Bayley, 2006; Petermann, 2011) oder um Verfahren zur Erfassung eines breiteren motorischen Merkmalsbereiches (z.B. MoTB 3-7, Krombholz, 2011; MOT 4-6, Zimmer & Volkamer, 1987). Das zentrale Untersuchungsanliegen der Arbeit erforderte jedoch ein Instrument, das eine differenzierte Erfassung von Handgeschick[4], Auge-Hand-Koordination und Tapping ermöglicht.

Zu Beginn der Untersuchung lagen sieben Instrumente vor, die sich für die Messung feinmotorischer Fertigkeiten von normal entwickelten Kindern eigneten. Instrumente, die eine Erfassung der drei Fertigkeiten Handgeschick, Auge-Hand-Koordination und Tapping ermöglichen, existierten jedoch nur für ältere Kinder ab sieben Jahren. Neben der Motorischen Leistungsserie (MLS, Neuwirth & Benesch, 2004) gehört hierzu auch die umfassende Testbatterie, die von Baedke (1980) speziell für Grundschulkinder entwickelt wurde.

Die existierenden Verfahren für jüngere Kinder ermöglichen die Messung von wenigstens zwei der drei feinmotorischen Fertigkeitsdimensionen. Hierzu gehört das „McCarron Assessment of Neuromuscular Development" (MAND, McCarron, 1982), das sich für Kinder ab vier Jahren eignet und Aspekte der Handgeschicklichkeit und der Tappingfertigkeit misst. Leider werden beide Fertigkeiten jedoch nur über einzelne Items gemessen und die Auge-Hand-Koordination wird nicht berücksichtigt. Ein weiteres Verfahren, das bereits bei Kindern ab drei Jahren zum Einsatz kommt, stellt die Movement Assessment Battery for Children" (M-ABC – 2, Petermann, 2009) dar. Gemessen werden die Dimensionen Handgeschicklichkeit und Auge-Hand-Koordination. Auch in diesem Instrument wird die Auge-Hand-Koordination nur über ein einzelnes Item erfasst. Die Tappingfertigkeit wird nicht erfasst. Ein Instrument, das eher der Gruppe der Entwicklungsscreenings zuzuordnen ist und bereits im frühen Kindesalter eingesetzt werden kann, stellt die „Fine Motor Scale of the Peabody Developmental Motor Scales–2" (PDMS-FM2, Folio & Fewell, 2000) dar. In der PDMS-FM2 werden sehr unterschiedliche feinmotorische Fertigkeitsaspekte mit hohem Aufgabenbezug erfasst. Allerdings werden auch hier pro Dimension nur einzelne Items eingesetzt und nicht alle der in der vorliegenden Arbeit interessierenden Fertigkeitsdimensionen werden gemessen. Zwei weitere Instrumente, die ebenfalls Aspekte der Auge-Hand-Koordination und die Handgeschicklichkeit messen, stellen der „Bruininks-Oseretsky Test of Motor Proficiency" (BOTM, Bruininks & Bruininks, 2005) und die „Lincoln-Oseretzky-Skala" (LOS-18, Eggert, 1974) dar. Erfasst werden mit der Handgeschicklichkeit und der Auge-Hand-Koordination jedoch nur zwei der in der Arbeit interessierenden feinmotorischen Fertigkeitsdimensionen. Zudem weisen die Items zur Auge-Hand-Koordination in beiden

---

[4] Im Folgenden beziehen sich die Bezeichnungen *Finger- und Handgeschicklichkeit* sowie *Handgeschick* auf dieselbe Fertigkeit.

Verfahren ausgeprägte kognitive Anforderungen auf (z.B. Abzeichnen komplexer geometrischer Formen). Da in der Arbeit Zusammenhänge zwischen feinmotorischen und kognitiven Merkmalen analysiert werden sollen, sind solche Items ungeeignet.

Die zusammenfassende Darstellung der zum Untersuchungszeitpunkt vorliegenden Verfahren zur Erfassung speziell feinmotorischer Fertigkeiten junger Kinder verweist auf mehrere Probleme. Erstens werden von keinem Instrument alle drei der in dieser Arbeit zentralen feinmotorischen Fertigkeitsdimensionen erfasst. Zweitens weisen zwei der Messverfahren kognitive Anforderungen auf. Drittens werden zur Messung einer Konstruktdimension in der Regel nur einzelne Items eingesetzt, wodurch nur einzelne Aspekte der jeweiligen Konstruktdimension erfasst werden. Die Entwicklung eines neuen Instrumentes lag daher nahe.

4.1.2 Entwicklung eines neuen Messinstruments

Ausgehend von den oben beschriebenen Problemen orientierte sich die Entwicklung des neuen Instruments an folgenden Hauptzielen. Erstens sollten alle drei Fertigkeiten, Handgeschicklichkeit, Auge-Hand-Koordination und Tapping erfasst werden, zweitens sollten pro Dimension mehr als ein Item zum Einsatz kommen und drittens sollten die Items möglichst geringe kognitive Anforderungen aufweisen.

Zur Umsetzung des ersten Ziels wurden in Anlehnung an Aufgaben aus existierenden Verfahren (Baedke, 1980; Petermann, 2009) zunächst Aufgabentypen für jede der drei feinmotorischen Fertigkeiten zusammengestellt. Im zweiten Schritt wurden die Aufgaben dann an die Entwicklungsbesonderheiten junger Kinder angepasst, indem auf eine Einbettung der Aufgaben in einen kindgemäßen Kontext geachtet wurde. Ein wesentliches Überarbeitungsziel richtete sich hierbei auf die Vermeidung komplexer kognitiver Anforderungen der Aufgaben. Zudem sollten die Aufgaben auch von den jüngeren Kindern instruktionsgemäß bearbeitbar sein. Unter anderem wurde hierbei auf einfache und kurze Aufgabeninstruktionen geachtet (siehe Instruktionen im Anhang C). Eine Annäherung an die beschriebenen Teilziele erfolgte durch mehrere Voruntersuchungen mit insgesamt 22 Kindern aus Kindergärten in Ulm und Regensburg im Alter zwischen drei und fünf Jahren.

Das zweite Ziel richtete sich auf die vollständige Erfassung der Konstrukte durch mehrere Items pro Konstrukt. Hierzu wurden für jede Fertigkeit drei Aufgaben zusammengestellt, welche die zentralen Aspekte des Konstruktes abbildeten. Auf den folgenden Seiten werden die neun Testaufgaben systematisch dargestellt.

Finger- und Handgeschick (direkter Nutzen für Objektinteraktionen): Fertigkeit zur Ausführung feinmotorischer Handlungen an Objekten mit dem Arm, der Hand und den Fingern (z.B. Exploration von Objektmerkmalen und Funktionen). Die drei Aufgaben, die zur Erfassung der Finger- und Handgeschicklichkeit eingesetzt wurden, unterscheiden sich darin, inwiefern sie eher Aspekte der Finger – respektive Handgeschicklichkeit – erfassen. Während sich die ersten beiden Aufgaben *Stifte umstecken* und *Kugeln auffädeln* eher auf die Erfassung der Fingergeschicklichkeit beziehen, wird über die dritte Aufgabe *Klötze umdrehen* eher die Handgeschicklichkeit erfasst (Anhang C enthält die ausführlichen Aufgabeninstruktionen).

1. *Stifte*: Das Kind hat die Aufgabe, 24 Metallstifte (Länge = 4 cm; ∅ = 5 mm) schnell von einer Lochreihe in eine parallele Lochreihe umzustecken. Die Lochreihen sind im Abstand von 4.5 cm auf einem Holzbrett angeordnet und die Löcher haben einen Abstand von 1.5 cm zueinander. Das Brett liegt quer vor dem Kind auf einem Tisch (Abbildung 4.1). Gemessen wird die Anzahl der Stifte, die nach 35 Sekunden umgesteckt wurden.

2. *Kugeln*: Das Kind hat die Aufgabe, 20 Kugeln (Außendurchmesser = 1.5 cm; Innendurchmesser = 4 mm) aus einem Kugelspender schnell auf einen 28 cm langen senkrechten Metallstab (∅ = 3 mm) aufzufädeln (Abbildung 4.2). Gemessen wird die Anzahl von Kugeln, die nach 60 Sekunden auf den Stab aufgefädelt wurden.

3. *Clown*: Das Kind hat die Aufgabe, 16 zylindrische Holzklötze (∅ = 4 cm, Höhe = 2 cm) aus Aussparungen in einer Holzplatte herauszunehmen, umzudrehen und wieder in die Aussparungen einzusetzen (Abbildung 4.3). Die Klötze stellen den Mantel des Clowns dar und sind auf der einen Seite rot und auf der anderen Seite blau angemalt. Gemessen wird die Anzahl von Klötzen, die nach 28 Sekunden umgedreht wurden.

Abbildung 4.1: Stifte   *Abbildung 4.2*: Kugeln   *Abbildung 4.3*: Klötze

Auge-Hand-Koordination (indirekter Nutzen für Objektinteraktionen): Fertigkeit zur Ausführung feinmotorischer Präzisionshandlungen. Nach Auffassung von Baedke (1980) wird die Auge-Hand-Koordination durch die beiden Aspekte statischer oder kontinuierlicher Präzisionsbewegungen repräsentiert. Die Aufgaben, die zur Erfassung der Auge-Hand-Koordination eingesetzt wurden unterscheiden sich im Ausmaß, in dem sie eher den statischen oder den kontinuierlichen Aspekt erfassen. Die Aufgabe *Zeichnen zwischen Linien* (Aufgabe 1) bezieht sich eher auf den kontinuierlichen Aspekt. Die Aufgaben *Bär* (Aufgabe 2) und *Huhn* (Aufgabe 3) beziehen sich auf den statischen Aspekt (Anhang C enthält die Aufgabeninstruktionen).

1. *Tracing* (Zeichnen zwischen Linien): Das Kind zeichnet eine Linie zwischen zwei geschwungenen Begrenzungslinien (Abstand 1 cm), wobei Berührungen zu vermeiden sind (Abbildung 4.4). Die Anzahl der Randberührungen oder Überschreitungen wird als Fehlervariable erfasst.

2. *Bär* (Aiming – Vertikal): Das Kind zielt auf 20, auf einem Din-A4 Blatt angeordnete konzentrische Kreisflächen (Ø = 0.5 cm) mit einem Stift und punktiert den Kreis möglichst in der Mitte (Abbildung 4.5). Jeder Zielkreis liegt in einem größeren Kreis, der die Nase eines Bärchengesichts darstellt. Registriert werden die Fehler, die beim Punktieren der 20 Kreiszentren erfolgen. Als Fehler zählen Punkte, die nicht mehr im zentralen Kreisfeld, sondern im mittleren (Ø = 1 cm) (1 Fehler) oder äußeren (2 Fehler) Kreissegment oder außerhalb des Bärchengesichts (Ø = 2,9 cm) (3 Fehler) liegen.

3. *Huhn* (Aiming – Horizontal): Der dritte Aufgabentyp ist mit dem zweiten Aufgabentyp identisch, unterscheidet sich von der zweiten Aufgabe aber im Kontext und der Bewegungsrichtung. Die Zielkreise repräsentieren nun Teller mit 20 Körnern, die von einem Huhn nacheinander aufgefressen werden, indem mit einem Stift das zentrale Mittelfeld der Kreise berührt wird (Abbildung 4.6). Die Bewegung erfolgt jetzt nicht mehr wie bei der Aufgabe Bär vertikal vom oberen Blattrand zum unteren, sondern horizontal vom linken zum rechten Blattrand und wieder zurück.

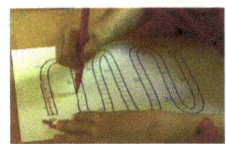  

Abbildung 4.4: Tracing   *Abbildung 4.5:* Bär   *Abbildung 4.6:* Huhn

Tapping (kein Nutzen für Objektinteraktionen): Fertigkeit zur Ausführung schnell oszillierender feinmotorischer Handlungen mit dem Arm, der Hand oder den Fingern. Die Tappingfertigkeit wird in verschiedenen Verfahren (Baedke, 1980; Reitan, 1969) entweder durch Aufgaben repräsentiert, die eine horizontale Bewegung oder eine vertikale Bewegung erfassen. Der typischere vertikale Bewegungsaspekt wird durch die beiden Aufgaben *Feuer* und *Hase* erfasst. Der horizontale Bewegungsaspekt wird durch die Aufgabe *Glocke* erfasst (Anhang C enthält die ausführlichen Aufgabeninstruktionen).

1. *Feuer:* Bei der ersten Aufgabe führt das Kind wiederholt schnelle Punktierbewegungen mit einem Stift auf einem Blatt Papier aus, um ein Feuer zu löschen, welches auf dem Blatt abgebildet ist (Abbildung 4.7). Per Videoanalyse wird die Anzahl ausgeführter Punktierbewegungen nach einem Zeitintervall von 10 Sekunden ermittelt.

2. *Hase*: Bei der zweiten Aufgabe führt das Kind schnelle Bewegungen mit seinem Zeigefinger aus, indem es die Leertaste eines Notebooks (15 Zoll) wiederholt drückt. Mit jedem Tastendruck bewegt sich ein Hase von der linken Bildschirmseite auf die rechte Bildschirmseite, wo eine Karotte „wartet" (Abbildung 4.8). Als Variable zählt die, durch den Rechner registrierte Tappingbewegung (Tastendruck) nach 10 Sekunden.

3. *Glocke*: Die dritte Aufgabe erfordert die Ausführung einer wiederholten und schnellen rechts links Bewegung mit der Hand. Das Kind bewegt hierzu eine Vorrichtung, die auf einer 20 cm langen Schiene montiert ist mehrfach hin und her und läutet dadurch eine, auf der Vorrichtung angebrachte Glocke (Abbildung 4.9). Per Videoanalyse wird die Anzahl seitlicher Bewegungen registriert, welche das Kind innerhalb von 10 Sekunden ausführt.

  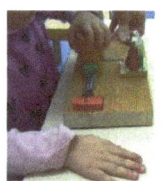

Abbildung 4.7: Feuer   *Abbildung 4.8:* Hase   *Abbildung 4.9:* Glocke

4.2 Empirische Überprüfung des Instruments

Bei der empirischen Analyse der Messeigenschaften des Instruments wurden die folgenden Teilziele verfolgt: Erstens sollten die Verteilungseigenschaften, die Schwierigkeiten und die Differenzierungseigenschaft der neun Aufgaben geprüft werden. Zweitens sollte untersucht werden, wie und ob sich die neun Aufgaben zu einzelnen Feinmotorikdimensionen zusammenfassen lassen. Hierzu werden die Ergebnisse aus einer explorativen Faktorenanalyse berichtet. Drittens sollten Reliabilitätskennwerte und Validitätshinweise ermittelt werden.

4.2.1 Stichprobe und Datenerhebung

Die geplante Stichprobengröße orientierte sich an zwei Zielen. Sie sollte erstens für eine empirische Analyse der Struktur ausreichen, nach welcher sich die neun Feinmotorikaufgaben möglicherweise gruppieren. Zweitens sollte die Stichprobengröße für die Identifikation möglicherweise vorliegender Beziehungen zwischen den feinmotorischen und den kognitiven Konstrukten genügen. Der optimale Stichprobenumfang für die Entdeckung eines in bisherigen Studien gefundenen typischen Effekts von $r = .30$ liegt bei $N = 64$ (Cohen, 1988). Da die endgültige Stichprobe 77 Kinder umfasste, war auch hinsichtlich der geplanten Faktorenanalyse von einem ausreichenden Stichprobenumfang auszugehen (MacCallum, Widaman, Zhang, & Hong, 1999). Von den 77 Kindern nahmen 41 Kinder zusätzlich am Re-Test teil.

Für die Stichprobenziehung wurden 15 Kindergärten aus dem Stadtgebiet Regensburg und dem Umland zufällig angeschrieben. Neun Kindergärten waren zur Teilnahme an der Studie bereit. Nachdem das Leitungspersonal der Kindergärten zugestimmt hatte, wurden die Eltern schriftlich informiert und um ihre Einwilligung gebeten. Bei der Auswahl der Kinder wurden zwei Kriterien berücksichtigt: Erstens sollte es sich um Kinder im Alter von vier bis fünf Jahren handeln. Zweitens sollten die Kinder keine erkennbaren oder bekannten Entwicklungsauffälligkeiten (kognitive oder motorische) und keine chronischen Krankheiten oder Sinnesstörungen (Taubheit, Sehstörung etc.) aufweisen. Kinder, denen vom Leitungspersonal oder der jeweiligen Bezugsbetreuerin eine oder mehrere der genannten Auffälligkeiten bescheinigt wurden, nahmen nicht an der Untersuchung teil. Auf die endgültige Stichprobenzusammensetzung wirkte sich zudem aus, dass nur 9 (60%) Kindergärten und nur 77 (70 %) der angesprochenen Eltern zur Teilnahme an der Studie bereit waren. Über die zuständigen Erzieherinnen konnte in Erfahrung gebracht werden, dass sich die nicht teilnehmenden Kinder von den Kindern in der Stichprobe nicht erkennbar unterschieden. Objektivere Informationen zu Unterschieden, zwischen den teilnehmenden und nicht teilnehmenden Kindern, liegen nicht vor. Angaben zu den wichtigsten soziodemographischen und individuellen Daten der Kinder im Test und im Re-Test finden sich in Tabelle 4.1.

Tabelle 4.1
Soziodemographische Daten im Test und im Re-Test

		Test	Re-Test
Geschlecht	Mädchen	35	19
	Jungen	42	22
Alter in Monaten	M	52.8	52.2
	SD	4.5	3.7
Wohngebiet	Stadt	40	26
	Land	37	15

M = Mittelwert; SD = Standardabweichung

Die Angaben in Tabelle 4.1 verweisen auf eine, hinsichtlich der betrachteten Merkmale, einigermaßen repräsentative Stichprobenzusammensetzung. Mit 55% (Test), beziehungsweise 54% (Re-Test) nahmen etwas mehr Jungen als Mädchen an der Studie teil. Während sich die Kinder in der Hauptuntersuchung (Test) noch in etwa gleich auf städtische und ländliche Gebiete verteilten, wurden im Re-Test aus organisatorischen Gründen etwas mehr Kinder aus städtischen Gebieten untersucht.

Datenerhebung: Die Erfassung der feinmotorischen Fertigkeiten mit dem beschriebenen Testinstrument fand in einem ruhigen Nebenraum des jeweiligen Kindergartens statt. Die Einzeltestungen, an denen jedes Kind an zwei Vormittagen teilnahm, dauerten 30 Minuten zur Erfassung der Feinmotorikleistungen und weitere 30 Minuten zur Erfassung der kognitiven Testleistungen. Letztere wurden erhoben, um bereits Hinweise zur ersten Forschungsfrage zu erhalten (s.u.).

Da die feinmotorischen Aufgaben von den Kindern mit ihrer dominanten Hand bearbeitet werden sollten, wurde zu Beginn der ersten Testphase ein kurzer Händigkeitstest durchgeführt. Hierzu sollten die Kinder demonstrieren, mit welcher Hand sie die folgenden fünf alltagstypischen Aufgaben ausführen: Zähneputzen, Kämmen, Schreiben/Malen, Türe aufschließen und mit der Schere schneiden. Als dominante Hand wurde diejenige identifiziert, mit welcher spontan mindestens vier der Tätigkeiten ausgeführt wurden.

Wie erwähnt wurden neben den feinmotorischen Testaufgaben zusätzliche Verfahren zur Erfassung der kognitiven Fähigkeiten eingesetzt, die der Untersuchung der ersten Forschungsfrage dienten. Um die Testphasen möglichst abwechslungsreich zu gestalten, wurden die feinmotorischen Aufgaben im Wechsel mit den kognitiven Aufgaben durchgeführt. Alle Testaufgaben wurden stets in derselben Reihenfolge durchgeführt und nach etwa 15 Minuten wurde eine kurze Pause von fünf Minuten gemacht.

Re-Test: Zur Ermittlung der Re-Testreliabilität wurde nach durchschnittlich 17 Tagen (SD = 6.9) ein Re-Test durchgeführt. Das minimale Re-Testintervall lag bei 7 Tagen, das maximale Intervall lag bei 25 Tagen.

4.2.2 Resultate

Datenqualität: Für die Identifikation potenziell zu berücksichtigender Ausreißer in den untersuchten Variablen wurde zunächst ein statistisches Kriterium zugrunde gelegt. Entsprechend üblicher Konventionen galt ein Wert dann als Ausreißer, wenn er mindestens drei Standardabweichungen über oder unter dem Mittelwert lag. Die Analyse ergab Ausreißer für Leistungen in einigen Feinmotorikaufgaben, nicht aber für Leistungen in den kognitiven Aufgaben. Eine Analyse von Hinweisen auf besondere Gründe für die extremen Werte fand anhand der Videoaufzeichnungen und der schriftlichen Anmerkungen der Testleiter statt. Da in keinem Fall Hinweise auf Störeinflüsse vorlagen, wurde davon ausgegangen, dass es sich um natürliche Extremwerte handelte, welche die tatsächliche Ausprägung des jeweiligen Merkmals widerspiegelten. Es wurden daher keine Werte aus den nachfolgenden Analysen ausgeschlossen.

Analyse fehlender Werte: Die Analyse fehlender Werte ergab maximal 5% fehlender Werte pro Variable in der Hauptuntersuchung. Im Retest fehlten maximal 4.9% der Werte pro Variable. Eine Ermittlung der

Ursachen für die fehlenden Werte konnte relativ eindeutig anhand der Testleiterkommentare in den Protokollbögen vorgenommen werden.

Werte, die aufgrund von technischen Problemen im Verlauf der Testung auftraten, lagen im Test und im Re-Test insgesamt bei 16 Fällen vor. In diesen Fällen fiel entweder die Kamera oder die Stoppuhr aus, so dass die Leistung nicht dokumentiert werden konnte. Auf eine Wiederholung der entsprechenden Testdurchgänge wurde verzichtet, um Übungseffekte zu vermeiden. In diesen Fällen wurde in der vorliegenden Arbeit von einem vollständig zufälligen Fehlmechanismus (MCAR) ausgegangen. Zwei weitere Werte fehlten aufgrund der krankheitsbedingten Abwesenheit eines Kindes (Codenr. 30). Auch in diesem Fall wurde der vollständig zufällige Fehlmechanismus (MCAR) angenommen.

Imputation fehlender Werte: Um einen Powerverlust aufgrund von fehlenden Daten zu vermeiden wurden für die nachfolgenden Analysen 18 Werte mittels Expectation-Maximization Algorithmus imputiert (Peugh & Enders, 2004). Die nachfolgenden Analysen beziehen sich auf einen vollständigen Datensatz mit den imputierten Werten.

Deskriptive Statistiken: Nachfolgend werden die wichtigsten deskriptiven Statistiken für die feinmotorischen Items im Test und im Re-Test dargestellt (Tabelle 4.2). Zusätzlich enthält Tabelle 4.2 die Ergebnisse für die kognitiven Testitems, welche zur Messung der Reasoningfähigkeit und des Wissens der Kinder eingesetzt wurden. Die kognitiven Messverfahren selbst werden weiter unten in Kapitel 4.3.1 beschrieben.

Tabelle 4.2
Deskriptive Statistiken für die Feinmotorischen und Kognitiven Items

		Min[a]	Max[a]	Test (N = 77)		Re-Test (N = 41)		Schiefe[a] (SE)	Kurtosis (SE)
				M	SD	M	SD		
F-H-G	Stifte	9	23	18.11	3.14	18.00	3.04	-.65 (.27)	.47 (.54)
	Kugel	4	20	14.96	3.41	15.95	3.17	-.40 (.27)	.24 (.54)
	Clown	6	16	12.03	2.12	12.30	2.14	-.07 (.27)	-.06 (.54)
A-H-K	Tracing	0	45	11.26	9.12	10.80	5.62	1.26 (.27)	2.19 (.54)
	Bär	2	29	11.62	6.04	11.49	5.82	.70 (.27)	-.15 (.54)
	Huhn	1	32	12.52	7.09	13.22	7.89	.37 (.27)	-.56 (.54)
T-A-P	Feuer	23	57	36.81	6.03	6.51	5.82	.33 (.27)	1.47 (.54)
	Hase	22	47	34.50	5.64	34.63	5.67	-.12 (.27)	-.40 (.54)
	Glocke	13	38	27.19	4.95	27.05	4.76	-.01 (.27)	.22 (.54)
REA	Matrizen	0	12	5.79	2.46	-	-	.16 (.27)	-.10 (.54)
	Klassenbilden	0	14	7.12	3.11	-	-	.01 (.27)	-.42 (.54)
AW	Allgemeines Wissen	12	25	18.24	3.04	-	-	.11 (.27)	-.72 (.54)
	Begriffe erkennen	3	15	9.39	2.76	-	-	-.53 (.27)	.01 (.54)

F-H-G = Finger- und Handgeschick, A-H-K = Auge-Hand-Koordination, T-A-P = Tapping, REA = Reasoning, AW = Wissen, [a]Werte basieren auf der Hauptuntersuchung (N = 77), M = Mittelwert, SD = Standardabweichung, SE = Standardfehler

Tabelle 4.2 ist zu entnehmen, dass die Verteilung einzelner Items nicht mehr mit der Normalverteilungsannahme vereinbar war. Statistisch und graphisch war dies für das Tracingitem erkennbar, für welches eine Tendenz zur positiven Schiefe (linkssteil) auffiel (negative Kodierung). Zudem deuteten die graphischen Normalverteilungsplots für die Items Stifte, Kugeln und Clown auf rechtssteile Verteilungen hin. Eine Analyse von Gründen für die Verteilungsverletzungen führte zurück zu den oben bereits erwähnten Ausreißern. Für alle vier Items (Stifte, Kugeln, Clown und Tracing) lagen Ausreißer im unteren Fertigkeitsbereich vor. Allerdings lag für die Aufgaben Kugeln und Clown jeweils nur ein Ausreißer vor. Im Gegensatz dazu waren in den Aufgaben Stifte und Tracing jeweils mehrere Ausreißer erkennbar. Als Grund hierfür kann vermutet werden, dass die Items im unteren Fertigkeitsbereich besser differenzieren als im oberen Fertigkeitsbereich. Um im oberen Fertigkeitsbereich eine vergleichbare Differenzierungsleistung der Items zu erzielen, wurde die Schwierigkeit der beschrieben Items in den folgenden Studien gesteigert. Eine genaue Beschreibung der entsprechenden Itemmodifikationen findet sich in Studie II.

Geschlechtsunterschiede: Neben den dargestellten deskriptiven Statistiken für die Gesamtstichprobe interessierten auch geschlechtsspezifische Mittelwerte, da erste Hinweise zu einem feinmotorischen Fertigkeitsvorteil der Mädchen vorlagen (Büttner, Dacheneder, Schneider, & Weyer, 2008; Duhm & Huss, 1979; Petermann & Macha, 2006). Allerdings wurden bislang keine Geschlechtsunterschiede für unterschiedliche feinmotorische Fertigkeitsdimensionen betrachtet. Tabelle 4.3 enthält hierzu die Ergebnisse.

Tabelle 4.3
Geschlechtsunterschiede in den Feinmotorischen Testaufgaben

	Jungen (N = 42)		Mädchen (N = 35)			
	M	SD	M	SD	t (67)	p (2-seitig)
Stifte	17.76	2.42	18.54	3.85	-1.08	.28
Kugel	14.85	2.75	15.02	3.98	-.22	.83
Clown	12.12	1.80	11.93	2.49	.39	.708
F-H-G [a]	-.04	.61	.04	1.07	-.40	.69
Tracing	12.00	8.77	10.37	9.59	.78	.44
Bär	13.88	6.37	8.91	4.34	3.9	.00
Huhn	14.38	7.25	10.29	6.31	2.6	.01
A-H-K [a]	.24	.74	-.29	.65	3.3	.01
Feuer	37.28	6.20	36.26	5.88	.74	.46
Hase	34.31	6.03	34.73	5.21	-.33	.74
Glocke	27.98	4.88	26.24	4.95	1.54	.13
T-A-P [a]	.20	2.64	-.24	2.27	.78	.44

F-H-G = Finger- und Handgeschick, A-H-K = Auge-Hand-Koordination, T-A-P = Tapping; M = Mittelwert, SD = Standardabweichung, [a]dargestellt sind z-Werte

Der Mittelwertvergleich in Tabelle 4.3 zeigt, dass sich Jungen und Mädchen nicht wesentlich in der Handgeschicklichkeits- oder der Tappingleistung unterschieden. Im Bereich der Auge-Hand-Koordination fanden sich allerdings signifikante Unterschiede zu Gunsten der Mädchen. Die größten Unterschiede zeigten sich in Aufgaben zur Erfassung feinmotorischer Zielgenauigkeit (Bär und Huhn).

Ermittlung der Faktorenstruktur: Da bislang keine Untersuchungen über die Struktur feinmotorischer Fertigkeiten im frühen Kindesalter vorliegen, wurde zur Ermittlung der Faktorenstruktur zunächst eine exploratorische Faktorenanalyse durchgeführt.

Der Barlett-Test auf Sphärizität zeigte mit χ^2 (36) = 184.3, $p < .001$ an, dass sich die Korrelationsmatrix für die Durchführung einer Faktorenanalyse eignete. Da die Normalverteilungsannahme jedoch nicht für alle Feinmotorikaufgaben zutraf wurde zusätzlich das MSA Kriterium nach Kaiser-Meyer-Olkin herangezogen. Dieses zeigte mit KMO = .66 eine noch ausreichende Eignung an. Auch auf Einzelitemebene erfüllten alle Items die von Bühner (2010) geforderte Mindestgrenze von MSA > .50. Vor der Darstellung der Ergebnisse aus der durchgeführten Faktorenanalyse werden in Tabelle 4.4 zunächst die Interkorrelationen der neun Feinmotorikaufgaben berichtet.

Tabelle 4.4

Interkorrelationen zwischen den neun Feinmotorikaufgaben

Aufgabe	1	2	3	4	5	6	7	8	9
1 Stifte	-	.47**	.63**	-.13	-.21*	-.29**	.27**	.41**	.37**
2 Kugeln		-	.64**	-.01	-.31**	-.18	.24*	.38**	.35**
3 Klötze			-	.03	-.24**	-.21	.11	.27*	.20
4 Tracing				-	.09	.23**	-.14	-.06	-.15
5 Bär					-	.67**	-.12	-.15	-.08
6 Huhn						-	-.09	-.09	-.25*
7 Feuer							-	.60**	.47**
8 Hase								-	.49**
9 Glocke									-

N = 77 * $p < .05$ (einseitig); ** $p < .01$ (einseitig)

Tabelle 4.4 ist zu entnehmen, dass die Feinmotorikaufgaben untereinander zum Teil signifikant korrelierten. Die Items Stifte, Kugeln und Klötze korrelierten untereinander moderat bis hoch und wiesen auch Beziehungen mit den anderen Items auf. Die Items Tracing, Bär und Huhn korrelierten nur zum Teil untereinander, aber nicht mit den anderen Items. Die Items Feuer, Hase und Glocke korrelierten ebenfalls untereinander moderat bis hoch und auch moderat mit den Items der Handgeschicklichkeitsaufgaben.

Im nächsten Schritt wurde eine Faktorenanalyse durchgeführt. Die Faktorenextraktion erfolgte über eine Hauptkomponentenanalyse, da die empfohlene Hauptachsenanalyse (Bühner, 2010), vermutlich wegen der geringen Kommunalität des Tracingitems, zu keiner Lösung führte[5]. Als Extraktionskriterium wurde das Kaiser-Guttman-Kriterium (Eigenwert > 1) zugrunde gelegt. Ausgehend von den Ergebnissen von Baedke (1980) zur Faktorenstruktur der drei Fertigkeitsdimensionen, wurden korrelierte Fertigkeitsdimensionen angenommen und eine oblimine Rotation (Delta = 0) berechnet.

---

[5] Nach Bühner (2010) kann in diesen Fällen die Anwendung der Hauptkomponentenanalyse als Alternative zum Einsatz kommen.

Tabelle 4.5

Mustermatrix mit den Faktorladungen aus der Hauptkomponentenanalyse: Kommunalitäten, Eigenwerte, Varianzanteile und Komponenteninterkorrelationen

Aufgabe	Faktorladung			Kommunalität
	K I	K II	K III	h^2
1. Feuer	**.86**	.05	.06	.71
2. Hase	**.79**	.11	-.23	.71
3. Schieber	**.73**	-.05	-.11	.60
4. Aiming (Bär)	-.14	**-.84**	-.21	.74
5. Aiming (Huhn)	-.06	**-.91**	-.09	.82
6. Tracing	**.30**	**-.45**	**.36**	.40
7. Klötze	.02	.07	**.89**	.81
8. Kugeln	-.16	.10	**.76**	.68
9. Stifte	-.29	.14	**.65**	.63
Eigenwert	3.26	1.52	1.31	
Erklärte Varianz %	36.25	16.97	14.58	
Komponenteninterkorrelationen	KI	K II	KIII	
K I: Tapping	1	-.13	.34*	
K II: Auge-Hand-Koordination		1	-.17	
K III: Handgeschick			1	

Extraktionsmethode: Hauptkomponentenanalyse; Rotationsmethode: Oblimin mit Kaiser-Normalisierung; K I –III = Komponenten

Wie die Kommunalitäten in Tabelle 4.5 zeigen werden die meisten Items hinreichend, das Tracingitem (h^2 = .40) jedoch weniger gut durch die drei Dimensionen repräsentiert. Tabelle 4.5 zeigt zudem, dass die neun Aufgaben drei Dimensionen zugeordnet werden können, die mit den bei älteren Kindern beschriebenen drei Fertigkeitsdimensionen übereinstimmen. Die Interkorrelationen der Finger- und Handgeschicklichkeit, Auge-Hand-Koordination und Tapping zeigen an, dass die oblimine Rotationsmethode gerechtfertigt war.

Ausgehend von den faktorenanalytischen Ergebnissen wurden im nächsten Schritt drei Feinmotorikskalen gebildet, wobei die einzelnen Items vor ihrer Zusammenfassung, aufgrund der unterschiedlichen Skalenbreite der Items, zunächst z-standardisiert wurden. Die in Tabelle 4.2 enthaltenen Verteilungskennwerte der Items verweisen darauf, dass die Verteilung einzelner Items von der Normalverteilung (s.o.) abwich. Die Skalen waren hingegen mit der Normalverteilungsannahme vereinbar (Tabelle 4.6).

Tabelle 4.6
Verteilungskennwerte für die drei feinmotorischen Fertigkeiten

	Schiefe	(SE)	Kurtosis	(SE)
Handgeschick	-.307	(.27)	-.035	(.54)
Auge-Hand-Koordination	.258	(.27)	-.496	(.54)
Tapping	.038	(.27)	.067	(.54)

SE = Standardfehler

Ermittlung psychometrischer Kennwerte: Nachfolgend werden Reliabilitätskennwerte für die neu gebildeten Fertigkeitsdimensionen berichtet. Neben den Homogenitätskennwerten betrifft dies auch die Ergebnisse aus dem Re-Test. Neben den Kennwerten für die Homogenität enthält Tabelle 4.7 zusätzlich auch Trennschärfekoeffizienten für die Items.

Tabelle 4.7

Cronbachs Alpha und Trennschärfekoeffizienten für die Feinmotorikaufgaben

		Trennschärfe	Alpha ohne Item	Alpha
Finger- und Handgeschick	Stifte	.58	.73	.77
	Kugeln	.59	.74	
	Clown	.74	.64	
Auge-Hand-Koordination	Tracing	.18	.79	.59
	Bär	.44	.36	
	Huhn	.54	.15	
Tapping	Feuer	.62	.66	.76
	Hase	.65	.63	
	Glocke	.53	.75	

Befriedigende Homogenitäten konnten für die Handgeschicklichkeits- und die Tappingskala ermittelt werden (Tabelle 4.7). Die Homogenität für die Auge-Hand-Koordinations Skala war nicht mehr ausreichend, was sich am ehesten damit erklären lässt, dass durch die drei Items verschiedene Konstruktaspekte erfasst wurden (siehe Kapitel 4.1.2). Die geringe Trennschärfe des Tracingitems der Auge-Hand-Koordinationskala resultiert dabei vermutlich daraus, dass über die Aufgabe ein dynamischer Konstruktaspekt erfasst wird, während die Aimingitems statische Aspekte erfassen.

Die Re-Testreliabilität wurde über die bivariaten Korrelationen zwischen den neun feinmotorischen Aufgaben (Tabelle 4.8), beziehungsweise den drei feinmotorischen Skalen zum Testzeitpunkt und zum Zeitpunkt des Re-Test nach 21 Tagen ermittelt. Auf Skalenebene zeigte der Re-Test für die Auge-Hand-Koordination (r_{tt} = .76**) und für feinmotorisches Tapping (rtt = .77**) befriedigende Stabilitäten, die im Bereich üblicher Werte für motorische Leistungen liegen (Krombholz, 2011). Die Re-Testkorrelation für die Handgeschicklichkeit fiel mit rtt = .53** deutlich geringer aus. Wie Tabelle 4.8 zeigt, gilt dies in erster Linie für die Items „Kugeln" und „Clown".

Tabelle 4.8

Bivariate Korrelationen der Feinmotorikaufgaben im Test mit den Feinmotorikaufgaben im Re-Test

	Re Test								
	1	2	3	4	5	6	7	8	9
1 Stifte	**.52****	.37*	.56**	-.07	-.25	-.05	.48**	.32*	.30
2 Kugeln	.33*	**.34***	.27	.04	-.35*	-.07	.33*	.17	.17
3 Clown	.48**	.21	**.56****	-.06	-.37*	-.04	.33*	.14	.11
4 Tracing	-.04	-.38*	.00	**.47****	.23	.37*	-.22	.12	.29
5 Bär	-.26	-.22	-.10	.46**	**.62****	.43**	-.16	-.23	-.04
6 Huhn	-.26	-.34*	-.11	.51**	.70**	**.52****	-.13	.02	-.19
7 Feuer	.02	.14	.13	.00	-.04	.17	**.68****	.47**	.22
8 Hase	.27	.04	.26	.13	-.09	.22	.38*	**.58****	.19
9 Glocke	.01	.38*	.06	-.28	-.11	-.09	.49**	.37*	**.63****

(Zeilen = Test)

*p < .05 (1-seitig); **p < .01 (1-seitig)

Die Ergebnisse lassen vermuten, dass einige Kinder in den Aufgaben Clown und Kugeln Übungseffekte erzielten. Hierfür spricht, dass die mittleren Leistungen in den jeweiligen Items im Re-Test zum Teil signifikant höher ausfielen als im Test. Der t-Test für verbundene Stichproben zeigte dies für das Clownitem mit M(retest) = 12.14, SD = 2.18, M(test) = 11.78, SD = 2.03, $t(35)$ = 1.07, p = .29 und für das Kugelitem mit M(retest) = 15.78, SD = 3.19, M(test) = 14.30, SD = 3.95, $t(36)$ = 2.81, p = .03. Unterschiede in der Strategienutzung bei der Ausführung der Geschicklichkeitsaufgaben sollten in den nachfolgenden Studien möglichst gering gehalten werden. Um dies zu erreichen wurden die Übungsdurchgänge etwas verlängert und noch stärker angeleitet.

Validität: Die Studie enthält zwei empirische Validitätshinweise. Neben dem oben bereits erwähnten ersten Hinweis auf die faktorielle Validität kann zweitens auch die Korrelation mit der Altersvariable als Validitätshinweis interpretiert werden. So zeigen Befunde, dass das feinmotorische Fertigkeitsniveau im Vorschulalter noch stark von altersbedingten Entwicklungsveränderungen abhängt (z.B. Williams, 1983). Übereinstimmend damit korrelierte das Alter der Kinder mit der Handgeschicklichkeit, $r = .43$ ($p < .01$), mit der Auge-Hand-Koordination $r = -.30$ ($p < .01$) und mit Tapping, $r = .27$ ($p < .05$) jeweils signifikant. Da der Stichprobe keine große Altersvarianz zugrunde lag, waren keine höheren Korrelationskoeffizienten zu erwarten.

Insgesamt betrachtet wurde anhand der ermittelten Kennwerte auf eine vorläufig ausreichende Eignung des Instrumentes geschlossen. Daher wurden in einem weiteren Auswertungsschritt erste Analysen zur ersten Forschungsfrage durchgeführt.

4.3 Beziehungen zwischen Feinmotorischen Fertigkeiten und Kognitiven Fähigkeiten

In diesem Kapitel werden erste Ergebnisse zu Forschungsfrage I berichtet. Zuvor werden die eingesetzten Messverfahren zur Erfassung von Reasoning und Wissen beschrieben, die später auch in Studie II und Studie III eingesetzt wurden.

4.3.1 Messung der Kognitiven Konstrukte

In Kapitel 3 wurde gezeigt, dass neben Problemen bei der Messung feinmotorischer Fertigkeiten, in einigen Studien (z.B. Davis et al., 2011; Graf & Hinton, 1997) auch Probleme bei der Messung der kognitiven Fähigkeiten vorlagen. Da die in diesen Studien eingesetzten kognitiven Messverfahren feinmotorische Konfundierungen aufwiesen, konnte eine Überschätzung der resultierenden Befunde zur Beziehung zwischen feinmotorischen Fertigkeiten und kognitiven Fähigkeiten nicht ausgeschlossen werden. In der vorliegenden Studie sollten daher zur Messung der kognitiven Konstrukte nur feinmotorikfreie Verfahren eingesetzt werden.

Ein Verfahren, welches Aufgaben zur feinmotorikfreien Messung der Konstrukte Reasoning und Wissen beinhaltet, stellt der Hannover-Wechsler-Intelligenztest für das Vorschulalter (HAWIVA III, Ricken et al., 2007) dar. Der Test entspricht der deutschsprachigen Übersetzung und Adaptation des bekannten Wechsler-Intelligenztest für Vorschulkinder, der sich aus mehreren Untertests zusammensetzt. Vier dieser Untertests beziehen sich auf die Erfassung von Reasoning und Wissen.

Reasoning: Die Reasoningfähigkeit wurde durch die zwei Untertests a) *Matrizen* und b) *Klassenbilden* gemessen. Der Untertest *Matrizen* enthält 17 Items. Das Kind ist hierbei dazu aufgefordert figurale Muster zu vervollständigen, indem es ein fehlendes Musterstück aus vier oder fünf Antwortmöglichkeiten heraussucht. Die Antwort erfolgt entweder verbal oder durch eine Zeigebewegung (geringe feinmotorische Anforderung) (Split-Half: r = .71). Der Untertest *Klassenbilden* enthält ebenfalls 17 Items. Das Kind wählt aus zwei Bilderreihen jeweils ein Bild einer gemeinsamen Oberkategorie aus. Die Antwort erfolgt entweder verbal oder durch eine entsprechende Zeigebewegung (Split-Half: r = .82).

Wissen: Wissen wurde durch die zwei Untertests a) *Allgemeines Wissen* und b) *Begriffe erkennen* gemessen. Der Untertest *Allgemeines Wissen* enthält 28 Fragen, welche sich auf das Weltwissen der Kinder beziehen und vom Kind verbal beantwortet werden müssen (Split-Half: r = .77). Der Untertest *Begriffe erkennen* enthält 15 Rätselfragen, die vom Kind ebenfalls verbal beantwortet werden müssen (Split-Half: r = .89).

4.3.2 Existenz von Beziehungen und Beziehungsstruktur

In diesem Kapitel werden die Ergebnisse zu den Beziehungen zwischen den drei feinmotorischen und den zwei kognitiven Fähigkeiten dargestellt. Im Vordergrund standen die Untersuchung der ersten Forschungsfrage und zunächst die Überprüfung der Hypothesen H1 bis H3.

Frage I: „Welche Beziehungen existieren zwischen den drei feinmotorischen Fertigkeiten Handgeschick, Auge-Hand-Koordination und Tapping und den zwei kognitiven Konstrukten Reasoning und Wissen bei Kindern im Vorschulalter?"

Ausgangspunkt für die Hypothesen H 1 bis H 3 war die vermutete Bedeutung feinmotorischer Objekt- und Umweltinteraktionen für kognitive Entwicklungsveränderungen (z.B. Smith, 2005; Thelen, 2000). In Kapitel 3.4 wurde hieraus abgeleitet, dass Fertigkeiten mit höherem Nutzen für solche Objekt- und Umweltinteraktionen (Handgeschick) enger mit Reasoning und Wissen korrelieren sollten als Fertigkeiten mit moderatem (Auge-Hand-Koordination) oder geringem Nutzen (Tapping). Die zu prüfenden Hypothesen lauteten entsprechend:

H 1: Handgeschick korreliert eng mit Reasoning (H 1a) und Wissen (H 1b)

H 2: Auge-Hand-Koordination korreliert moderat mit Reasoning (H 2a) und Wissen (H 2b)

H 3: Tapping korreliert gering mit Reasoning (H 3a) und Wissen (H 3b)

Da die Voraussetzungen für parametrische Analyseverfahren erfüllt waren, wurden zur Überprüfung der Hypothesen bivariate Produkt-Moment-Korrelationen berechnet. Bei der Beurteilung der sechs Korrelationskoeffizienten in Abbildung 4.10 wurde auf eine Alphafehleradjustierung verzichtet. Diese ist nur dann erforderlich, wenn mehrere Tests zur Prüfung einer Globalhypothese durchgeführt werden (Bender & Lange, 2001; Bortz, 2005). Im vorliegenden Fall jedoch wurden die feinmotorischen und kognitiven Konstruktdimensionen nicht als Indikatoren für ein globales feinmotorisches, beziehungsweise kognitives Merkmal, sondern als eigenständige Konstruktbereiche aufgefasst.

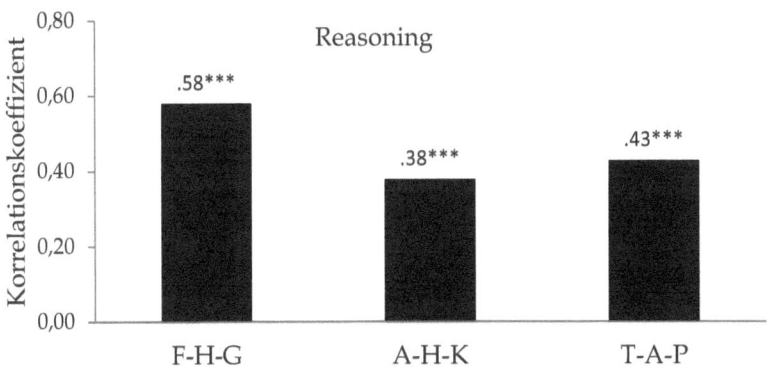

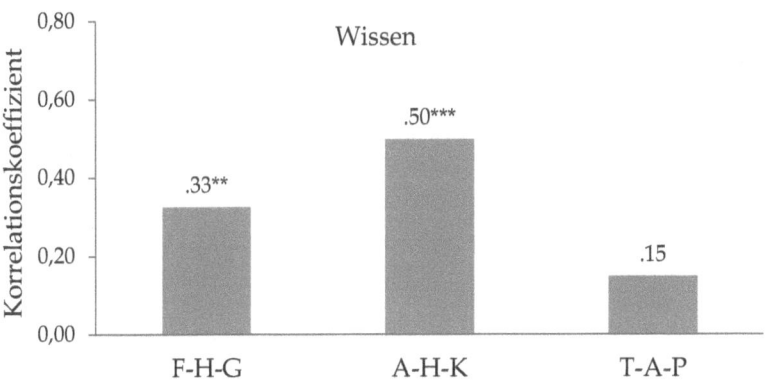

Abbildung 4.10: Bivariate reliabilitätskorrigierte Korrelationen zwischen den drei feinmotorischen und den zwei kognitiven Konstrukten

F-H-G = Finger-Hand-Geschick; A-H-K = Auge-Hand-Koordination; T-A-P = Tapping

In Abbildung 4.10 sind die reliabilitätskorrigierten Korrelationskoeffizienten dargestellt. Für die Korrektur sprach eine bessere Vergleichbarkeit von Beziehungen zwischen verschiedenen Konstruktkombinationen, wenn Unterschiede in der Messgenauigkeit der jeweiligen Messinstrumente berücksichtigt werden. Abbildung 4.10 ist zu entnehmen, dass für fünf der sechs Konstruktkombinationen signifikante bivariate Beziehungen existieren. Nur zwischen Tapping und Wissen war keine Beziehung nachweisbar. Im nächsten Schritt sollte überprüft werden, ob sich die in den Hypothesen 1 bis 3 angenommene Hypothesenstruktur zeigt.

H 1a, *Die Handgeschicklichkeit korreliert eng mit Reasoning:* Wie Abbildung 4.10 zu entnehmen ist, sprechen die Daten für die Hypothese H 1a, da die Korrelation von $r = .58$, $p < .001$ zwischen Handgeschicklichkeit und Reasoning noch als eng zu bezeichnen ist.

H 1b, *Die Handgeschicklichkeit korreliert eng mit Wissen:* Die Korrelation von $r = .33$, $p < .01$ zwischen Handgeschicklichkeit und Wissen spricht gegen die Hypothese H 1b, da es sich nur noch um eine moderate Beziehung handelte.

H 2a, *Die Auge-Hand-Koordination korreliert moderat mit Reasoning:* Die Hypothese H 2a wird durch die Daten gestützt, da die Korrelation zwischen der Auge-Hand-Koordination und Reasoning mit $r = .38$, $p < .001$ als moderat bezeichnet werden kann.

H 2b, *Die Auge-Hand-Koordination korreliert moderat mit Wissen:* Auch die Hypothese H 2b wird durch die Daten gestützt, wobei die Korrelation zwischen beiden Konstrukten mit $r = .50$, $p < .001$ sogar bereits als eng bezeichnet werden kann.

H 3a, *Tapping korreliert gering mit Reasoning:* Das Ergebnis einer hochsignifikanten moderaten Korrelation von $r = .43$, $p < .001$ widersprach der Erwartung.

H 3b, *Tapping korreliert gering mit Wissen:* Die nicht mehr signifikante Korrelation zwischen Tapping und Wissen von $r = .15$, $p > .05$ sprach für Hypothese H 3b.

Obwohl sich einige Hypothesen nicht bestätigten, entspricht das Korrelationsmuster wenigstens teilweise der implizierten Hypothesenstruktur. So korrelierten feinmotorische Fertigkeiten mit direktem Nutzen für feinmotorische Objekt- und Umweltinteraktionen (Handgeschick) tendenziell enger mit Reasoning als Fertigkeiten mit indirektem Nutzen (Auge-Hand-Koordination) oder ohne Nutzen (Tapping) für Objekt- und Umweltinteraktionen. Neben diesen erwartungskonformen Ergebnissen entsprachen die etwas engeren Korrelationen zwischen Tapping (kein Nutzen für Objektinteraktionen) und Reasoning als zwischen der Auge-Hand-Koordination und Reasoning jedoch nicht den Erwartungen. Überraschend war auch der Befund einer tendenziell engeren Korrelation zwischen der Auge-Hand-Koordination und Wissen als zwischen der Handgeschicklichkeit und Wissen. Die statistische Absicherung der Unterschiede erfolgte im nächsten Schritt. Da minderungskorrigierte Koeffizienten nicht in Signifikanzprüfungen einbezogen werden sollten (Muchinsky, 1996), wurden unkorrigierte Korrelationskoeffizienten verglichen. Die Berechnung erfolgte über die Williams T2 Statistik, die von Steiger (1980) für den statistischen Vergleich von zwei abhängigen Korrelationskoeffizienten empfohlen wird (Tabelle 4.9).

Tabelle 4.9

Beziehungsunterschiede in Abhängigkeit von den feinmotorischen Fertigkeiten Handgeschick (F-H-G), Auge-Hand-Koordination (A-H-K) und Tapping (T-A-P)

	F-H-G vs. A-H-K	.44** vs. .25*
	t	1.51
Reasoning	F-H-G vs. T-A-P	.44** vs. .32**
	t	1.06
	A-H-K vs. T-A-P	.25* vs. .32**
	t	-.50
	F-H-G vs. A-H-K	.26* vs. .35**
	t	-.69
Wissen	F-H-G vs. T-A-P	.26* vs. .12
	t	1.14
	A-H-K vs. T-A-P	.35** vs. .12
	t	1.65

t = Williams's T2 Statistik, t-Werte ≥ 1.69 zeigen auf dem 5% Niveau signifikant unterschiedliche Koeffizienten an (einseitiger Hypothesentest); *$p < .05$, **$p < .01$.

Tabelle 4.9 ist zu entnehmen, dass sich keiner der erwähnten Beziehungsunterschiede statistisch absichern ließ. Daher können die teilweise erwartungskonformen Beziehungsunterschiede nur unter Vorbehalt interpretiert werden.

Im nächsten Schritt wurden zusätzlich die Beziehungsunterschiede auf statistische Signifikanz geprüft, die sich in Abbildung 4.10 für die beiden kognitiven Konstrukte andeuteten. Da diesbezüglich jedoch keinerlei Annahmen existierten, wurden die Unterschiede zweiseitig getestet.

Tabelle 4.10

Beziehungsunterschiede in Abhängigkeit von den kognitiven Konstrukten Reasoning (REA) und Wissen (AW)

Handgeschick	REA vs. AW	.44** vs. .26*
	t	1.49
Auge-Hand-Koordination	REA vs. AW	.25* vs. .34**
	t	-.72
Tapping	REA vs. AW	.32** vs. .12
	t	1.57

t = Williams's T2 Statistik, t-Werte ≥ 1.96 zeigen auf dem 5% Niveau signifikant unterschiedliche Koeffizienten an (zweiseitiger Test), *$p < .05$, **$p < .01$.

Die Ergebnisse sprechen dagegen, dass die beiden kognitiven Konstrukte Reasoning und Wissen für Unterschiede in den Beziehungskoeffizienten verantwortlich sind (Tabelle 4.10). Dies gilt, obwohl die Beziehungsunterschiede zum Teil beachtliche Größe aufweisen.

Altersvarianz: Im nächsten Auswertungsschritt wurden die alterskorrigierten Korrelationen berechnet, da sich gerade die Altersvarianz im frühen Kindesalter bekanntlich auf die Existenz und Höhe von Beziehungen zwischen motorischen und kognitiven Fähigkeiten auswirkt (Eggert & Schuck, 1978). In Tabelle 4.11 werden die bivariaten Korrelationen den alterskorrigierten Korrelationen gegenübergestellt.

Tabelle 4.11

Bivariate (Biv.) und Alterskorrigierte (Alt.) Korrelationen zwischen den Feinmotorischen und den Kognitiven Konstrukten

	Reasoning		Wissen	
	Biv.	Alt.	Biv.	Alt.
Handgeschick	.44***	.31**	.26*	.09
Auge-Hand-Koordination[a]	-.25*	-.14	-.35**	-.25*
Tapping	.32**	.23*	.12	-.002

[a]Die Items der Auge-Hand-Koordination sind invers kodiert, *$p < .05$ (1-seitig); **$p < .01$ (1-seitig).

Tabelle 4.11 ist zu entnehmen, dass die alterskorrigierten Korrelationskoeffizienten erwartungsgemäß etwas geringer ausfallen als die bivariaten Koeffizienten und dass einige Koeffizienten nicht mehr signifikant sind. Dies spricht zunächst für die Bedeutung des Entwicklungsstands, da die Altersvariable als Proxy für den Entwicklungsstand aufzufassen ist. Andererseits waren auch nach Kontrolle des Alters noch Korrelationen zwischen Handgeschick und Reasoning sowie zwischen Tapping und Reasoning und der Auge-Hand-Koordination und Wissen nachweisbar. Diesen Beziehungen basieren daher vermutlich auf Gründen, die jenseits des Entwicklungsstands zu suchen sind und
weiter unten thematisiert werden.

4.4 Zusammenfassung und Diskussion

Messinstrument: Das erste Ziel der Studie bestand in der Entwicklung und Überprüfung eines Testinstruments zur Erfassung der drei feinmotorischen Fertigkeiten Finger- und Handgeschick, Auge-Hand-Koordination und Tapping. Zentrale Ziele hierbei waren eine vollständige Operationalisierung relevanter Konstruktaspekte sowie minimierte kognitive Anforderungen bei der Bearbeitung der Aufgaben, unter anderem über eine kindgerechte Gestaltung des Aufgabenkontextes.

Die Ergebnisse der Studie sprechen vorläufig dafür, dass sich das Instrument zur Erfassung der drei feinmotorischen Fertigkeiten eignet. So konnten die neun feinmotorischen Aufgaben drei Dimensionen zugeordnet werden, die den aus anderen Studien (z.B. Baedke, 1980) bekannten Dimensionen der Handgeschicklichkeit, Auge-Hand-Koordination und Tappingfertigkeit entsprechen. Die Untersuchung deutet auf befriedigende bis gute Messeigenschaften der drei Feinmotorikskalen hin, liefert aber auch Hinweise auf erforderliche Anpassungen einzelner Items. Die erforderlichen Modifikationen, die speziell das Tracingitem der Auge-Hand-Koordinationsskala, aber auch Items der Handgeschicklichkeitsskala betreffen, setzen am Schwierigkeitsgrad und der Differenzierungsfähigkeit der Items an und werden im Methodenteil der zweiten Studie detaillierter beschrieben.

Obwohl die Studie bereits wichtige Hinweise auf die Reliabilität des Instruments liefert, sind gerade empirische Kennwerte zur Validität noch unbekannt. Zusätzliche Hinweise, speziell auf die kriteriale und prädiktive Validität, müssen daher in weiteren Untersuchungen ermittelt werden.

Beziehungen zwischen den feinmotorischen und den kognitiven Konstrukten: Trotz der beschriebenen Schwächen einzelner Items wurden in einem weiteren Schritt erste Analysen zur Beziehung zwischen den drei feinmotorischen Fertigkeiten und den zwei kognitiven Fähigkeiten durchgeführt (Forschungsfrage I). Die Untersuchung wies gegenüber bisherigen Studien zur Beziehung zwischen feinmotorischen und kognitiven Fähigkeiten im Kindesalter spezifische Vorteile auf, die insgesamt eine eindeutigere Interpretation der Befunde ermöglichen. Erstens wurden ausschließlich Messinstrumente eingesetzt, welche die Kernmerkmale des jeweiligen Konstruktbereiches (Feinmotorik bzw. Kognition), nicht aber des jeweils anderen Konstruktbereiches erfassten. Anders als in der Studie von Davis und Kollegen (2011) oder Dickes (1978) kann somit ausgeschlossen werden, dass die gefundenen Beziehungen auf eine methodische Konfundierung der eingesetzten feinmotorischen und kognitiven Messinstrumente zurückzuführen sind. Zweitens wurden erstmals verschiedene feinmotorische und kognitive Konstruktdimensionen gleichzeitig in einer Studie untersucht. Hierdurch konnten in der Studie auch Beziehungen zwischen verschiedenen Konstruktkombinationen verglichen werden. Dies war im vorliegenden Fall wichtig, da für einzelne Konstruktkombinationen spezifische Beziehungen erwartet wurden.

Vermutet wurde, dass vor allem solche feinmotorischen Fertigkeiten Beziehungen mit Reasoning und Wissen aufweisen, die feinmotorische Objekt- und Umweltinteraktionen unterstützen. Vor allem deshalb, da feinmotorische Objekt- und Umweltinteraktionen, zum Beispiel in

Grounded Cognition Ansätzen (Smith, 2005; Thelen, 2000), als grundlegend für kognitive Entwicklungsveränderungen erachtet werden. Die aktuellen Befunde bestätigen die Vermutung, dass Fertigkeiten mit direktem (Handgeschick) Nutzen und indirektem (Auge-Hand-Koordination) Nutzen für feinmotorische Objekt- und Umweltinteraktionen eng, beziehungsweise moderat mit Reasoning und Wissen korrelieren (H 1 und H 2).

Zwei weitere Befunde waren jedoch zunächst überraschend. Der erste betrifft die tendenziell engere Beziehung zwischen Handgeschick, Tapping und Reasoning als zwischen Handgeschick, Tapping und Wissen. Zwar ließen sich die Beziehungsunterschiede statistisch nicht absichern, dennoch können sie aufgrund ihrer Größe nicht ganz vernachlässigt werden. Grundsätzlich ist daher nicht auszuschließen, dass neben dem feinmotorischen Konstruktbereich auch der kognitive Konstruktbereich eine Rolle für die Beziehungshöhe spielt. Der zweite Befund stellt die bereits erwähnte, immerhin moderate, Korrelation der Tappingfertigkeit mit Reasoning dar. Da Tapping selbst keinen Nutzen für Objekt- und Umweltinteraktionen aufweist, manifestiert sich in der Beziehung wahrscheinlich keine Bedeutung der Fertigkeit für Entwicklungsveränderungen im Bereich der Reasoningfähigkeit. Vermutlich spielen daher weitere Mechanismen eine Rolle. Denkbar ist beispielsweise, dass die Beziehung über die Verarbeitungsgeschwindigkeit vermittelt wird, da sowohl die Tappingfertigkeit (Baedke, 1980) als auch die Reasoningfähigkeit (Kail, 2007) eine Geschwindigkeitskomponente aufweisen.

Das bis hierhin beschriebene Befundmuster verdeutlicht bereits, dass die häufig angenommene Bedeutung feinmotorischer Fertigkeiten für den Erwerb kognitiver Fähigkeiten (z.B. Davis et al., 2011; Dellatolas et al., 2003) nicht die einzige Erklärung für Beziehungen zwischen beiden Konstruktbereichen zu sein scheint. Der zusätzliche Befund, dass die bivariaten Beziehungen nach Kontrolle des Alters deutlich geringer ausfielen und zum Teil insignifikant wurden bestätigt dies nochmals und unterstreicht die Bedeutung des Entwicklungsstands hinsichtlich der betrachteten Beziehungen. Obwohl dieses Ergebnis Befunden aus anderen Studien entspricht (z.B. Ahnert et al., 2003), konnte in der aktuellen Studie erstmals systematischer analysiert werden, welche Rolle der Entwicklungsstand hinsichtlich verschiedener Konstruktbereiche spielt. Diesbezüglich zählt das Ergebnis, dass die Beziehung zwischen einigen der feinmotorischen und kognitiven Konstrukte über den Entwicklungsstand hinaus existiert zu den wichtigsten der Studie. Speziell der Befund, dass die Handgeschicklichkeit, als Fertigkeit mit direktem Nutzen für Objekt- und Umweltinteraktionen, nach Kontrolle des Alters noch mit Reasoning korrelierte, deutet auf eine mögliche Bedeutung der Handgeschicklichkeit für Entwicklungsveränderungen in kognitiven Teilbereichen hin.

Grenzen der Studie: Die vorliegende Studie diente in erster Linie der empirischen Überprüfung des entwickelten feinmotorischen Messinstruments. Die Untersuchungen der Beziehungen zwischen den feinmotorischen und den kognitiven Fähigkeiten hatten daher zunächst exploratorischen Charakter. Folglich sind einige Einschränkungen zu beachten.

Erstens schränken sich die Untersuchungen zur ersten Forschungsfrage dadurch ein, dass nur Beziehungen in einer Altersgruppe betrachtet wurden. Die Befunde gelten daher zunächst nur für die Altersgruppe der vier- bis fünfjährigen.

Zweitens sind die oben berichteten Ergebnisse zur Beziehung zwischen den drei feinmotorischen und den zwei kognitiven Konstrukten vor dem Hintergrund zu interpretieren, dass das eingesetzte Feinmotorikinstrument noch die beschriebenen Schwächen aufwies. Die erneute Untersuchung der Beziehungen mit einem verbesserten feinmotorischen Messinstrument in verschiedenen Altersgruppen war daher ein zentrales Ziel der zweiten Studie.

Drittens wurde mit der Altersvariablen in der Studie nur eine der Variablen kontrolliert, die den Zusammenhang zwischen den feinmotorischen und den kognitiven Fähigkeiten vermutlich konfundieren. In Studie II sollen daher auch Drittvariablen systematischer kontrolliert und untersucht werden, auf die im Fragestellungsteil der Arbeit bereits ausführlicher hingewiesen wurden. Neben der Altersvariablen zählen hierzu die Verarbeitungsgeschwindigkeit, die fokussierte Aufmerksamkeit und der soziale Hintergrund der Kinder.

5 Studie II

Mit der zweiten Studie wurden zwei Hauptziele verfolgt. Das erste Ziel bezog sich auf die erneute Untersuchung der Beziehungen zwischen den drei feinmotorischen Fertigkeiten und den beiden kognitiven Fähigkeiten unter Einsatz eines optimierten feinmotorischen Messinstruments. Da in der ersten Studie nur die Gruppe der vier bis fünfjährigen Kinder untersucht wurde, sollten die Beziehungen zusätzlich in weiteren Altersgruppen untersucht werden. Im Vordergrund stand somit die Frage, welche Beziehungen zwischen den drei feinmotorischen Fertigkeiten und den zwei kognitiven Fähigkeiten bei vier, fünf und sechsjährigen Kindern existieren (Forschungsfrage II).

Frage I: „Welche Beziehungen existieren zwischen den drei feinmotorischen Fertigkeiten Handgeschick, Auge-Hand-Koordination und Tapping und den zwei kognitiven Konstrukten Reasoning und Wissen bei Kindern im Vorschulalter?"

Das zweite Ziel bezog sich auf die Kontrolle und Untersuchung von Drittvariableneinflüssen. So wurde im dritten Forschungsdefizit moniert, dass bislang in keiner Studie zur Beziehung zwischen feinmotorischen Fertigkeiten und kognitiven Fähigkeiten Drittvariableneinflüsse angemessen untersucht wurden. Konkret sollte in der Studie daher Hinweisen nachgegangen werden, wonach die Beziehung zwischen motorischen und kognitiven Fähigkeiten im frühen Kindesalter auch auf das Alter (Eggert & Schuck, 1978), die Verarbeitungsgeschwindigkeit (Roebers & Kauer, 2009), die fokussierte Aufmerksamkeit (Wassenberg et al., 2005) sowie den sozialen Hintergrund (Piek et al., 2008) zurückgeht.

Frage II: „Welche Bedeutung hat das Alter, die Verarbeitungsgeschwindigkeit, die fokussierte Aufmerksamkeit und der soziale Hintergrund für den Zusammenhang zwischen den drei feinmotorischen Fertigkeiten und den zwei kognitiven Fähigkeiten?"

5.1 Design

Zur Untersuchung der ersten Forschungsfrage wurden Beziehungen zwischen den drei feinmotorischen Fertigkeiten und den zwei kognitiven Fähigkeiten bei vier-, fünf- und sechsjährigen Vorschulkindern (querschnittlich) betrachtet. Zur Untersuchung der zweiten Forschungsfrage wurden zusätzlich die oben erwähnten Drittvariablen Verarbeitungsgeschwindigkeit, Aufmerksamkeit sowie Merkmale des sozialen Hintergrundes (sozioökonomischer Status und elterliche Bildung) erhoben.

5.2 Stichprobe und Datenerhebung

Stichprobe: Es wurden 78 Kinder zwischen 4 und 6 ½ Jahren untersucht. Die Stichprobe wurde aus insgesamt sechs Kindergärten der Landkreise Regensburg und Nürnberg gezogen. Jeder der zufällig angeschriebenen Kindergärten nahm an der Studie teil. Von den angesprochenen Eltern willigten 80% in die Teilnahme ihres Kindes an den Untersuchungen ein. Die teilnehmenden Kinder wurden drei Gruppen zugeordnet. Die erste Altersgruppe umfasste Kinder im Alter von vier bis knapp fünf Jahren. Die zweite Altersgruppe umfasste Kinder im Alter von fünf bis knapp sechs Jahren und die dritte umfasste Kinder von sechs bis knapp sieben Jahren. In die Stichprobe wurden, wie bereits in der ersten Studie, nur Kinder ohne erkennbare oder bekannte Entwicklungsauffälligkeiten (motorische Entwicklungsstörungen) oder Sinnesstörungen (Taubheit, Sehstörung etc.) aufgenommen. Tabelle 5.1 enthält die wichtigsten Stichprobenmerkmale.

Tabelle 5.1

Soziodemographische Daten für die drei Altersgruppen

		4-jährige	5-jährige	6-jährige
Stichprobengröße	N	26	26	26
Alter in Monaten	M	52	67	75
	SD	3.1	2.8	1.7
Geschlecht	Mädchen	12	9	16
	Jungen	14	17	10
Wohngebiet	Stadt	11	9	14
	Land	15	17	12
Migrationshintergrund	Ja	5	0	4
	Nein	21	26	22
Sozioökonomischer Status[a]	M	49.06	-	-
	SD	18.24		

[a]Höchster internationaler sozioökonomischer Index des beruflichen Status (HISEI); M = Mittelwert; SD = Standardabweichung

Aussagen zum sozioökonomischen Status können nur für die Teilstichprobe der vierjährigen gemacht werden, da aus erhebungstechnischen Gründen nur für diese Teilstichprobe Daten vorlagen. Der mittlere sozioökonomische Status in dieser Gruppe war mit dem bundesdeutschen Durchschnitt von 48.9 (Klieme et al., 2010) vergleichbar. Aus Tabelle 5.1 wird zudem ersichtlich, dass die Stichprobenziehung in drei Altersgruppen resultierte, die sich geringfügig in der Altersvarianz unterschieden.

Datenerhebung: Die Untersuchungsbedingungen in der zweiten Studie entsprachen den Bedingungen aus der ersten Studie. Ein Teil der Datenerhebung erfolgte mit Unterstützung von zwei Testleiterinnen. Beide Testleiterinnen stellten sich eine Woche vor der eigentlichen Testdurchführung in den Kindergärten sowohl den Erzieherinnen als auch den Kindern selbst vor, um Schüchternheit sowie Kontaktschwierigkeiten vorzubeugen. Die Testleiterinnen wurden vor ihrem Einsatz systematisch geschult. In der ersten Schulungsphase wurde jede Aufgabe und die jeweiligen Testinstruktionen genau beschrieben. In der zweiten Phase hospitierten die Versuchsleiter bei Testungen von jeweils drei Kindern. In der dritten Phase führten die Versuchsleiter unter Beobachtung Probetestungen mit zunächst einem Kind und nach einem Rückmeldegespräch mit weiteren zwei Kindern durch.

5.3 Messinstrumente

Zur Vermeidung von Instrumentierungsfehlern[6] bei der Messung der feinmotorischen und kognitiven Konstrukte in verschiedenen Altersgruppen wurden jeweils dieselben Messverfahren eingesetzt. Für die kognitiven Messverfahren war davon auszugehen, dass sie auch im oberen Fertigkeitsbereich gut differenzieren, da sie für Kinder bis zu einem Alter von 7 Jahren entwickelt wurden. Die Eignung der feinmotorischen Aufgaben für ältere Kinder konnte im Vorfeld der Studie nicht abschließend eingeschätzt werden. Aufbauend auf den Ergebnissen der ersten Studie wurde die Aufgabenschwierigkeit kritischer Items (Tracing, Stifte, Kugeln) daher noch einmal gesteigert (s.u.).

Feinmotorische Verfahren: Die drei feinmotorischen Fertigkeiten, Handgeschick, Auge-Hand-Koordination und Tapping wurden durch eine modifizierte Version des in Studie I eingesetzten Messinstrumentes erfasst. Ausgehend von den in Studie I beschriebenen Schwächen der Items, wurden die folgenden Modifikationen vorgenommen: Für die Skala Handgeschick wurde die Schwierigkeit der zwei Items „Stifte umstecken" und „Kugeln auffädeln" gesteigert, um Leistungsunterschiede im oberen Bereich besser abbilden zu können. Hierzu sollten die Stifte nun zunächst einzeln aus einer Schale neben der Lochreihe im Brett genommen werden. Dann erst sollten sie in die Löcher des Brettes gesteckt werden. Die Veränderung führte in zweierlei Hinsicht zu einer gesteigerten Schwierigkeit der Aufgabe. Erstens mussten die Stifte nun von den übrigen Stiften in der Schale getrennt werden (einfaches Hineingreifen in die Schale führte i.d.R. dazu, dass zwei oder mehr Stifte gegriffen wurden). Zweitens musste jeder Stift dann zwi-

---

[6] Als Instrumentierungsfehler gelten Fehler, die durch den Einsatz unterschiedlicher Messinstrumente bei der Messung desselben Merkmalsbereichs auftreten.

schen den Fingern einer Hand so rotiert werden, dass er in das jeweilige Loch gesteckt werden konnte. Zusätzlich wurde die Bearbeitungslänge der Clownaufgabe verdoppelt, um eine größere Varianz zu erzeugen. Da das Tracingitem der Auge-Hand-Koordination in Studie I im oberen Bereich weniger gut differenzierte als im unteren Bereich, wurde das Item durch ein schwereres Item ersetzt, welches das Zeichnen zwischen zunehmend enger werdenden Linien (5 bis 2 mm) in vier Durchgängen erforderte. Das Item wurde dem Entwicklungstest der visuellen Verarbeitung (Büttner, Frostig, Hammill, Pearson, & Voress, 2008) entnommen.

Kognitive Fähigkeiten: Zur Erfassung der kognitiven Fähigkeiten wurden die vier Subtests des HAWIVA IV eingesetzt, die bereits in Studie I verwendet wurden. Da das Verfahren für Kinder bis zu einem Alter von 7 Jahren entwickelt wurde, war der Einsatz für die in dieser Studie untersuchten Altersgruppen angemessen.

Fokussierte Aufmerksamkeit: Zur Kontrolle von Aufmerksamkeitseinflüssen wurde die fokussierte Aufmerksamkeit durch das *Konzentrations-Handlungsverfahren für Vorschulkinder* (Ettrich, & Ettrich, 2005) erfasst. Das Kind sortiert bei dieser Aufgabe 40 Plastikkarten (10cm x 5cm) in vier Kästchen, die unmittelbar vor dem Kind auf einem Tisch stehen. Die Sortierregel besteht darin, die Karten nach vier Symbolen beziehungsweise deren Kombinationen zu sortieren (ein Baum, ein Kamm, ein Baum und ein Kamm, kein Kamm und kein Baum). Da das von den Testautoren vorgesehene Geschwindigkeitsmaß (Dauer für die 40 Karten) eine feinmotorische Komponente aufweist (schnelles Aufnehmen und Einsortieren der Kärtchen), wurde in der aktuellen Arbeit nur das Sorgfaltsmaß betrachtet (Anzahl richtig sortierter Karten). Auch deshalb, da über das Sorgfaltsmaß das Konstrukt der fokussierten Aufmerksamkeit besser von der in der Arbeit ebenfalls erfassten Verarbeitungsgeschwindigkeit abgrenzbar ist. Die Paralleltestreliabilität für das Sorgfaltsmaß liegt bei $r = .77$.

Verarbeitungsgeschwindigkeit: Zur Kontrolle möglicher Reifungseinflüsse wurde die proxyvariable Verarbeitungsgeschwindigkeit erhoben. Das Merkmal "Verarbeitungsgeschwindigkeit", als Fähigkeit einfache kognitive Aufgaben schnell und effektiv zu bearbeiten, wurde in der zweiten Studie über den Subtest „Symbole" aus dem HAWIVA IV erfasst. Das Kind sucht bei dieser Aufgabe ein Zielsymbol aus einer Reihe von Distraktorsymbolen und markiert dieses mit einem einfachen Strich (präzise Platzierung ist nicht erforderlich). Bearbeitet werden nacheinander mehrere Reihen mit wechselnden Zielsymbolen und Distraktoren. Als Maß für die Verarbeitungsgeschwindigkeit gilt die Anzahl an korrekt identifizierten Zielsymbolen nach zwei Minuten. Die Split-Halfreliabilität für das Verfahren liegt bei $r = .56$.

Sozialer Hintergrund (Sozioökonomischer Status und elterliche Bildung): Zur Kontrolle des sozialen Hintergrundes wurde der sozioökonomische Status sowie die Bildung der Eltern über einen Elternfragebogen erhoben. Der sozioökonomische Status wurde über den Internationalen Sozioökonomischen Index des beruflichen Status (ISEI) nach Ganzeboom, Graaf und Treiman (1992) erfasst. Das entsprechende Item im Fragebogen bezog sich auf den aktuell ausgeübten Beruf der Eltern und wurde dem Skalenhandbuch der IGLU Studie entnommen. Bei zwei arbeitenden Elternteilen wurde zusätzlich der höchste berufliche Status (HISEI) ermittelt. Die Kodierung erfolgte nach dem Berufsklassifikationsschema der ISCO-88 (International Standard Classification of Occupations). Ebenfalls aus dem Skalenhandbuch der IGLU Studie wurde das Item zur Erfassung der elterlichen Bildung entnommen. Die Rücklaufquote fiel für die Fragebögen mit 17 von 78 (21.8%) sehr niedrig aus. Auf Nachfrage in den Kindergärten stellte sich heraus, dass es sich bei den 17 Bögen um eine Auswahl von Fragebögen handelte, die den Eltern persönlich übergeben wurden (insgesamt 26).

5.4 Resultate

Datenqualität: Die Daten enthielten auf Variablenebene einzelne Ausreißer. Auf Skalenebene führte dies in der Regel jedoch nicht zu einer Abweichung von der Normalverteilungsannahme. Für die Wissensvariablen erzeugten die Ausreißer jedoch eine linksschiefe Verteilung, was auf den Anteil von Kindern mit Migrationshintergrund in der Stichprobe zurückgeführt werden konnte. Insgesamt neun Kinder wiesen einen Migrationshintergrund mit zwei im Ausland geborenen Eltern auf. Ein Vergleich des durchschnittlichen Wissensstands dieser Kinder mit den Kindern der Reststichprobe ergab deutlich geringere Leistungen der Kinder mit Migrationshintergrund. Dies galt sowohl für den Subtest Begriffe erkennen $M = 5.0$, $SD = 4.58$ (mit Mig.) vs. $M = 10.20$, $SD = 3.70$ (ohne Mig.), Mann-Whitney $U = 107.5$, $p = .001$ als auch für den Subtest Allgemeines Wissen $M = 13.78$, $SD = 4.08$ (mit Mig.) vs. $M = 19.84$, $SD = 3.58$ (ohne Mig.), Mann-Whitney $U = 75.5$, $p < .001$. Der Ausschluss der Kinder mit Migrationshintergrund führte zu einer weniger linksschiefen Verteilung der Wissensvariablen.

Analyse fehlender Werte: Die Analyse ergab maximal 2.89% fehlender Werte pro Variable und 8 fehlende Werte im gesamten Datensatz. Die Ursachen wurden anhand der Testleiterkommentare in den Protokollbögen ermittelt. Werte, die aufgrund technischer Probleme im Verlauf der Testung auftraten lagen für drei Kinder vor (Codenr. 19, 21, 60). In diesen Fällen fiel entweder die Kamera oder die Stoppuhr aus, so dass die Leistung nicht dokumentiert werden konnte. Da von einem vollständig zufälligen Fehlmechanismus (MCAR)[7] ausgegangen werden konnte, wurden die Werte im nächsten Schritt mit dem Expectation-Maximization Algorithmus imputiert (Peugh & Enders, 2004).

5.4.1 Deskriptive Statistiken

Im ersten Teil des Kapitels 5.4.1 werden deskriptive Ergebnisse dargestellt (Tabelle 5.2). Zum einen interessierte hierbei, ob sich bei älteren Kindern höhere Mittelwerte in den Testaufgaben zeigen als bei jüngeren Kindern. Zum anderen interessierten Abweichungen, die in Folge der beschriebenen Modifikationen einzelner Feinmotorikitems (Stifte, Kugeln, Clown, Tracing) zu erwarten waren. Im zweiten Teil des Kapitels wird dann die Faktorenstruktur für das modifizierte Feinmotorikinstrument betrachtet.

---

[7] Fehlender Wert ist unabhängig von der Ausprägung der Variable, in welcher der Wert fehlt (MCAR).

Tabelle 5.2

Deskriptive Statistiken für die feinmotorischen und kognitiven Aufgaben sowie für Aufmerksamkeit, Verarbeitungsgeschwindigkeit, sozioökonomischer Hintergrund und Bildung der Eltern in drei Altersgruppen

		Min	Max	4-Jährige M	4-Jährige SD	5-Jährige M	5-Jährige SD	6-Jährige M	6-Jährige SD	F (2,75)	p	η2	Dunnett`s post-hoc
Feinmotorik	F-H-G Stifte	4	19	11.12	2.76	13.00	1.65	14.69	2.17	16.60	<.001	.31	4 < 5 < 6
	F-H-G Kugeln	6	20	13.58	3.18	16.65	2.77	18.81	2.45	22.68	<.001	.38	4 < 5 < 6
	F-H-G Clown	11	31	14.46	2.28	18.81	3.15	21.15	3.92	29.51	<.001	.44	4 < 5 = 6
	A-H-K Tracing	50	182	111.46	32.47	136.62	19.60	150.77	18.05	17.53	<.001	.32	4 < 5 < 6
	A-H-K Bär	22	58	44.92	7.32	45.27	5.32	47.81	6.77	1.51	.227	.04	4 = 5 = 6
	A-H-K Huhn	27	60	48.58	7.78	46.92	8.06	50.42	6.18	1.46	.239	.04	4 = 5 = 6
	T-A-P Feuer	16	51	38.03	4.93	40.92	6.86	44.96	7.59	7.96	.001	.17	4 < 5 < 6
	T-A-P Hase	23	56	34.15	6.80	34.62	5.53	40.55	6.92	7.34	.001	.16	4 = 5 < 6
	T-A-P Glocke	15	47	25.85	4.60	28.69	5.71	35.00	8.05	14.42	<.001	.28	4 = 5 < 6

M = Mittelwert, *SD* = Standardabweichung, Min/Max = Minimaler/ Maximaler Wert, F-H-G = Handgeschick, A-H-K = Auge-Hand-Koordination, T-A-P = Tapping, REA = Reasoning, AW = Wissen, HISEI = Höchster Internationaler Sozioökonomischer Index des beruflichen Status

Fortsetzung Tabelle 5.3

		Min	Max	4-Jährige M	4-Jährige SD	5-Jährige M	5-Jährige SD	6-Jährige M	6-Jährige SD	$F(2,75)$	p	η^2	Dunnett's post-hoc
Kognition	REA Matrizen	1	13	5.54	2.57	7.12	2.36	9.04	2.29	13.80	<.001	.27	4 = 5 < 6
	Klassenbilden	0	15	6.85	3.27	10.12	3.53	11.23	2.92	12.81	<.001	.25	4 < 5 = 6
	AW Allg.Wissen	7	26	15.38	3.73	20.54	2.79	21.50	2.79	28.61	<.001	.43	4 < 5 = 6
	Begriffe Erkennen	0	15	5.19	3.72	11.50	2.14	12.12	1.93	51.76	<.001	.58	4 < 5 = 6
Kontrolle	KHV-VK	11	40	25.42	6.94	34.46	4.62	35.50	3.23	29.99	<.001	.44	4 < 5 = 6
	Symbole	3	30	11.62	5.19	17.73	4.73	23.58	5.08	37.19	<.001	.50	4 < 5 = 6
	HISEI	20	78	49.06	18.25	-	-	-	-	-	-	-	-
	Bildung der Eltern	1	7	4.27	2.0	-	-	-	-	-	-	-	-

M = Mittelwert, SD = Standardabweichung, Min/Max = Minimaler/ Maximaler Wert, F-H-G = Handgeschick, A-H-K = Auge-Hand-Koordination, T-A-P = Tapping, REA = Reasoning, AW = Wissen, HISEI = Höchster Internationaler Sozioökonomischer Index des beruflichen Status

Tabelle 5.2 enthält neben den wichtigsten deskriptiven Statistiken auch die Ergebnisse der multivariaten Varianzanalyse mit dem dreistufigen Faktor Alter. Für die meisten Items sind wie erwartet altersassoziierte Leistungsanstiege zu beobachten. Zudem ist erkennbar, dass die Itemmodifikationen einiger Items (Tracing, Stifte, Kugeln) eine Steigerung des Schwierigkeitsgrades bewirkte. So fallen die Mittelwerte in der Aufgabe *Stifte* in der zweiten Studie (vierjährige) $M = 11.12$, $SD = 2.76$ gegenüber der ersten $M = 18.11$, $SD = 3.14$ geringer aus $t = 9.1, p < .001$. Dasselbe gilt für die Aufgabe *Kugeln* $M = 13.58$, $SD = 3.18$; $M = 14.96$, $SD = 3.41$, $t = 1.39$, $p < .001$. Auch die Mittelwerte für die Aufgabe *Clown* in der ersten und der zweiten Studie unterscheiden sich, haben aber eine andere Bedeutung, da die Testlänge des Items *Clown* in der zweiten Studie verdoppelt wurde. Ein höherer Mittelwert in Studie II im Vergleich zu Studie I stellt daher keine Leistungssteigerung dar, sondern spiegelt eine veränderte Skalenbreite wieder. Dies gilt in ähnlicher Weise für das Tracingitem, für welches in der zweiten Studie eine andere Aufgabe eingesetzt wurde. Da mit dem Aufgabenwechsel eine etwas größere Skalenbreite verbunden war, war ein Mittelwertvergleich nicht mehr sinnvoll, allerdings auch nicht nötig.

Geschlechtsunterschiede: Wie bereits in Studie I wurden, neben den Mittelwerten für die Gesamtstichprobe, auch in der zweiten Studie zusätzlich getrennte Mittelwerte für Mädchen und Jungen betrachtet. Die Ergebnisse des t-Test für unabhängige Stichproben in Tabelle 5.4 zeigen, dass Mädchen wie schon in der ersten Studie nur im Bereich der Auge-Hand-Koordination und hier speziell in den Aufgaben Bär und Huhn besser abschneiden als Jungen.

Tabelle 5.4

Geschlechtsunterschiede in den feinmotorischen Testaufgaben

	Jungen (N = 36)		Mädchen (N = 33)			
	M	SD	M	SD	t (67)	p (2-seitig)
Stifte	12.47	2.74	13.52	2.50	-1.65	.10
Kugel	16.17	3.44	17.03	3.06	-1.10	.28
Clown	18.22	4.28	18.48	4.16	-0.26	.79
F-H-G[a]	-.068	.879	.164	.853	-1.12	.27
Tracing	133.31	29.89	130.15	30.45	0.43	.67
Bär	43.44	6.75	48.00	5.59	-3.04	.01
Huhn	46.03	7.71	50.27	6.83	-2.41	.02
A-H-K[a]	-.242	.870	.142	.687	-2.03	.05
Feuer	40.36	7.95	42.27	6.31	-1.10	.28
Hase	35.69	8.55	36.87	5.83	-0.67	.50
Glocke	29.75	7.87	29.34	6.83	0.23	.82
T-A-P[a]	-.085	.937	.042	.724	-.61	.55

F-H-G = Finger- und Handgeschick, A-H-K = Auge-Hand-Koordination, T-A-P = Tapping; *M* = Mittelwert, *SD* = Standardabweichung, [a] z-Werte

Konfirmatorische Faktorenanalyse: Zur Überprüfung der in Studie I ermittelten Faktorenstruktur wurde eine konfirmatorische Faktorenanalyse mit AMOS 20 (Arbuckle, 2009) berechnet. Für die Anwendung des Verfahrens wird üblicherweise eine größere Stichprobe (N > 200) empfohlen (z.B. Backhaus, 2006). Da dies in der Arbeit nicht realisiert werden konnte, sind die Ergebnisse vorsichtig zu interpretieren. Der Mardia-Test zeigte mit z = .62 (< 1.96) das Vorliegen einer multivariaten Normalverteilung an, so dass die Parameterschätzung über die Maximum-Likelyhood Methode vorgenommen werden konnte. Zur Beurteilung des Modell Fits wurden verschiedene Indizes herangezogen, die gerade bei kleinen Stichproben zur besseren Schätzungen führen. Von einer guten Passung des Modells wurde, entsprechend üblicher Konventionen, bei folgender Ausprägung der Fitindizes ausgegangen

(Schermelleh-Engel & Moosbrugger, 2003): Der Chi-Quadrat Test sollte nicht signifikant werden und das Verhältnis von Chi-Quadrat zu Freiheitsgraden sollte 3 nicht übersteigen. Der CFI (comparativ fit index) sollte für einen guten Modellfit über .95 liegen, der NNFI (Nonnormed Fit Index) sollte mindestens bei .97 liegen und der RMSEA (root mean square error of approximation) sollte .08 nicht übersteigen. Abbildung 5.1 zeigt die Lösung für die angenommene Faktorenstruktur.

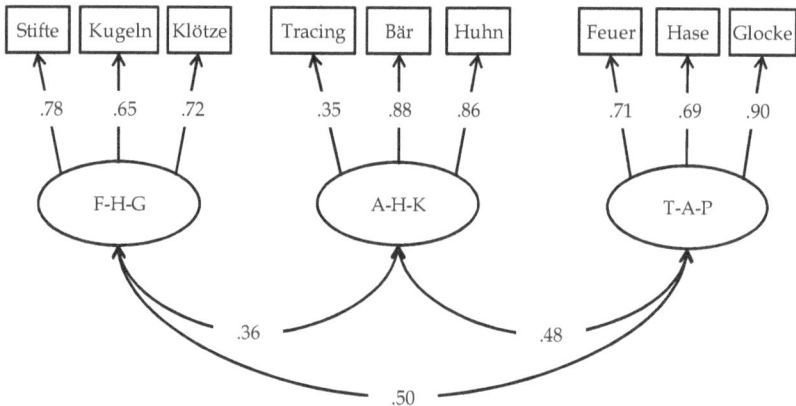

Abbildung 5.1: Lösung für die angenommene dreifaktorielle Struktur feinmotorischer Fertigkeiten mit standardisierten Ladungen

Das Ergebnis eines gerade noch insignifikanten Chi-quadrat Tests $X^2(24) = 36.21$, $p = .052$ kann aufgrund der kleinen Stichprobe nicht als verlässlicher Hinweis auf Passung des Modells interpretiert werden. Die von der Stichprobengröße unabhängigen Fitindizes lagen bei $CFI = .95$, $NNFI = .92$ und $RMSEA = .81$. Gerade der *NNFI* und auch der *RMSEA* deuten, gemessen an den oben genannten Cut-Off Kriterien, auf einen gerade nicht mehr akzeptablen Modellfit hin.

Obwohl, oder gerade weil das Modell nicht optimal passte, sollten weitere, theoretisch ebenfalls denkbare Modelle geprüft werden. Im nächten Auswertungsschritt wurde das beschriebene dreifaktorielle Modell (3-FA) daher erstens gegen ein dreifaktorielles Modell mit unkorrelierten Faktoren (3-FU) getestet. Ein solches Modell würde Befunden entsprechen, die nahe legen, dass sich einzelne feinmotorische Fertigkeiten, in der Auseinandersetzung mit spezifischen Aufgaben, unabhängig von einander entwickeln (Haga, Pedersen, &

Sigmundsson, 2008). Zweitens wurde ein einfaktorielles Modell (G-F) überprüft. Dieses entspräche der Annahme, dass einzelne Items Facetten eines breiteren feinmotorischen Konstruktes darstellen. Tabelle 5.5 enthält die Kennwerte für den Vergleich der drei Modelle.

Tabelle 5.5
Vergleich von drei möglichen Modellen feinmotorischer Fertigkeiten

	Df	X^2	p	X^2 / df	CFI	NNFI	RMSEA	AIC[a]	p des X^2 Diff. test
3-FA	24	36.21	.052	1.51	.95	.92	.081	78.21	
3-FU	27	64.18	.000	2.37	.85	.80	.13	118.2	< .001
G-F	27	119.02	.000	4.41	.62	.49	.21	155.02	-

[a]Ein geringerer AIC Wert zeigt eine bessere Modellanpassung an

Für die Überlegenheit des angenommenen dreifaktoriellen Modells mit korrelierten Dimensionen (3-FA) gegenüber den anderen beiden Modellstrukturen (3-FU und G-F) (Tabelle 5.5) sprechen der CFI, NNFI und der RMSEA-Index, insbesondere aber auch der niedrigere AIC von 78.21. Bereits an dieser Stelle sei darauf verwiesen, dass die erneute Prüfung des Modells in der dritten Studie, an einer altershomogeneren Stichprobe, zu einer noch besseren Modellanpassung führte. Für alle drei feinmotorischen Fertigkeiten konnten befriedigende Homogenitäten ermittelt werden (Handgeschick: α = .76, Auge-Hand-Koordination: α = .71, Tapping: α = .81).

Eignung des Messinstruments für verschiedene Altersgruppen: Da das feinmotorische Messinstrument in verschiedenen Altersgruppen eingesetzt wurde, erfolgte vor der Untersuchung der Forschungsfragen I und II eine Überprüfung von Hinweisen auf die Eignung des Instrumentes hierfür. Eine Überprüfung auf Invarianz der Faktorenstruktur in verschiedenen Altersgruppen konnte aufgrund der geringen Größe der Teilstichproben nicht vorgenommen werden. Um die Vergleichbarkeit der Messgenauigkeit der drei feinmotorischen Skalen in den drei Altersgruppen dennoch einschätzen zu können, wurde die Homogenität der Skalen in jeder Teilstichprobe ermittelt (Tabelle 5.6).

Tabelle 5.6

Interne Konsistenz (Cronbach`s Alpha) für die drei feinmotorischen Fertigkeiten in den drei untersuchten Altersgruppen

	4-Jährige	5-Jährige	6-Jährige
Handgeschick	$\alpha = .81$	$\alpha = .62$	$\alpha = .87$
Auge-Hand-Koordination	$\alpha = .75$	$\alpha = .70$	$\alpha = .70$
Tapping	$\alpha = .71$	$\alpha = .60$	$\alpha = .81$

Tabelle 5.6 verdeutlicht, dass die Homogenitäten der Skalen Handgeschick und Tapping, in der Gruppe der Fünfjährigen, teilweise nicht mehr zufriedenstellend sind. Die sich andeutenden Unterschiede in den Alphakoeffizienten werden bei der Interpretation der Analyseergebnisse zur ersten und zweiten Forschungsfrage berücksichtigt.

Neben der Reliabilität des Instrumentes interessierte auch die Sensitivität des Verfahrens für Entwicklungsveränderungen. Da sich sowohl die feinmotorischen Fertigkeiten als auch die kognitiven Fähigkeiten von Kindern im Alter zwischen drei und sechs Jahren noch stark entwickeln (Burrmann & Stucke, 2009), sollten sich entsprechende Leistungsunterschiede auch in den Testleistungen zeigen. Daher wurde zunächst überprüft, ob die Messinstrumente die erwarteten altersabhängigen Leistungsunterschiede abbilden können. Zur Berechnung der Leistungsunterschiede wurde eine multivariate Varianzanalyse (MANOVA) mit dem Faktor Alter (4-5-6) durchgeführt. Die feinmotorischen Fertigkeiten und die kognitiven Fähigkeiten wurden als abhängige Variablen aufgenommen. Der Omnibustest zeigte den erwarteten alterskorrelierten Anstieg in den Mittelwerten (Wilks $\lambda = .33$, F (10,122) = 9.21, $p < .001$, $\eta^2 = .43$). Tabelle 5.7 enthält neben den Mittelwerten und Standardabweichungen für die feinmotorischen und kognitiven Konstrukte in den drei Altersgruppen auch die Ergebnisse des Tests auf Gruppenunterschiede in den Konstrukten.

Tabelle 5.7
Altersgruppenunterschiede und Ergebnisse der multivariaten Varianzanalyse

	4-Jährige		5-Jährige		6-Jährige		F (2,75)	p	η2	Dunnett's Post hoc
	M	SD	M	SD	M	SD				
F-H-G	-.78	.71	.06	.55	.69	.77	24.85	<.001	.43	4 < 5 < 6
A-H-K	-.32	.93	-.00	.69	.32	.64	3.77	<.05	.10	4 = 5 < 6
T-A-P	-.46	.64	-.12	.62	.61	.92	12.05	<.001	.27	4 = 5 < 6
REA	-.54	.73	.02	.72	.52	.60	12.45	<.001	.28	4 < 5 < 6
AW	-1.0	.83	.28	.56	.67	.35	44.99	<.001	.58	4 < 5 < 6

M = Mittelwert; SD = Standardabweichung; 4 < 5 < 6 = 6-jährige Kinder zeigen größere Leistungen als 5-jährige. Die Leistungen der 5-jährigen sind wiederum größer als die Leistungen 4-jährigen Kinder.

Tabelle 5.7 ist zu entnehmen, dass sich das Ergebnis des Omnibustest auch im Einzelvergleich weitgehend bestätigte. Insgesamt eignet sich das entwickelte Feinmotorikinstrument offenbar gut, um die zu erwartenden Entwicklungsveränderungen abzubilden.

5.4.2 Existenz von Beziehungen und Beziehungsstruktur

In diesem Kapitel werden die Ergebnisse aus den Untersuchungen zur ersten Forschungsfrage dargestellt. Nachdem in der ersten Studie Beziehungen zwischen den feinmotorischen und den kognitiven Konstrukten bei vierjährigen Kindern betrachtet wurden, sollten die Beziehungen nun auch in den Gruppen der fünf- und sechsjährigen Kinder untersucht werden.

Frage I: „Welche Beziehungen existieren zwischen den drei feinmotorischen Fertigkeiten Handgeschick, Auge-Hand-Koordination, Tapping und den zwei kognitiven Konstrukten Reasoning und Wissen bei Kindern im Vorschulalter?"

Zunächst wurden Korrelationen berechnet. Da auch der Vergleich von Beziehungen zwischen verschiedenen Konstruktkombinationen interessierte, war es wichtig, Unterschiede in der Messgenauigkeit der jeweils beteiligten Messinstrumente zu berücksichtigen. Daher wurden die Korrelationskoeffizienten, unter Zugrundelegung der Reliabilität von Prädiktor und Kriterium, doppelt minderungskorrigiert. Vor der Minderungskorrektur wurden die Korrelationskoeffizienten allerdings zunächst alterskorrigiert, da sich die Altersvarianzen innerhalb der Altersgruppen unterschieden (siehe Stichprobenbeschreibung). Bei den im Folgenden berichteten Korrelationskoeffizienten handelt es sich somit um partielle minderungskorrigierte Korrelationskoeffizienten. Die Voraussetzungen für parametrische Korrelationsanalysen waren in jeder Teilstichprobe erfüllt.

Feinmotorische Konstrukte (Hypothesen 1 bis 3): Überprüft werden sollte, ob die drei feinmotorischen Fertigkeiten gemäß ihres Nutzens für die Bewältigung alltäglicher Objekt- und Umweltinteraktionen mit Reasoning und Wissen korrelieren. Die Handgeschicklichkeit (direkter Nutzen) sollte eng korrelieren (H 1). Die Auge-Hand-Koordination (indirekter Nutzen) sollte moderat korrelieren (H 2) und die Tappingfertigkeit (kein Nutzen) sollte nur gering korrelieren (H 3). Abbildung 5.2 zeigt die Beziehungen zwischen allen sechs möglichen Konstruktkombinationen in den drei Altersgruppen der 4-, 5- und 6-jährigen Kinder.

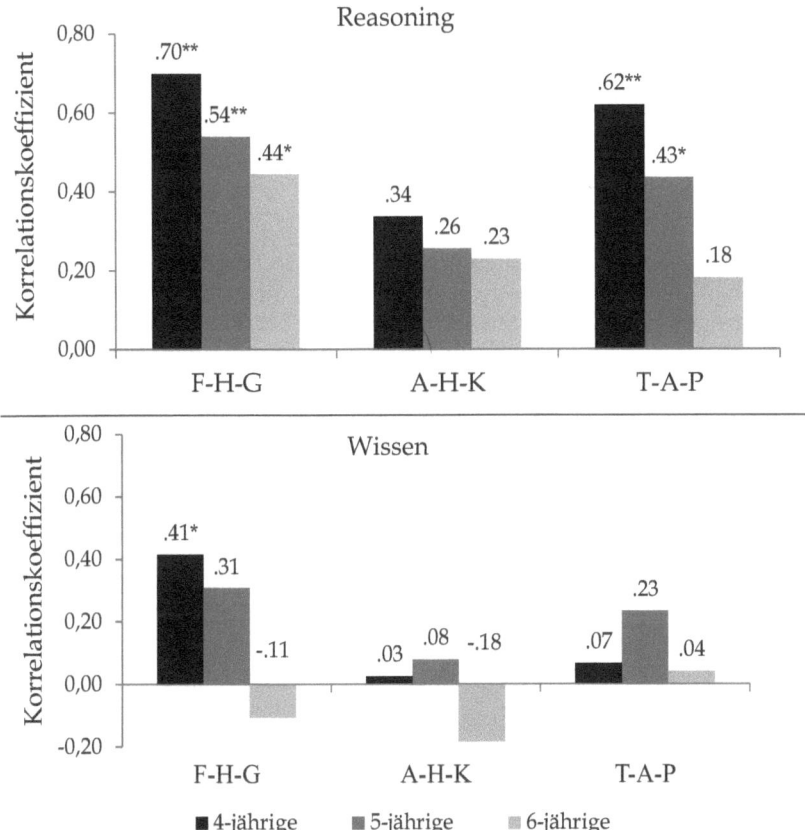

Abbildung 5.2: Minderungskorrigierte Partialkorrelationen zwischen den drei feinmotorischen Fertigkeiten einerseits und Reasoning sowie Wissen andererseits bei vierjährigen (N = 21), fünfjährigen (N = 26) und sechsjährigen (N = 22) Kindern.

F-H-G = Finger-Hand-Geschick; A-H-K = Auge-Hand-Koordination; T-A-P = Tapping; *p (einseitig) = .05, **p (einseitig) = .01.

H 1a, *Die Handgeschicklichkeit korreliert eng mit Reasoning:* Aus Abbildung 5.2 wird deutlich, dass die erwarteten engen Korrelationen zwischen Handgeschick und Reasoning bei den vier und fünfjährigen Kindern existieren und bei den sechsjährigen immerhin eine moderate

Korrelation vorliegt. Die in H 1a angenommene Beziehung existiert also nur im frühen Vorschulalter.

H 1b, *Die Handgeschicklichkeit korreliert eng mit Wissen:* Da sich bei den vier- und fünfjährigen Kindern nur moderate Beziehungen zwischen Handgeschick und Wissen zeigten und die Beziehung bei sechsjährigen zu vernachlässigen war, kann Hypothese H 1b nicht beibehalten werden.

H 2a, *Die Auge-Hand-Koordination korreliert moderat mit Reasoning:* Die Daten sprechen gegen die Hypothese H 2a. So fielen die Beziehungen zwischen der Auge-Hand-Koordination und Reasoning zwar bei den vierjährigen Kindern moderat aus, nicht aber bei den älteren Kindern.

H 2b, *Die Auge-Hand-Koordination korreliert moderat mit Wissen:* Da zwischen der Auge-Hand-Koordination und Wissen in keiner der drei untersuchten Altersgruppen moderate Beziehungen existierten, muss die Hypothese H 2b verworfen werden.

H 3a, *Tapping korreliert gering mit Reasoning:* Hinsichtlich der Beziehung zwischen Tapping und Reasoning unterscheiden sich die Ergebnisse je nach betrachteter Altersgruppe zum Teil stark. Da die Konstrukte bei den jüngeren Kindern wider Erwarten moderat (fünfjährige) und hoch (vierjährige) korrelierten und die Beziehung nur bei den sechsjährigen Kindern geringer ausfiel, muss Hypothese H 3a in der allgemeinen Form verworfen werden.

H 3b, *Tapping korreliert gering mit Wissen:* Da Tapping mit Wissen in den drei Altersgruppen gering, beziehungsweise überhaupt nicht korrelierte, erhält die dritte Hypothese Unterstützung.

Obwohl die Hypothesen H 1 bis H 3 in ihrer ursprünglichen Form nicht bestätigt werden können, deutet sich die implizierte Beziehungsstruktur teilweise an. Im nächsten Auswertungsschritt sollte daher genauer analysiert werden, inwiefern sich möglicherweise Teilstrukturen bestätigen. Konkret sollte überprüft werden, ob Handgeschick mit großem Nutzen für Objekt- und Umweltinteraktionen enger mit Reasoning und Wissen korreliert als die Auge-Hand-Koordination oder Tapping (moderater und geringer Nutzen für Objekt und Umweltinteraktionen). Während sich dies zum Teil graphisch bereits andeutete, stand die statistische Absicherung noch aus. Wie bereits in Studie I wurden die unkorrigierten Korrelationskoeffizienten verglichen und zur Berechnung des Vergleichs diente wieder die Williams T2 Statistik (Tabelle 5.8).

Tabelle 5.8

Beziehungsunterschiede in Abhängigkeit von den feinmotorischen Fertigkeiten Handgeschick (F-H-G), Auge-Hand-Koordination (A-H-K) und Tapping (T-A-P)

		4-jährige	5-jährige	6-jährige
Reasoning	F-H-G vs. A-H-K	.55** vs. .25	.37* vs. .19	.36* vs. .17
	t	1.84	.62	.88
	F-H-G vs. T-A-P	.55** vs. .45**	.37* vs. .29	.36* vs. .14
	t	.55	.38	.98
	A-H-K vs. T-A-P	.25 vs. .45**	.19 vs. .29	.17 vs. .14
	t	-.81	-.40	.16
Wissen	F-H-G vs. A-H-K	.34 vs. .02	.22 vs. .06	-.09 vs. -.14
	t	1.74	.52	.35
	F-H-G vs. T-A-P	.34 vs. .05	.22 vs. .16	-.09 vs. .03
	t	1.63	.27	-.59
	A-H-K vs. T-A-P	.02 vs. .05	.06 vs. .16	-.14 vs. .03
	t	-.07	-.39	-1.27

t = Williams's T2 Statistik, t-Werte ≥ 1.69 zeigen auf dem 5% Niveau signifikant unterschiedliche Koeffizienten an (einseitiger Hypothesentest); *$p < .05$, **$p < .01$.

Der Beziehungsvergleich verdeutlicht, dass die Handgeschicklichkeit in der Gruppe der vierjährigen Kinder signifikant enger mit Reasoning und Wissen korreliert als die Auge-Hand-Koordination, nicht aber in der Gruppe der älteren Kinder. Die in den Hypothesen H 2 und H 3 implizierte Annahme, dass die Auge-Hand-Koordination enger mit den beiden kognitiven Konstrukten korreliert als die Tappingfertigkeit bestätigte sich weder graphisch noch statistisch. Es deutete sich stattdessen sogar an, dass die Tappingfertigkeit in der Gruppe der vierjährigen und fünfjährigen enger mit Reasoning korreliert als die Auge-Hand-Koordination.

Kognitive Konstrukte: Bislang lag der Fokus auf der Frage, welche Rolle die jeweilige feinmotorische Fertigkeitsdimension, für die Höhe der

Beziehungen, spielen. In einem weiteren Auswertungsschritt wurde der Frage nachgegangen, welche Rolle Reasoning und Wissen spielen. Abbildung 5.2 legt zunächst engere Beziehungen für das Reasoningkonstrukt als für das Wissenskonstrukt nahe. Da keine Hypothesen dazu formuliert wurden, wie sich die Beziehungen gegebenenfalls in Abhängigkeit der kognitiven Konstrukte unterscheiden, wurde zweiseitig getestet (Tabelle 5.9).

Tabelle 5.9

Beziehungsunterschiede in Abhängigkeit von den kognitiven Konstrukten Reasoning (REA) und Wissen (AW)

		4-jährige	5-jährige	6-jährige
Handgeschick	REA vs. AW	.55** vs. .34	.37* vs. .22	.36* vs. -.09
	t	.92	.60	1.66
Auge-Hand-Koordination	REA vs. AW	.25 vs. .02	.18 vs. .06	.17 vs. -.14
	t	.87	-.45	1.08
Tapping	REA vs. AW	.45* vs. .05	.29 vs. .16	.14 vs. .03
	t	1.64	.51	.37

t = Williams's T2 Statistik, t-Werte ≥ 1.96 zeigen auf dem 5% Niveau signifikant unterschiedliche Koeffizienten an (zweiseitiger Hypothesentest), *p < .05, **p < .01.

Tabelle 5.9 kann entnommen werden, dass sich die Beziehungsunterschiede, die sich graphisch angedeutet hatten, im Signifikanztest nicht bestätigten. Dennoch deutet sich bei Berücksichtigung der Effektstärken (absolute Beziehungsunterschiede) an, dass zum Reasoningkonstrukt systematische und teils beträchtlich engere Beziehungen bestehen.

Altersstruktur (Hypothesen 4 bis 6): Im nächsten Auswertungsschritt wurde genauer untersucht, welche Rolle das Alter der Kinder für die Beziehungen zwischen den drei feinmotorischen und den zwei kognitiven Konstrukten spielt. In Kapitel 3.2.2 wurde argumentiert, dass die Bedeutung der Handgeschicklichkeit und der Auge-Hand-Koordination für feinmotorische Objektinteraktionen und damit für kognitive

Entwicklungsveränderungen im Laufe des Vorschulalters abnehmen sollte. Folglich wurde erwartet, dass Beziehungen, an denen die Handgeschicklichkeit und die Auge-Hand-Koordination beteiligt sind, abnehmen (H 4 und H 5), während Beziehungen mit der Tappingfertigkeit unverändert bleiben (H 6).

H 4, *Beziehungen zwischen der Handgeschicklichkeit, Reasoning und Wissen nehmen im Laufe der Vorschulzeit ab:* Bei Betrachtung der Beziehungen zwischen Handgeschick, Reasoning und Wissen in Abbildung 5.2 fällt auf, dass sich bei jüngeren Kindern die erwarteten engeren Beziehungen zeigen als bei älteren. In einem weiteren Auswertungsschritt wurde daher überprüft, ob das Alter der Kinder einen Moderator in Bezug auf die genannten Beziehungen darstellt. Hierzu wurden die Variablen Handgeschick und Alter zentriert und gemeinsam mit ihrem Interaktionsterm als Prädiktoren in eine hierarchische Regression aufgenommen. Reasoning und Wissen stellten das jeweilige Kriterium dar. Für Handgeschick und Reasoning war der Effekt des vermuteten Moderators Alter mit $\beta = -.003$ allerdings nicht signifikant, $t = -.03$, $p = .97$. Für Wissen konnte ein Effekt in der erwarteten Richtung nachgewiesen werden $\beta = -.17$, $t = -2.04$, $p = .045$.

H 5, *Beziehungen zwischen der Auge-Hand-Koordination, Reasoning und Wissen nehmen im Laufe der Vorschulzeit ab:* Auch zwischen der Auge-Hand-Koordination und Reasoning deuten sich in Abbildung 5.2 erwartungsgemäß geringere Beziehungen bei den fünfjährigen Kindern an als bei den vierjährigen. Die geringsten Beziehungen zeigten sich für die sechsjährigen Kinder. Die statistische Überprüfung des Moderatoreffekts der Altersvariablen entsprach dem Vorgehen oben. Statistisch abzusichern war der Effekt jedoch nicht $\beta = .05$, $t = .42$, $p = .68$. Auch für die Beziehung zwischen der Auge-Hand-Koordination und Wissen bestätigte sich die Hypothese nicht $\beta = -.06$, $t = -.71$, $p = .48$.

H 6, *Beziehungen zwischen der Tappingfertigkeit, Reasoning und Wissen bleiben über das Vorschulalter erhalten:* In Abbildung 5.2 deuten sich bei jüngeren Kindern engere Beziehungen zwischen Tapping und Reasoning an als bei älteren. Statistisch war der Effekt allerdings nicht nachzuweisen $\beta = -.05$, $t = -.40$, $p = .69$. Dies galt auch dann, wenn aufgrund der besonderen Hypothesenstruktur (Nullhypothese = Wunschhypothese) ein liberaleres Alphafehlerniveau von $p = .20$ akzeptiert wurde. Die sechste Hypothese wird daher durch die Daten gestützt. Da zwischen Tapping und Wissen keine Beziehung existierte, wurde der Alterseffekt nicht berechnet.

Insgesamt zeigen die Ergebnisse eine Tendenz zu geringeren Beziehungen bei älteren Kindern. Dieses Muster trifft auf alle Beziehungen zu, die zwischen den drei feinmotorischen Fertigkeiten und dem Reasoningkonstrukt bestehen. Besonders ausgeprägt und statistisch nachweisbar ist die Beziehungsabnahme für die Beziehung zwischen Handgeschick und Wissen.

5.4.3 Drittvariablen

In diesem Kapitel werden die Ergebnisse aus den Untersuchungen zur Rolle von Drittvariablen berichtet (Forschungsfrage II). Neben der Altersvarianz sollte auch die fokussierte Aufmerksamkeit, die Verarbeitungsgeschwindigkeit sowie ursprünglich auch der sozioökonomische Status kontrolliert werden. Aufgrund des geringen Rücklaufs der Elternfragebögen lagen für eine Untersuchung von Einflüssen des sozioökonomischen Status jedoch zu wenige Daten vor.

Frage II: „Welche Bedeutung hat das Alter, die Verarbeitungsgeschwindigkeit, die fokussierte Aufmerksamkeit und der soziale Hintergrund für den Zusammenhang zwischen den drei feinmotorischen Fertigkeiten und den zwei kognitiven Fähigkeiten?"

Da sowohl die Handgeschicklichkeit als auch die Auge-Hand-Koordination für Objekt- und Umweltinteraktionen von Nutzen sind (Pehoski, 1995), wurde vermutet, dass beide Fertigkeiten Beziehungen mit Reasoning und Wissen aufweisen, die über Drittvariableneinflüsse hinausgehen. Für die Tappingfertigkeit wurde dies nicht erwartet.

H 7: Die Beziehungen zwischen der Handgeschicklichkeit und Reasoning (H 7a) und Wissen (H 7b) sind auch nach Kontrolle der Faktoren Alter, Verarbeitungsgeschwindigkeit und der fokussierten Aufmerksamkeit nachweisbar.

H 8: Die Beziehungen zwischen der Auge-Hand-Koordination und Reasoning (H 8a) und Wissen (H 8b) sind auch nach Kontrolle der Faktoren Alter, Verarbeitungsgeschwindigkeit und der fokussierten Aufmerksamkeit nachweisbar.

H 9: Die Beziehungen zwischen der Tappingfertigkeit und Reasoning (H 9a) und Wissen (H 9b) sind nach Kontrolle von Alter, Verarbeitungsgeschwindigkeit und Aufmerksamkeit nicht mehr nachweisbar.

Das zentrale Interesse lag auf der Interpretation möglicher Zusammenhänge zwischen den feinmotorischen und den kognitiven Konstrukten nach Kontrolle der Drittvariablen. Da somit vor allem Nulleffekte der Drittvariablen interpretierbar sein sollten, war eine ausreichende Testpower wichtig. Den Berechnungen wurde daher die Gesamtstichprobe (N = 69) zugrunde gelegt. Gleichzeitig wurde in Kauf genommen, dass damit Informationen über mögliche differenzielle Effekte der Drittvariablen innerhalb einzelner Altersgruppen verloren gehen. Tabelle 5.10 enthält die bivariaten Korrelationen zwischen den interessierenden Variablen in der Gesamtstichprobe.

Tabelle 5.10
Interkorrelationen zwischen Handgeschick, Auge-Hand-Koordination, Tapping, Reasoning, Wissen und den Drittvariablen

		1	2	3	4	5	6	7	8
1	Handgeschick	-	.49***	.66***	.61***	.59***	.65***	.70***	.56***
2	Auge-Hand-Koordination		-	.50***	.34**	.28*	.36**	.38**	.39**
3	Tapping			-	.45***	.40**	.49***	.49***	.34*
4	Reasoning				-	.51***	.52***	.62***	.51***
5	Wissen					-	.75***	.63***	.55***
6	Alter						-	.67***	.62***
7	Verarbeitungsgeschwindigkeit							-	.52***
8	Aufmerksamkeit								-

N = 69; *$p < .05$; **$p < .01$, ***$p < .001$ (einseitig)

Tabelle 5.10 enthält moderate bis hohe signifikante Korrelationen zwischen allen acht Variablen. Erwartungsgemäß korrelierten die drei feinmotorischen Fertigkeiten nicht nur mit Reasoning und Wissen, sondern jeweils auch mit den Drittvariablen. Dasselbe galt auch für Reasoning und Wissen. Zudem fällt auf, dass auch die Drittvariablen untereinander hoch korrelierten. Um die gegenseitige Abhängigkeit der Drittvariablen bei der Schätzung der Effekte der einzelnen Variablen zu berücksichtigen, wurden im nächsten Auswertungsschritt multiple Mediatormodelle berechnet. Die in der Arbeit betrachteten

Drittvariablen sind zwar konzeptuell als konfundierende Variablen aufzufassen, Mediatoranalysen gelten jedoch als anerkanntes Verfahren zur Überprüfung der Effekte konfundierender Variablen (Mac Kinnon, Krull, & Lockwood, 2000).

H7 a, *Handgeschick und Reasoning:* Im ersten Schritt wurde das Mediatormodell für die Konstruktkombination zwischen Handgeschick und Reasoning berechnet (Abbildung 5.3).

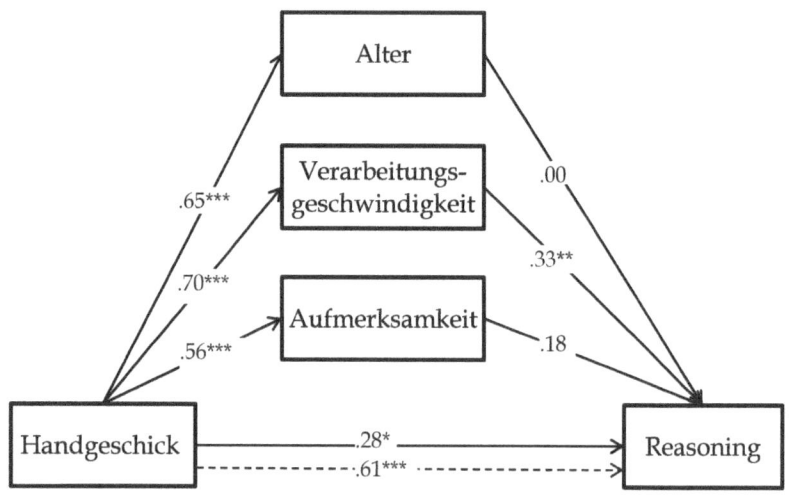

Abbildung 5.3: Mediatormodell für die Beziehung zwischen Handgeschick und Reasoning

----▶ Unbereinigte Beziehung zwischen Handgeschick und Reasoning

Der unbereinigte Regressionspfad von Handgeschick auf Reasoning fiel mit $\beta = .61$ hoch signifikant aus $p < .001$. Aus Abbildung 5.3 wird erkennbar, dass der Pfad zwischen Handgeschick und Reasoning mit $\beta = .28$, $p < .05$ auch bei Kontrolle der Drittvariablen noch signifikant war. Damit bestätigte sich die Hypothese 7a.

Im nächsten Schritt interessierte, ob auch eigenständige Effekte der Drittvariablen auf den Zusammenhang zwischen Handgeschick und Reasoning nachweisbar sind. Die Ergebnisse zeigen, dass im multiplen Mediatormodell nur der Pfad über die Verarbeitungsgeschwindigkeit signifikant war. Für eine Beurteilung der Signifikanz des Effekts der Verarbeitungsgeschwindigkeit reicht dieser Befund jedoch noch nicht aus (MacKinnon et al., 2000). Daher wurde der Effekt zunächst direkt geschätzt, indem das Produkt des Pfadkoeffizienten von Handgeschick auf die Verarbeitungsgeschwindigkeit $\beta = .70$ mit dem Pfadkoeffizient von der Verarbeitungsgeschwindigkeit auf Reasoning $\beta = .33$ berechnet wurde (MacKinnon et al., 2000). Die anschließende Signifikanzprüfung des Effektes über den Sobeltest ergab einen signifikanten Effekt, Ind. = .23, Sobel = 2.27, $SE = .09$, $p = .02$. Insgesamt kann festgehalten werden, dass die Beziehung zwischen Handgeschick und Reasoning zwar zum Teil durch die Verarbeitungsgeschwindigkeit erklärt wird, aber auch darüber hinaus besteht.

H 7b, *Handgeschick und Wissen:* Im nächsten Schritt wurde das Mediatormodell für die Konstruktkombination zwischen Handgeschick und Wissen berechnet (Abbildung 5.4).

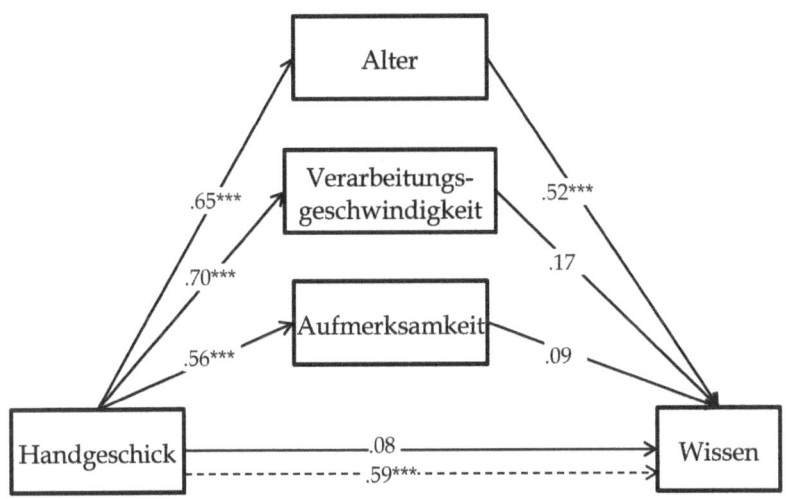

Abbildung 5.4: Mediatormodell für die Beziehung zwischen Handgeschick und Wissen

----▶ Unbereinigte Beziehung zwischen Handgeschick und Wissen

Der unbereinigte Regressionspfad von Handgeschick auf Wissen fiel mit $\beta = .59$ ebenfalls hoch signifikant aus $p < .001$. Der direkte Pfad zwischen Handgeschick und Wissen war mit $\beta = .08$ im multiplen Mediatormodell jedoch insignifikant $p > .05$. Die Hypothese einer stabilen

Beziehung zwischen Handgeschick und Wissen (Hypothese 7b) bestätigte sich damit nicht.

Abbildung 5.4 verdeutlicht darüber hinaus, dass die Beziehung über die Altersvariable erklärt wird, was sich auch statistisch bestätigte Ind. = .34, Sobel = 3.69, SE = .09, p < .001. Dies bedeutet, dass die Beziehung zwischen Handgeschick und Wissen vor allem durch die in der Stichprobe implizierte Altersvarianz erklärbar ist.

H 8a, *Auge-Hand-Koordination und Reasoning:* Im nächsten Auswertungsschritt wurde das Mediatormodell für die Beziehung zwischen Auge-Hand-Koordination und Reasoning berechnet (Abbildung 5.5).

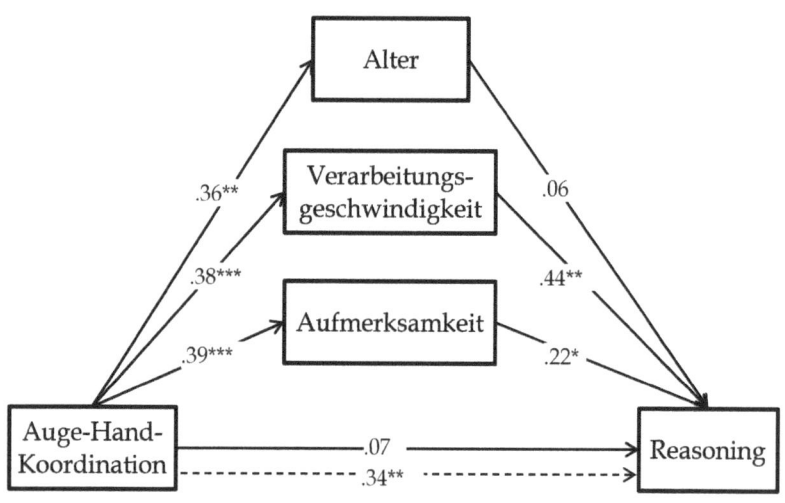

Abbildung 5.5: Mediatormodell für die Beziehung zwischen Auge-Hand-Koordination und Reasoning

----▶ Unbereinigte Beziehung zwischen Auge-Hand-Koordination und Reasoning

Der unbereinigte Regressionspfad von der Auge-Hand-Koordination auf Reasoning fiel mit β = .34 hoch signifikant aus p < .001. Gleichzeitig reduzierte sich die Beziehung zwischen Auge-Hand-Koordination und Reasoning, nach Aufnahme der Drittvariablen ins Modell beträchtlich. Da der entsprechende Pfad mit β = .07 insignifikant ausfiel, konnte die Hypothese 8a nicht bestätigt werden.

Die indirekten Pfade für die Verarbeitungsgeschwindigkeit und die Aufmerksamkeit (Abbildung 5.5), wurden im nächsten Schritt genauer betrachtet. Die Analyse ergab, dass der über das Produkt der jeweiligen Pfadkoeffizienten ermittelte indirekte Effekt der Aufmerksamkeit mit Ind. = .08 nicht signifikant ausfiel Sobel = 1.57, SE = .05, p = .12. Der Effekt der Verarbeitungsgeschwindigkeit lag bei Ind. =.17 und war signifikant Sobel = 2.36, SE = .07, p = .02. Die Ergebnisse legen damit nahe, dass die Beziehung zwischen Auge-Hand-Koordination und Reasoning vor allem durch die Verarbeitungsgeschwindigkeit erklärbar ist.

H 8b, *Auge-Hand-Koordination und Wissen:* Im nächsten Auswertungsschritt wurde das Mediatormodell für die Beziehung zwischen Auge-Hand-Koordination und Wissen berechnet (Abbildung 5.6).

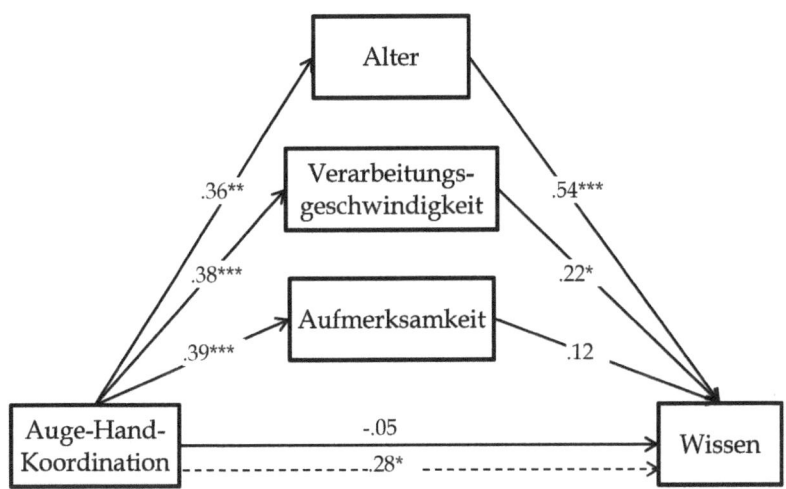

Abbildung 5.6: Mediatormodell für die Beziehung zwischen Auge-Hand-Koordination und Wissen

----▶ Unbereinigte Beziehung zwischen Auge-Hand-Koordination und Wissen

Der unbereinigte Regressionspfad von der Auge-Hand-Koordination auf Wissen fiel mit β = .28 signifikant aus p < .05. Nach Aufnahme der Drittvariablen ins Modell existierte die Beziehung allerdings nicht mehr β = -.05, p > .05. Die ursprüngliche Hypothese (H 8b) kann somit nicht aufrechterhalten werden.

Aus Abbildung 5.6 wird zudem deutlich, dass indirekte Pfade sowohl über die Verarbeitungsgeschwindigkeit als auch über die Altersvariable führen. Der direkte Test des Effekts der Verarbeitungsgeschwindigkeit wurde mit Ind. = .08 jedoch nicht signifikant Sobel = 1.73, SE = .06, p = .08. Der Effekt der Altersvariablen fiel mit Ind. =.19 hingegen signifikant aus Sobel = 2.60, SE = .09, p = .009. Somit ist festzuhalten, dass die Beziehung zwischen Auge-Hand-Koordination und Wissen vor allem durch die Altersvarianz in der Stichprobe erklärbar ist.

H 9a, *Tapping und Reasoning:* Im nächsten Auswertungsschritt wurde das Mediatormodell für die Beziehung zwischen Tapping und Reasoning berechnet (Abbildung 5.7).

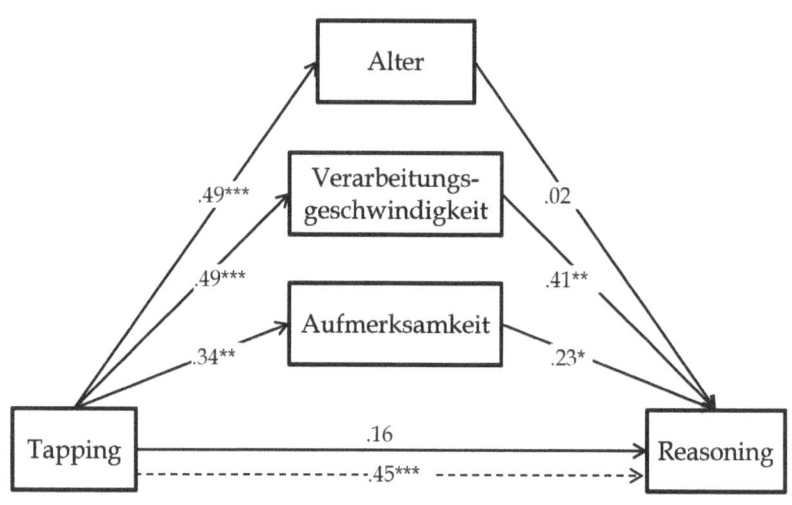

Abbildung 5.7: Mediatormodell für die Beziehung zwischen Tapping und Reasoning

----▶ Unbereinigte Beziehung zwischen Tapping und Reasoning

Der unbereinigte Regressionspfad von der Tappingfertigkeit auf Reasoning fiel mit β = .45, p < .01 sehr signifikant aus. Nach Aufnahme der Drittvariablen ins Modell reduzierte sich auch diese Beziehung jedoch erkennbar und war mit β = .16 statistisch nicht mehr nachweisbar. Der Befund entsprach damit der Hypothese, dass zwischen Tapping und Reasoning keine direkte Beziehung existiert (H 9a).

Die statistische Überprüfung der Pfade über die Aufmerksamkeit und die Verarbeitungsgeschwindigkeit (Abbildung 5.7) ergab nur für die Verarbeitungsgeschwindigkeit einen signifikanten Effekt Ind. = .20, Sobel = 2.57, SE = .07, p = .01. Der Effekt der Aufmerksamkeit war nicht nachweisbar Ind. = .08, Sobel = 1.74, SE = .05, p = .08. Folglich ist für die Beziehung zwischen Tapping und Reasoning vor allem die Verarbeitungsgeschwindigkeit verantwortlich.

H 9b, *Tapping und Wissen:* Im nächsten Schritt wurde das Mediatormodell für Tapping und Wissen berechnet (Abbildung 5.8).

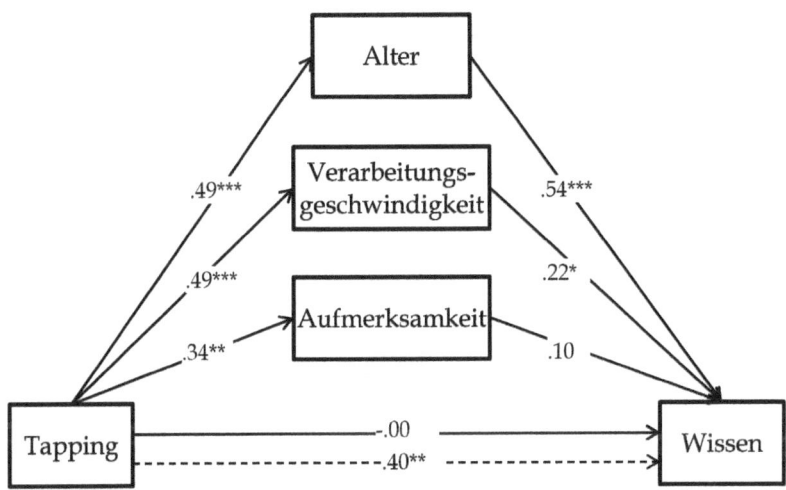

Abbildung 5.8: Mediatormodell für die Beziehung zwischen Tapping und Wissen

---- ► Unbereinigte Beziehung zwischen Tapping und Wissen

Der unbereinigte Regressionspfad von der Tappingfertigkeit auf Wissen fiel mit β = .40, p < .01 hoch signifikant aus. Nach Aufnahme der Drittvariablen ins Modell reduzierte sich die Beziehung allerdings zu Null β = -.00. Dies entsprach der Hypothese, dass zwischen Tapping und Wissen keine direkte Beziehung existiert (H 9b).

Die Überprüfung der Pfade über die Verarbeitungsgeschwindigkeit und das Alter (Abbildung 5.8) ergab keinen Effekt für die Verarbeitungsgeschwindigkeit Ind = .11, Sobel = 1.76, SE = .07, p = .08. Die

Schätzung des Alterseffekts lieferte ein signifikantes Ergebnis, Ind. = .26, Sobel = 3.23, SE = .09, p = .001. Die Beziehung zwischen Tapping und Wissen wird daher vor allem durch die Altersvarianz in der Stichprobe vermittelt.

Die Analysen zur Rolle der Drittvariablen hinsichtlich der betrachteten Beziehungen lassen sich zu drei Hauptergebnissen zusammenfassen. Erstens blieb bei Kontrolle der Drittvariablen (nur) die Beziehung zwischen Handgeschick und Reasoning erhalten. Grundsätzlich ist dies mit der Annahme einer Bedeutung der Handgeschicklichkeit für kognitive Entwicklungsveränderungen vereinbar. Beziehungen zwischen den übrigen Konstrukten waren vollständig durch die Drittvariablen erklärbar. Zweitens waren allein für die Altersvarianz und die Verarbeitungsgeschwindigkeit eigenständige Effekte auf die betrachteten Beziehungen nachweisbar. Die Aufmerksamkeit spielte eine geringere Rolle. Drittens erklärten die Altersvariable und die Verarbeitungsgeschwindigkeit jeweils andere Beziehungen. Während die Verarbeitungsgeschwindigkeit Beziehungen zwischen den feinmotorischen Fertigkeiten und der Reasoningfähigkeit erklärte, erklärte die Altersvariable Beziehungen zwischen den feinmotorischen Fertigkeiten und dem Wissenskonstrukt.

5.5 Zusammenfassung und Diskussion

Ein erstes Ziel der zweiten Studie bezog sich auf die Untersuchung der Frage, welche Beziehungen zwischen den drei feinmotorischen und den zwei kognitiven Konstrukten in verschiedenen Altersgruppen existieren (Forschungsfrage II). Bisherige Studien lieferten zu dieser Frage bislang keine verlässlichen Erkenntnisse, da entweder nur einzelne Konstruktkombinationen (z.B. Pieck et al., 2003) oder einzelne Altersgruppen (z.B. Dickes, 1978) betrachtet wurden. Da in der vorliegenden Studie Beziehungen zwischen verschiedenen feinmotorischen und verschiedenen kognitiven Konstrukten in mehr als einer Altersgruppe betrachtet wurden, konnten erstmals auch Beziehungsunterschiede zwischen verschiedenen Konstrukten und Altersgruppen interpretiert werden. Zu den zentralen Befunden zählt daher erstens, dass nur Beziehungen zwischen der Handgeschicklichkeit und Reasoning und Wissen sowie zwischen Tapping und Reasoning bei vier und fünfjährigen Kindern gefunden wurden und zweitens, dass die Beziehungen bei älteren Kindern tendenziell geringer ausfielen. Prinzipiell zeigt die Studie hiermit zunächst, dass die Existenz und Höhe von

Beziehungen zwischen dem feinmotorischen und dem kognitiven Fähigkeitsbereich von den betrachteten Konstrukten sowie von der Altersgruppe abhängt. Darüberhinaus haben die Befunde auch konkrete inhaltliche Implikationen.

Die Beziehung zwischen Handgeschick und den kognitiven Fähigkeiten (H 1) ist mit der angenommenen Bedeutung der Handgeschicklichkeit für die kognitive Entwicklung prinzipiell vereinbar. So wurde oben argumentiert, dass die Handgeschicklichkeit eine wichtige Rolle für erfolgreiche Objekt- und Umweltinteraktionen spielt (Pehoski, 1995), die ihrerseits von Bedeutung für basale kognitive Entwicklungsschritte sind (z.B. Smith, 2005). Aus dieser Perspektive lässt sich auch der Befund geringerer Beziehungen zwischen Handgeschick und den kognitiven Fähigkeiten bei älteren Kindern interpretieren (H4). So sollte der Erfolg hinsichtlich der meisten alltäglichen feinmotorischen Objekt- und Umweltinteraktionen, bei fünf- und sechsjährigen Vorschulkindern, nur noch unwesentlich vom Handgeschicklichkeitsniveau abhängen, da Kinder in diesem Alter bereits über eine gut entwickelte Handgeschicklichkeit verfügen (Henderson & Pehoski, 1995).

Das Ergebnis einer tendenziell engeren Beziehung zwischen Handgeschick und Reasoning im Vergleich zu der entsprechenden Beziehung mit Wissen deutet möglicherweise darauf hin, dass die Handgeschicklichkeit nur Entwicklungsveränderungen in kognitiven Teilbereichen unterstützt. Eine differenziertere Analyse zeigt sogar, dass die Handgeschicklichkeit innerhalb des Reasoningkonstruktes enger mit dem Matrizentest ($r = .39$) als mit dem Untertest Klassenbilden ($r = .27$) korrelierte. Da der Matrizentest im Unterschied zum Klassenbildentest auch figurale Items enthält, über welche auch visuell-räumliche Konstruktfacetten operationalisiert werden, unterstützt die Handgeschicklichkeit möglicherweise speziell den Erwerb visuell-räumlicher Fähigkeiten. Aus der Perspektive des Ansatzes der verkörperten Kognition (Barsalou, 2008; Smith, 2005) wäre dies durchaus plausibel. Visuell-räumliche Fähigkeiten wären demnach als Folge der feinmotorischen Objektinteraktionen zu verstehen, die auf die Erkundung visueller und räumlicher Objektmerkmale gerichtet sind (z.B. Rotieren, Positionieren und Anordnen von Bauklötzen). Letztere werden direkt durch die Handgeschicklichkeit unterstützt (Chien et al., 2009).

Die tendenziell engere Beziehung zwischen Handgeschick und Reasoning im Vergleich zur Beziehung zwischen Handgeschick und Wissen lässt sich jedoch auch auf einen weiteren Grund zurückführen, der auch die engere Beziehung bei jüngeren Kindern erklären würde. So korrelier Reasoning eventuell deshalb enger mit dem feinmotorischen Fertigkeitsbereich, da das Konstrukt, anders als das untersuchte Wissenskonstrukt, eine besondere Nähe zu allgemeinen kognitiven Steuerungsressourcen aufweist[8]. Letztere spielen in den Theorien zum Fertigkeitserwerb (Ackerman, 1988) gerade zu Beginn des motorischen Fertigkeitserwerbs eine wichtige Rolle – also zu Beginn der Kindheit (Ahnert et al., 2003). Auch der Befund einer etwas engeren Beziehung zwischen Handgeschick und Reasoning als zwischen der Auge-Hand-Koordination und Tapping und Reasoning ließe sich aus dieser Perspektive erklären, da Ackerman speziell Beziehungen zu komplexen motorischen Fertigkeiten postuliert. Zwar handelt es sich bei der Handgeschicklichkeit nicht um eine komplexe Fertigkeit im engeren Sinne, dennoch erfordern Handgeschicklichkeitsaufgaben die gleichzeitige und meist unabhängige Koordination mehrerer Finger einer Hand (Henderson & Pehoski, 1995). Die Fertigkeitsstruktur der in der vorliegenden Arbeit erfassten Auge-Hand-Koordination und auch der Tappingfertigkeit stellt sich im Vergleich dazu etwas einfacher dar, da eher stereotype Bewegungen ausgeführt werden. Der bereits erwähnte Befund geringerer Beziehungen bei den älteren Kindern wäre schließlich darauf zurückzuführen, dass ältere Vorschulkinder bereits über eine weitgehend automatisierte Handgeschicklichkeit (Henderson & Pehoski, 1995) verfügen. Zusätzliche Leistungssteigerungen im Bereich der Handgeschicklichkeit sollten ab diesem Alter daher nur noch unwesentlich von kognitiven Steuerungsressourcen abhängen.

Wie dargestellt sind die berichteten Befunde sowohl mit der Perspektive eines Einfluss der Handgeschicklichkeit auf die Reasoningfähigkeit vereinbar als auch mit der Perspektive eines umgekehrten Einflusses. Eine abschließende Interpretation der Befunde ist an dieser Stelle nicht möglich, da der Studie nur ein Querschnittsdesign zugrunde lag.

Neben den oben dargestellten, zum Teil erwarteten Befunden fanden sich auch überraschende Befunde. Hierzu gehört, dass die Tappingfertigkeit enger mit Reasoning korrelierte als die Auge-Hand-Koordination. Da der Tappingfertigkeit kein Nutzen für feinmotorische Objekt- und Umweltinteraktionen zugeschrieben wurde, sollte sie eigentlich geringere Korrelationen mit dem kognitiven Fähigkeitsbereich aufweisen als die Auge-Hand-Koordination. Denkbar ist jedoch, dass der Beziehung zwischen Tapping und Reasoning ein anderer Beziehungsmechanismus zugrunde liegt. Möglich ist beispielsweise, dass

---

[8] Reasoning teilt, nach Hinweisen von Kane, Hambrick, und Conway (2005), durchschnittlich 50% Varianz mit dem Konstrukt Verarbeitungskapazität, welches am ehesten mit den genannten allgemeinen Steuerungsressourcen vergleichbar ist.

die Verarbeitungsgeschwindigkeit eine vermittelnde Rolle spielt, da sowohl Tapping als auch Reasoningleistungen eine Geschwindigkeitskomponente aufweisen (Garvey et al., 2003; Kail, 2007). Der Befund einer Verminderung der Beziehung zwischen Tapping und Reasoning nach Auspartialisierung der Verarbeitungsgeschwindigkeit kann als ein erster Hinweis hierauf interpretiert werden. Wird die Verarbeitungsgeschwindigkeit als Proxyvariable für einen Reifungsfaktor interpretiert, käme in der Beziehung zwischen Tapping und Reasoning ein Reifungseinfluss zum Ausdruck.

Drittvariableneffekte: Das zweite Ziel der Studie bezog sich auf die Kontrolle und Untersuchung von Drittvariableneinflüssen. Konkret interessierte, ob Beziehungen existieren, die über den Einfluss der Altersvarianz (Eggert & Schuck, 1978), der Verarbeitungsgeschwindigkeit (Roebers & Kauer, 2009) sowie der fokussierten Aufmerksamkeit (Wassenberg et al., 2005) hinausgehen. Da nur der Handgeschicklichkeit und der Auge-Hand-Koordination eine Bedeutung für kognitive Entwicklungsveränderungen zugeschrieben wurden, sollten diese Fertigkeiten Beziehungen mit Reasoning und Wissen aufweisen.

Der Befund, dass nach Kontrolle der Drittvariablen und speziell der Verarbeitungsgeschwindigkeit nur die Beziehung zwischen Handgeschick und Reasoning nachweisbar war, stellt vor diesem Hintergrund das wesentliche Ergebnis dar. Zur Erklärung der Beziehung zwischen Handgeschick und Reasoning sind daher vermutlich weitere Gründe in Betracht zu ziehen. Die postulierte Bedeutung der Handgeschicklichkeit für die kognitive Fähigkeitsentwicklung stellt einen dieser Gründe dar. Aber auch eine Bedeutung der Reasoningfähigkeit für den Handgeschicklichkeitserwerb wäre denkbar (s.o.).

Neben der Teilfrage, ob Beziehungen existieren, die nach Kontrolle der Drittvariablen erhalten bleiben, interessierten auch die speziellen Effekte der Drittvariablen auf die Beziehungen zwischen den feinmotorischen und kognitiven Konstrukten. Die Ergebnisse der multiplen Mediatoranalyse machen diesbezüglich deutlich, dass die Altersvariable und die Verarbeitungsgeschwindigkeit eine zum Teil erhebliche Rolle hinsichtlich der betrachteten Beziehungen zwischen den feinmotorischen und kognitiven Konstrukten spielen. Der Effekt der Aufmerksamkeit fiel überraschend gering aus. Hinweise auf die inhaltliche Bedeutung der Effekte der Altersvariable und der Verarbeitungsgeschwindigkeit liefern zwei weitere Befunde der Studie. Erstens reduzierten sich Beziehungen zwischen den feinmotorischen Fertigkeiten und Reasoning nach Kontrolle der Verarbeitungsgeschwindigkeit stärker als Beziehungen zwischen den feinmotorischen Fertigkeiten und dem Wissenskonstrukt. Wird die Verarbeitungsgeschwindigkeit als Indikator für Reifungseinflüsse aufgefasst (Kail, 2007), lassen sich die Beziehungen zwischen den feinmotorischen Fertigkeiten und Reasoning zum Teil auf Reifungseinflüsse zurückführen. Der zweite Befund bezieht sich darauf, dass sich die Beziehungen zwischen den feinmotorischen Fertigkeiten und Wissen nach Kontrolle der Altersvariablen deutlicher reduzierten als die entsprechenden Beziehungen mit Reasoning. Da die Altersvariable im Kindesalter neben Reifungseinflüssen vor allem multiple Sozialisationseinflüsse indiziert (Oerter, 2008) lassen sich die Beziehungen zwischen den feinmotorischen Fertigkeiten und Wissen vermutlich auch auf Sozialisationseinflüsse zurückführen.

Die Erkenntnisse der vorliegenden Studie zur Rolle von Drittvariablen gehen in zweifacher Hinsicht über bisherige Befunde hinaus. Erstens wurde die Rolle der Altersvariable sowie der Verarbeitungsgeschwindigkeit und der Aufmerksamkeit erstmals hinsichtlich verschiedener Konstruktkombinationen betrachtet. Zweitens wurde die Verarbeitungsgeschwindigkeit in bisherigen Studien nur mit Messinstrumenten erhoben, die eine starke feinmotorische Konfundierung aufwiesen (Davis et al., 2011; Roebers & Kauer, 2009). In der vorliegenden Studie wies der eingesetzte Symboletest deutlich reduzierte feinmotorische Anforderungen auf (einfache Strichmarkierungen).

Grenzen der Studie: Die wichtigsten Einschränkungen der zweiten Studie beziehen sich auf die Umfänge der Teilstichproben, den Rücklauf der Elternfragebögen und das querschnittliche Erhebungsdesign. Mit jeweils nur 26 Kindern in den drei Teilstichproben, hatten die statistischen Tests nur eine geringe Power. Einige der Beziehungen, auf die sich die zweite Forschungsfrage und die Hypothesen bezogen, hatten daher bereits aus technischer Sicht nur eine geringe Chance entdeckt zu werden. Eine weitere Einschränkung bezieht sich auf zwei Probleme, die mit der Untersuchung der zweiten Forschungsfrage verbunden waren. Das erste betrifft die geringe Rücklaufquote der Elternfragebögen, wodurch mögliche Einflüsse der Umweltmerkmale (sozioökonomischer Status, Bildung der Eltern) nicht eingeschätzt werden konnten. Das zweite Problem bezieht sich darauf, dass sich die Analysen zur Bedeutung der Drittvariablen nur auf die Gesamtstichprobe beziehen. Für altersgruppenspezifische Analysen weisen die Teilstichproben keine ausreichenden Stichprobenumfänge auf. Wie und ob sich Effekte der Verarbeitungsgeschwindigkeit und der Aufmerksamkeit gegebenenfalls in einzelnen Altersgruppen unterscheiden, lässt sich daher nicht einschätzen.

Aufgrund des Querschnittsdesigns der Studie, konnte die Frage nach der Art des Wirkungszusammenhangs zwischen den feinmotorischen und den kognitiven Konstrukten (Forschungsfrage II) nur zum Teil untersucht werden. Die vielleicht interessanteste Frage nach der Wirkungsrichtung (Forschungsfrage III) wird daher in der dritten Studie untersucht.

6 Studie III

Aus den ersten beiden Studien liegen bereits Hinweise darauf vor, dass zwischen bestimmten feinmotorischen und kognitiven Konstrukten stabile Beziehungen existieren, die über den Einfluss von Drittvariablen hinausgehen. Auf die Frage nach der Wirkungsrichtung zwischen den drei feinmotorischen Fertigkeiten und den zwei kognitiven Fähigkeiten (Forschungsfrage III) liefern die Studien aufgrund des zugrundeliegenden Querschnittdesigns allerdings noch keine Antworten. Auch aus anderen Längsschnittstudien liegen bislang keine seriösen Hinweise zur Wirkungsrichtung vor. Die Untersuchung der Wirkungsrichtung stellt daher das Hauptziel der dritten Studie dar.

Frage III: „Lässt sich eine bestimmte Wirkungsrichtung zwischen den drei feinmotorischen und den zwei kognitiven Konstrukten nachweisen?"

Die erwarteten Ergebnisse orientierten sich an zwei Prämissen. Die erste Prämisse unterstellt, dass feinmotorische Objekt- und Umweltinteraktionen von grundlegender Bedeutung für kognitive Entwicklungsveränderung sind. Die zweite Prämisse setzt an der Annahme an, dass sich feinmotorische Fertigkeiten darin unterscheiden, wie sehr sie solche Objekt- und Umweltinteraktionen im Alltag unterstützen. Wirkungspfade sollten speziell von der Handgeschicklichkeit und von der Auge-Hand-Koordination auf Reasoning und Wissen führen, da beiden Fertigkeiten Nutzen für alltägliche Objekt- und Umweltinteraktionen zugeschrieben wird (Duff, 2002; Pehoski, 1995). Tapping sollte hingegen keine gerichtete Beziehung mit den kognitiven Fähigkeiten aufweisen, da bislang keine Hinweise darauf vorliegen, dass die Fertigkeit Objekt- und Umweltinteraktionen unterstützt.

Auch die umgekehrte Wirkungsrichtung ist prinzipiell denkbar, da der feinmotorische Fertigkeitserwerb gerade im frühen Kindesalter noch von kognitiven Steuerungsressourcen abhängt. Dagegen spricht allerdings, dass dies primär für komplexe feinmotorische Fertigkeiten gilt (Ackerman, 1988), die im vorliegenden Fall nicht untersucht wurden.

Zusätzlich sollte im Rahmen der dritten Studie auch erneut die Beziehungsstruktur (Forschungsfrage I) und mögliche Drittvariableneffekte (Forschungsfrage II) betrachtet werden. Neben der bereits in Studie I und Studie II untersuchten Rolle des Alters und der Verarbeitungsgeschwindigkeit der Kinder sollte nun auch der potentiell konfundierende Einfluss des sozialen Hintergrunds genauer untersucht werden. Aufgrund des Hinweises aus der zweiten Studie, dass die Fähigkeit zur Aufmerksamkeitsfokussierung offenbar keine Rolle für die Beziehung zwischen den feinmotorischen und den kognitiven Konstrukten spielt, wurde diese in der dritten Studie nicht mehr betrachtet.

6.1 Design

Die Untersuchung der oben beschriebenen Ziele erfolgte mit Hilfe eines Cross-Lagged-Panel Design (CLPD) (Lazarsfeld, 1940), in welchem zu zwei Messzeitpunkten sowohl die drei feinmotorischen als auch die beiden kognitiven Fähigkeiten erhoben wurden (siehe Abbildung 6.1). Dadurch war erstens die Betrachtung von querschnittlichen Zusammenhängen, zwischen den feinmotorischen und den kognitiven Fähigkeiten, möglich. Zweitens war die gleichzeitige Untersuchung beider Wirkungsrichtungen möglich und drittens waren Bedingungen überprüfbar, die für den Nachweis von Kausalität im Längsschnittdesign mindestens vorliegen müssen (Reinders, 2006). Hierbei handelte es sich um die drei folgenden Bedingungen:

1. Die Ursache muss der Wirkung zeitlich vorgelagert sein. Die Messung der unabhängigen Variablen muss vor der Messung der abhängigen Variablen erfolgen.
2. Ursache und Wirkung kovariieren. Ein nicht zufälliger Zusammenhang zwischen unabhängiger und abhängiger Variablen muss nachgewiesen werden.
3. Die Ursache muss die alleinige (oder mindestens hauptsächliche) Erklärung für die Wirkung darstellen. Die Effekte der unabhängigen auf die abhängige Variable müssen signifikant größer als andere Effekte ausfallen.

Die wichtigsten Planungsüberlegungen, die der dritten Studie vorausgingen, bezogen sich auf die Entwicklungsphase, in der kausale Effekte zu erwarten waren, auf die Länge des Untersuchungsintervalls sowie die Anzahl der Messzeitpunkte.

In Kapitel 3.2.2 wurde argumentiert, dass mögliche kausale Effekte der Handgeschicklichkeit auf die kognitive Fähigkeitsentwicklung vor allem in der frühen Kindheit zu erwarten sind. Mit dieser Annahme ist auch der Befund der zweiten Studie vereinbar, der darauf verweist, dass bei jüngeren Kindern eine etwas engere Beziehung zwischen Handgeschick einerseits und Reasoning und Wissen andererseits existiert als bei älteren. Der Längsschnitt sollte daher gerade das frühe Kindesalter mit einbeziehen. Da Vorschulkinder mit fünf Jahren bereits auf ein umfangreiches Handgeschicklichkeitsrepertoire zurückgreifen können, welches für die meisten alltäglichen Objekt- und Umweltinteraktionen ausreicht (Henderson & Pehoski, 1995), wurde die obere Grenze des Untersuchungsintervalls am Ende der Vorschulzeit vermutet. Wenn feinmotorische Objekt- und Umweltinteraktionen eine Rolle für kognitive Entwicklungsveränderungen spielen, sollten Unterschiede im Fertigkeitsniveau ab diesem Zeitpunkt nur noch eine untergeordnete Rolle spielen. Dem entspricht, dass in der zweiten Studie bei sechsjährigen Kindern keine Beziehungen mehr nachweisbar waren. Die erste Erhebung fand daher mit Kindern im Alter von vier Jahren statt, die zweite ein Jahr später. Das letzte Vorschuljahr wurde aus organisatorischen Gründen nicht mehr betrachtet.

Drittvariablen: Da der Nachweis von Kausalität im Vordergrund stand, war vor allem die Kontrolle des aus der zweiten Studie bekannten Effekts der Verarbeitungsgeschwindigkeit wichtig. Auch eventuelle Effekte des sozialen Hintergrunds der Kinder sollten kontrolliert werden, indem zusätzlich der sozioökonomische Status und die elterliche Bildung erfasst wurden. Abbildung 6.1 fasst die beschriebenen Planungsüberlegungen zusammen.

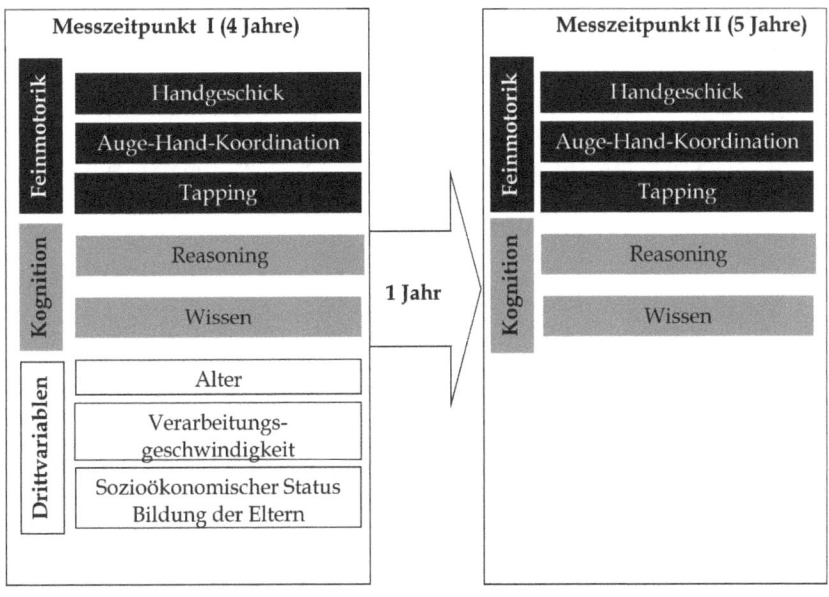

Abbildung 6.1: Untersuchte Konstrukte zum ersten und zum zweiten Messzeitpunkt

6.2 Stichprobe und Datenerhebung

Stichprobe: Die Erhebungen fanden von Juli bis Oktober 2009 und ein Jahr später von Juli bis Oktober 2010 statt. Von insgesamt 12 angeschriebenen Kindergärten nahmen neun Kindergärten an der Studie teil und 80% der angesprochenen Eltern stimmten der Teilnahme ihres Kindes an der Untersuchung zu.

Zum ersten Messzeitpunkt (Juli bis Oktober 2009) bestand die Stichprobe aus 84 vierjährigen Kindern. Sechsundzwanzig dieser Kinder hatten bereits an der zweiten Studie teilgenommen, in der sie die Kohorte der vierjährigen bildeten. Zum zweiten Messzeitpunkt (Juli bis Oktober 2010) wurde die Stichprobe nach einem Jahr mit denselben feinmotorischen und kognitiven Testinstrumenten erneut untersucht. Von den ursprünglich 84 Kindern, die am ersten Messzeitpunkt teilgenommen hatten, konnten zum zweiten Messzeitpunkt 79 noch einmal untersucht werden. Fünf Kinder konnten in Folge eines Wechsels in einen anderen Kindergarten nicht mehr erreicht werden. Da von vier der fünf betroffenen Kindern Angaben zum sozioökonomischen Hintergrund vorlagen, konnte ein Vergleich mit der Reststichprobe vorgenommen werden. Mit einem mittleren sozioökonomischen Status von M = 42.75 fiel der Status der Kinder mit Migrationsstatus geringer aus als der Status der Reststichprobe, M = 50.78, Mann-Whitney-U = .46.5, z = - 3.98, p < .001. Insgesamt waren in der Stichprobe 14 Kinder mit Migrationshintergrund (zwei zugewanderte Elternteile). Tabelle 6.1 enthält die Details zur Stichprobenzusammensetzung zu beiden Messzeitpunkten.

Tabelle 6.1

Soziodemographische Daten zu zwei Messzeitpunkten (MZP I, MZP II)

		MZP I	MZP II
Stichprobenumfang	N	84	79
Alter in Monaten	M	52	64
	SD	2.9	3.3
Geschlecht	Mädchen	40	38
	Jungen	44	41
Wohngebiet	Stadt	39	35
	Land	45	44
Sozioökonomischer Status (HISEI)	M	50.32	50.78
	SD	17.34	17.56
Migrationshintergrund	Ja	14	12
	Nein	70	67

M = Mittelwert, SD = Standardabweichung, HISEI = Höchster Internationaler Sozioökonomischer Index des beruflichen Status

Die Angaben in Tabelle 6.1 verweisen auf eine, hinsichtlich der betrachteten Merkmale, annähernd repräsentative Stichprobenzusammensetzung. Zu beiden Messzeitpunkten nahmen etwas mehr Jungen als Mädchen an der Studie teil und insgesamt kamen etwas weniger Kinder aus städtischen als aus ländlichen Gebieten. Der mittlere sozioökonomische Status lag mit 50.32 etwas über dem bundesdeutschen Durchschnitt von 48.9 (Klieme et al., 2010).

Datenerhebung: Die Untersuchungsbedingungen entsprachen den Bedingungen, die bereits in Studie I und II realisiert wurden. Zur Erhebung der Daten in den Kindergärten wurden allerdings, anders als in der zweiten Studie, keine zusätzlichen Versuchsleiter eingesetzt.

6.3 Messinstrumente

Feinmotorische Fertigkeiten: Die feinmotorischen Fertigkeiten wurden in der dritten Studie mit demselben Messinstrument erfasst, das bereits in der zweiten Studie zum Einsatz kam. In der zweiten Studie konnte die Faktorenstruktur, aufgrund der geringen Stichprobengröße der Teilstichproben, jedoch nicht getrennt für jüngere und ältere Kinder überprüft werden. Da in der vorliegenden Studie Feinmotorikdaten von 79 Kindern zu zwei Messzeitpunkten vorlagen, wurden daher zunächst zwei separate konfirmatorische Faktorenanalysen für vierjährige Kinder und fünfjährige Kinder berechnet. Die Überprüfung erfolgte wie bereits in Studie II mit der Auswertungssoftware AMOS 20. Der Mardiatest zeigte zu keinem Messzeitpunkt signifikante Abweichungen von der multivariaten Normalverteilungsannahme. Die Parameterschätzung erfolgte daher über die Maximum-Likelihood-Methode (Abbildung 6.2).

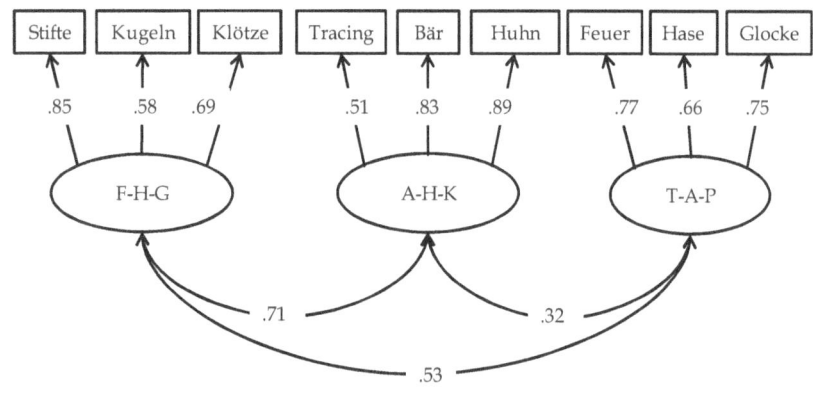

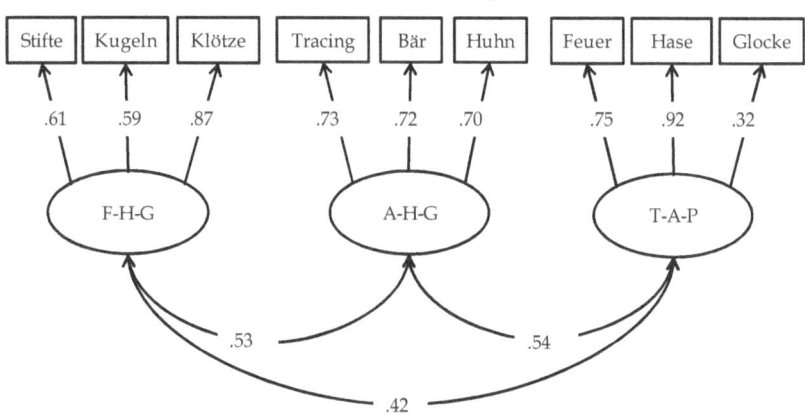

Abbildung 6.2: Lösung der konfirmatorischen Faktorenanalyse für die angenommene dreifaktorielle Struktur feinmotorischer Fertigkeiten mit standardisierten Ladungen zum ersten und zweiten Messzeitpunkt

F-H-G = Handgeschick; A-H-G = Auge-Hand-Koordination; T-A-P = Tapping

Die neun Feinmotorikitems lassen sich zu beiden Messzeitpunkten denselben Dimensionen zuordnen. Die globalen Fitindizes sprechen nur zum ersten Messzeitpunkt für einen guten Fit, $X^2(24) = 30.46$, $p = .17$; *CFI* = .97 >.95; *NNFI* = .95 > .97; *RMSEA* = .06 < .08. Zum zweiten Messzeitpunkt war der Fit hingegen mit $X^2(24) = 34.22$, $p = .081$; $CFI = .94$; $NNFI = .90$; $RMSEA = .08$ gerade nicht mehr akzeptabel. Da die Skalenhomogenitäten jedoch in den meisten Fällen auf ähnliche Kennwerte hindeuteten (Tabelle 6.2) wurde vorläufig davon ausgegangen, dass zu beiden Messzeitpunkten vergleichbare Messungen stattfanden. Die etwas geringere Reliabilität für die Tappingfertigkeit zum zweiten Messzeitpunkt gilt es bei der Interpretation der Beziehungen, an denen die Tappingfertigkeit beteiligt ist, allerdings zu berücksichtigen.

Tabelle 6.2

Cronbach`s Alpha (α) für die drei feinmotorischen Fertigkeiten zu beiden Messzeitpunkten

	4-Jährige	5-Jährige
Handgeschick	α = .76	α = .75
Auge-Hand-Koordination	α = .78	α = .78
Tapping	α = .73	α = .62

Kognitive Fähigkeiten: Zur Erfassung der Reasoningfähigkeit und des Wissens der Kinder wurden die Verfahren verwendet, die bereits in der ersten und zweiten Studie eingesetzt wurden. Tabelle 6.3 verdeutlicht, dass das Konstrukt Wissen zu beiden Messzeitpunkten ähnlich messgenau erfasst werden konnte. Für Reasoning fiel die Messung zum zweiten Messzeitpunkt etwas weniger reliabel aus.

Tabelle 6.3

Cronbach`s Alpha (α) für die zwei kognitiven Fähigkeiten zu beiden Messzeitpunkten

	4-Jährige	5-Jährige
Reasoning	α = .72	α = .64
Wissen	α = .87	α = .81

Verarbeitungsgeschwindigkeit und sozialer Hintergrund: Zur Erfassung der Verarbeitungsgeschwindigkeit wurde der bereits aus der zweiten Studie bekannte Untertest des HAWIVA IV Symbole eingesetzt. Auch der Elternfragebogen entsprach dem der zweiten Studie. Um einen höheren Rücklauf gegenüber der zweiten Studie zu erzielen, wurden alle Fragebögen persönlich an die Eltern übergeben. Von 84 ausgegebenen Elternfragebögen wurden 72 (85.7%) von den Eltern ausgefüllt. Ausgewertet werden konnten 69 Fragebögen für den sozioökonomischen Status und 51 für die Bildung der Eltern.

6.4 Resultate

Datenqualität: Die explorative Datenanalyse ergab Hinweise auf Ausreißer und damit einhergehende Abweichungen von der Normalverteilung einiger Variablen. Betroffen waren die Variablen Auge-Hand-Koordination (beide Messzeitpunkte) und Wissen (Messzeitpunkt II). Bis auf einen Fall, in dem es sich um ein Kind mit Migrationshintergrund handelte, entsprachen die Werte jedoch dem mutmaßlichen Fertigkeitsniveau der Kinder. Die nachfolgenden Analysen bezogen sich somit weitgehend auf den gesamten Datensatz inklusive Ausreißer.

Insgesamt wiesen 14 Kinder Migrationshintergrund auf, der während der Testungen erkennbar mit Verzögerungen der Sprachentwicklung verbunden war. Entsprechend zeigten die 14 Kinder mit Migrationsstatus vor allem in den kognitiven Fähigkeiten bereits zum ersten Messzeitpunkt geringere Testleistungen als die Kinder ohne Migrationsstatus. Dies galt für den Subtest *Matrizen*, Mann-Whitney $U = 228.5$, $p < .01$, für den Subtest *Klassenbilden*, Mann-Whitney $U = 290$, $p < .01$, für den Subtest *Begriffe erkennen*, Mann-Whitney $U = 109$, $p < .01$ und für den Subtest *Allgemeines Wissen*, Mann-Whitney $U = 217.5$, $p < .01$.

Fehlende Werte (Item-Nonresponse): Die Analyse fehlender Werte zum ersten Messzeitpunkt ergab bis zu 4.76 % fehlende Werte (4 von 84 Werten) pro Variable und 11.9% fehlende Werte im gesamten Datensatz. Zum zweiten Messzeitpunkt wurden bis zu 1.26% fehlende Werte pro Variable und 6.33% fehlende Werte im gesamten Datensatz ermittelt. Als Ursache wurden zufällige Fehlmechanismen in zwei Varianten (MCAR und MAR) angenommen. Werte, die aufgrund technischer Probleme fehlten (Ausfall der Stoppuhr) wurden als *Missing Complete at Random* eingeordnet. Werte, die vermutlich aufgrund des Migrationsstatus einiger Kinder fehlten, wurden als *Missing at Random* klassifiziert. Da die Werte wie oben beschrieben entweder vollständig zufällig (MCAR) oder zufällig (MAR) fehlten wurden sie anhand des Expectation-Maximization Algorithmus (Peugh & Enders, 2004) imputiert.

Fehlende Werte (Unit-Nonresponse): Der Dropout von insgesamt fünf Kindern zum zweiten Messzeitpunkt ist als gering zu beurteilen. Da alle fünf Fälle in Folge eines umzugsbedingten Wechsels der Kinder in einen anderen Kindergarten fehlten, wurde von einem zufälligen Drop outmechanismus ausgegangen. Der geringere sozioökonomische Status der Kinder, die zum zweiten Messzeitpunkt nicht mehr erreicht wurden (siehe Tabelle 6.1) deutet auf einen MAR Mechanismus hin. Die Werte wurden im Datensatz bei der Berechnung der interessierenden Parameter mit AMOS im FIML (*Full Information Maximum Likelihood*) Verfahren direkt geschätzt. Die FIML Methode führt bei Vorliegen des MAR oder MCAR Mechanismus zu unverzerrten und effizienten Parameterschätzern (McDonald & Ho, 2002).

6.4.1 Deskriptive Statistiken

Tabelle 6.4 enthält die wichtigsten deskriptiven Statistiken. Zudem werden die Teststatistiken für die Mittelwertunterschiede in den feinmotorischen und kognitiven Aufgaben zu den zwei Messzeitpunkten dargestellt.

Der Vergleich der mittleren feinmotorischen und kognitiven Testleistungen zu den zwei Messzeitpunkten zeigt für alle untersuchten feinmotorischen und kognitiven Merkmale signifikante Mittelwertanstiege. Der Befund nachweisbarer Leistungssteigerungen war im vorliegenden Fall gewünscht, da die dritte Forschungsfrage auf die Erklärung von Entwicklungsveränderungen abzielte.

Tabelle 6.4
Deskriptive Statistiken für die feinmotorischen und kognitiven Aufgaben sowie für die Verarbeitungsgeschwindigkeit, den sozioökonomischen Hintergrund und die Bildung der Eltern zu den zwei Messzeitpunkten

		Messzeitpunkt I (N = 84)				Messzeitpunkt II (N = 79)						Cohens
		Min	Max	M	SD	Min	Max	M	SD	t (78)	p	d
F-H-G	Stifte	4	16	11.27	2.11	8	17	13.38	1.77	-8.82	<.001	.83
	Kugeln	5	20	13.86	3.35	8	20	17.85	2.69	-11.94	<.001	.96
	Klötze	8	22	15.61	2.64	14	28	20.76	3.37	-15.19	<.001	1.24
A-H-K	Tracing	50	172	116.86	27.58	101	165	132.66	15.67	-6.30	<.001	.52
	Bär	22	56	45.65	6.89	37	59	51.05	4.77	-7.31	<.001	.67
	Huhn	23	60	49.70	6.82	36	60	52.38	4.87	-3.85	<.001	.34
T-A-P	Feuer	27	51	37.86	5.06	20	53	42.46	5.77	-8.84	<.001	.66
	Hase	16	48	33.61	6.38	24	55	39.57	6.94	-7.98	<.001	.61
	Glocke	18	38	27.30	4.92	21	53	31.39	5.46	-8.82	<.001	.55

M = Mittelwert, *SD* = Standardabweichung, Min / Max = Minimaler / Maximaler Wert, F-H-G = Handgeschick, A-H-K = Auge-Hand-Koordination, T-A-P = Tapping.

Fortsetzung Tabelle 6.4

		Messzeitpunkt I (N = 84)				Messzeitpunkt II (N = 79)					Cohens
		Min	Max	M	SD	Min	Max	M	SD	t (78)	p	d
Kognition	REA	Matrizen	1	11	5.85	2.16	3	14	7.99	2.35	-8.36	<.001	.70
		Klassenbilden	0	14	7.15	2.86	5	16	10.48	2.60	-9.11	<.001	.90
	AW	Allg. Wissen	7	24	15.85	3.62	11	25	19.30	3.36	-11.23	<.001	.70
		Begriffe erkennen	0	15	6.26	3.78	2	15	10.48	2.99	-13.25	<.001	.88
Kontrolle		Symbole	2	26	13.26	5.61	-	-	-	-	-	-	-
		HISEI	20	85	50.32	17.34	-	-	-	-	-	-	-
		Bildung Eltern	1	10	5.08	2.27	-	-	-	-	-	-	-

M = Mittelwert, SD = Standardabweichung, Min / Max = Minimaler / Maximaler Wert; REA = Reasoning, AW = Wissen, HISEI = Höchster Internationaler Sozioökonomischer Index des beruflichen Status

Zusätzlich zu den Mittelwerten in der Gesamtstichprobe wurden, wie bereits in Studie I und II auch, die getrennten Mittelwerte für Jungen und Mädchen betrachtet (Tabelle 6.5).

Tabelle 6.5

Geschlechtsunterschiede in den feinmotorischen Testaufgaben zu beiden Messzeitpunkten

	Messzeitpunkt I					Messzeitpunkt II				
	Jungen		Mädchen			Jungen		Mädchen		
	M	SD	M	SD	t (82)	M	SD	M	SD	t (77)
Stifte	10.73	2.24	11.88	1.80	-2.58	11.88	1.80	13.66	1.56	-1.35
Kugeln	13.57	3.74	14.18	2.87	-0.83	14.18	2.87	18.37	2.34	-1.67
Clown	15.34	2.41	15.90	2.87	-0.97	15.90	2.87	20.95	3.17	-0.47
F-H-G[a]	-.15	.87	.16	.75	-1.76	.16	.75	.14	.69	-1.45
Tracing	113.86	28.69	120.15	26.28	-1.04	120.15	26.28	136.08	14.13	-1.90
Bär	42.91	7.46	48.68	4.68	-4.19	48.68	4.68	52.76	3.73	-3.25
Huhn	47.45	7.46	52.18	5.05	-3.36	52.18	5.05	54.11	3.90	-3.21
A-H-K[a]	-.28	.91	.31	.60	-3.44	.31	.60	.31	.58	-3.45
Feuer	32.73	6.62	34.58	6.04	-1.33	34.58	6.04	40.21	5.26	-0.79
Hase	37.16	5.26	38.63	4.78	-1.34	38.63	4.78	43.16	4.77	-1.04
Glocke	27.51	5.44	27.07	4.33	0.41	27.07	4.33	31.68	6.13	-0.45
T-A-P[a]	-.08	.91	.09	.73	-.90	.09	.73	.09	.62	-1.13

F-H-G = Finger- und Handgeschick, A-H-K = Auge-Hand-Koordination, T-A-P = Tapping, M = Mittelwert, SD = Standardabweichung, [a]Werte entsprechen z-Werten; $t > 1.96$ zeigen signifikante Unterschiede auf dem 5% Niveau an

Der Mittelwertvergleich in Tabelle 6.5 ergab, dass Mädchen vor allem im Bereich der Auge-Hand-Koordination besser abschneiden als Jungen. Wie in Studie I und II zeigen sich die größten Unterschiede in den Aufgaben Bär und Huhn, welche speziell Anforderungen an die Zielgenauigkeit von Arm-Hand-Bewegungen stellen. Zudem zeigte sich in der dritten Studie zum ersten Messzeitpunkt ein Vorteil der Mädchen beim Umstecken von Stiften.

6.4.2 Existenz von Beziehungen und Beziehungsstruktur

Das Hauptziel der Analyse von Beziehungen war in dieser Studie auf die Wirkungsrichtung zwischen Handgeschick und der Reasoning gerichtet. Vor der Untersuchung dieses Ziels wurde jedoch zunächst noch einmal der ersten und zweiten Forschungsfrage nachgegangen.

Frage I: „Welche Beziehungen existieren zwischen den drei feinmotorischen Fertigkeiten Handgeschick, Auge-Hand-Koordination und Tapping und den zwei kognitiven Konstrukten Reasoning und Wissen bei Kindern im Vorschulalter?"

Zur Analyse der Zusammenhänge zwischen den drei feinmotorischen und den zwei kognitiven Konstrukten wurden Produktmoment-Korrelationen berechnet. Anders als in den ersten beiden Studien führten die bivariaten und die alterskorrigierten Korrelationen zu vergleichbaren Ergebnissen, vermutlich aufgrund der Altershomogenität zum jeweiligen Messzeitpunkt.

Um Unterschiede in der Messgenauigkeit der jeweiligen Messinstrumente zu berücksichtigen, wurden, wie bereits in den ersten beiden Studien, minderungskorrigierte Korrelationskoeffizienten betrachtet. Die Ergebnisse beziehen sich auf die Stichprobe ohne Migrationshintergrund, da die Kinder mit Migrationshintergrund vor allem in den kognitiven Testaufgaben signifikant schlechter abschnitten als die Reststichprobe (s.o.).

Feinmotorische Konstrukte (Hypothesen 1 bis 3): Der erste Auswertungsschritt bezog sich auf die Überprüfung der Hypothesen H1 bis H3. Abbildung 6.3 zeigt die Beziehungen zwischen den sechs möglichen Konstruktkombinationen zu beiden Messzeitpunkten.

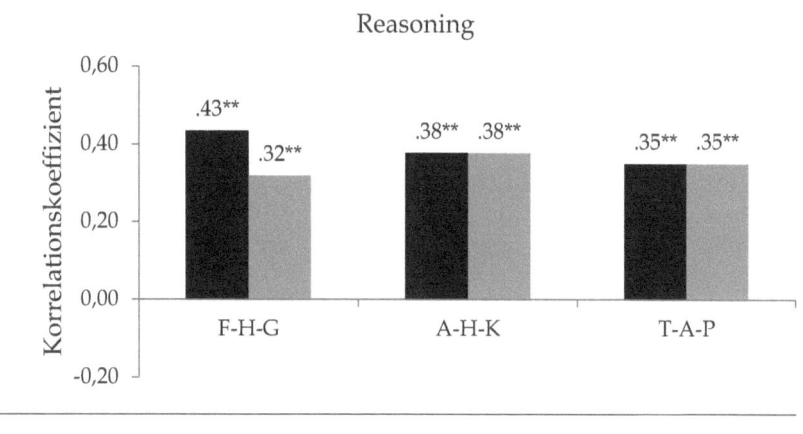

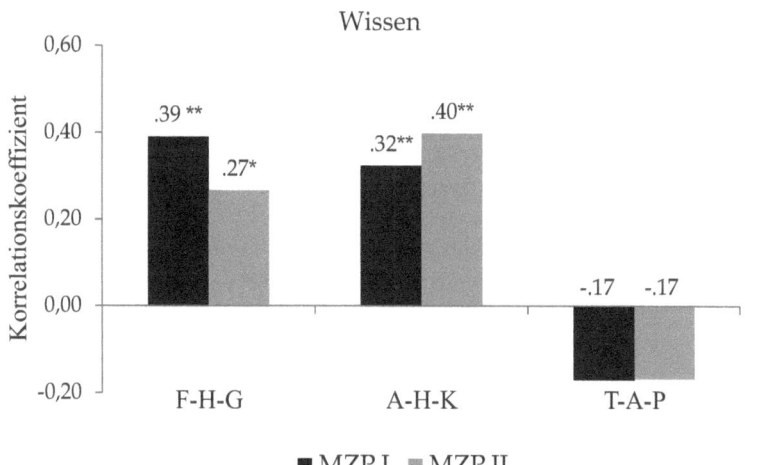

Abbildung 6.3: Bivariate Zusammenhänge zwischen den feinmotorischen und den kognitiven Konstrukten zum ersten und zweiten Messzeitpunkt

F-H-G = Finger-Hand-Geschick; A-H-K = Auge-Hand-Koordination; T-A-P = Tapping; *p (einseitig) = .05, **p (einseitig) = .01.

H 1a, *Die Handgeschicklichkeit korreliert eng mit Reasoning:* Da die Korrelation zwischen Handgeschick und Reasoning nur bei $r = .43$, $p < .01$ (MZP I), beziehungsweise bei $r = .32$, $p < .01$ (MZP II) lag, erhält Hypothese H 1a keine Unterstützung. In beiden Fällen handelt es sich nicht um enge, sondern um moderate Beziehungen. Verglichen mit den Ergebnissen aus Studie I und II fielen die Beziehungen damit etwas geringer aus.

H 1b, *Die Handgeschicklichkeit korreliert eng mit Wissen:* Auch die Hypothese H 1b wird nicht bestätigt, da es sich bei den Korrelationen von $r = .39$, $p < .01$ (MZP I), beziehungsweise $r = .27$, $p < .05$ (MZP II) nur um moderate Beziehungen handelt. Die Befunde entsprachen damit den Ergebnissen aus Studie I und II.

H 2a, *Die Auge-Hand-Koordination korreliert moderat mit Reasoning:* Die Beziehungen zwischen der Auge-Hand-Koordination und Reasoning fielen zu beiden Messzeitpunkten etwas höher aus als in Studie II. Da die Beziehungen mit $r = .43$, $p < .01$ (MZP I), beziehungsweise $r = .32$, $p < .05$ (MZP II) moderat ausfielen, kann Hypothese H 2a beibehalten werden.

H 2b, *Die Auge-Hand-Koordination korreliert moderat mit Wissen:* Auch die Hypothese H 2b erhält Unterstützung. So fielen die Beziehungen zwischen der Auge-Hand-Koordination und Wissen zu beiden Messzeitpunkten mit $r = .32$, $p < .01$ (MZP I), beziehungsweise $r = .40$, $p < .05$ (MZP II) moderat aus.

H 3a, *Tapping korreliert gering mit Reasoning:* Das Ergebnis einer hochsignifikanten moderaten Korrelation zu beiden Messzeitpunkten von $r = .35$, $p < .01$ (MZP I + MZP II) entsprach den Ergebnissen aus den ersten beiden Studien. Mit der in Hypothese H 3a vermuteten geringen Beziehung war das Ergebnis allerdings nicht vereinbar.

H 3b, *Tapping korreliert gering mit Wissen:* Auch der Befund nicht signifikanter Beziehungen zwischen Tapping und Wissen zu beiden Messzeitpunkten, $r = -.17$, $p > .05$ (MZP I + MZP II) entsprach den Ergebnissen aus den ersten beiden Studien. Dennoch ist der Befund mit Vorsicht zu interpretieren, da die Richtung der Beziehung negativ ausfiel.

In den Hypothesen H1 bis H3 wurde implizit angenommen, dass Handgeschick enger mit Reasoning und Wissen korreliert als die Auge-Hand-Koordination und dass diese wiederum enger mit den kognitiven Konstrukten korreliert als die Tappingfertigkeit. Im nächsten Auswertungsschritt interessierte daher, inwieweit die Daten mit dieser implizierten Beziehungsstruktur vereinbar sind. Graphisch deutet sich das Beziehungsmuster vor allem für den ersten Messzeitpunkt an. Zum zweiten Messzeitpunkt korrelierte die Auge-Hand-Koordination zwar enger mit Reasoning und Wissen als Tapping, allerdings auch etwas höher als Handgeschick. Zur Überprüfung der Unterschiede auf Signifikanz wurde der von Steiger (1980) empfohlene Test zur Prüfung abhängiger Korrelationskoeffizienten (William's T2 Statistik) berechnet. Tabelle 6.6 enthält die Ergebnisse.

Tabelle 6.6
Beziehungsunterschiede in Abhängigkeit der feinmotorischen Fertigkeiten Handgeschick (F-H-G), Auge-Hand-Koordination (A-H-K) und Tapping (T-A-P)

		MZP I	MZP II
Reasoning	F-H-G vs. A-H-K	.33** vs. .29*	.25* vs. .29*
	t	.39	-.41
	F-H-G vs. T-A-P	.33** vs. .26*	.25* vs. .24*
	t	1.52	.14
	A-H-K vs. T-A-P	.29* vs. .26*	.29* vs. .24*
	t	.21	.96
Wissen	F-H-G vs. A-H-K	.31* vs. .26*	.21* vs. .32*
	t	.49	-.91
	F-H-G vs. T-A-P	.31* vs. -.14	.21* vs. -.11
	t	3.51	2.22
	A-H-K vs. T-A-P	.26* vs. -.14	.32* vs. -.11
	t	2.88	3.75

t = Williams's T2 Statistik, t-Werte ≥ 1.69 zeigen auf dem 5% Niveau signifikant unterschiedliche Koeffizienten an (einseitiger Hypothesentest); *p < .05, **p < .01.

Werden in den Vergleich der Beziehungen nur Korrelationskoeffizienten mit positivem Vorzeichen einbezogen, sprechen die Teststatistiken in Tabelle 6.6 gegen signifikante Beziehungsunterschiede. Dies ändert sich, wenn in den Vergleich zusätzlich auch die negativen Korrelationen zwischen Tapping und Wissen einbezogen werden. In diesem Fall unterscheiden sich die Beziehungen zwischen Handgeschick und Wissen nachweisbar von der Beziehung zwischen Tapping und Wissen. Letztere ist zudem auch signifikant verschieden von der Beziehung zwischen der Auge-Hand-Koordination und Wissen. Allerdings haben diese Beziehungsunterschiede aufgrund der negativen Korrelationen eine andere Bedeutung. Die Aussage, dass Handgeschick und Auge-Hand-Koordination enger mit Reasoning und Wissen korreliert als die Tappingfertigkeit ist nicht mehr zulässig.

Kognitive Konstrukte: Neben der Bedeutung der feinmotorischen Konstrukte für die Höhe der Beziehungen wird im nächsten Auswertungsschritt zusätzlich untersucht, inwieweit die Beziehungen auch von Reasoning und Wissen abhängen. Da keine Beziehungsunterschiede erwartet wurden, enthält Tabelle 6.7 die Ergebnisse aus dem zweiseitigen Hypothesentest.

Tabelle 6.7

Beziehungsunterschiede in Abhängigkeit der kognitiven Konstrukte Reasoning (REA) und Wissen (AW)

		MZP I	MZP II
Handgeschick	REA vs. AW	.33* vs. .31*	.24* vs. .21*
	T	.15	.27
Auge-Hand-Koordination	REA vs. AW	.29* vs. .26*	.29* vs. .32*
	T	.23	-.21
Tapping	REA vs. AW	.26* vs. -.14	.24* vs. -.11
	T	3.04	2.41

t = Williams's T2 Statistik, t-Werte ≥ 1.96 zeigen auf dem 5% Niveau signifikant unterschiedliche Koeffizienten an (zweiseitiger Hypothesentest) *$p < .05$, **$p < .01$.

Werden nur signifikante Beziehungskoeffizienten verglichen, fallen keine systematischen Unterschiede auf. Auch die absoluten Unterschiede zwischen den Korrelationskoeffizienten fallen gering aus, legen aber wie bereits in Studie II fast ausnahmslos engere Beziehungen für das Reasoningkonstrukt nahe.

Innerhalb des Reasoningkonstruktes hatten sich in Studie II engere Beziehungen zwischen der Matrizenleistung und Handgeschick als zwischen der Leistung im Untertest Klassenbilden angedeutet. Daher wurde auch in dieser Studie eine nach den beiden Untertests *Matrizen* und *Klassenbilden* differenzierte Betrachtung der Beziehung mit der Handgeschicklichkeit vorgenommen. Der Vergleich der Beziehungen zum ersten Messzeitpunkt ergab keinen Unterschied, $r = .26$ (Matrizen), $r = .26$ (Klassenbilden), $z = .00$, $p < .05$. Zum zweiten Messzeitpunkt korrelierte die Handgeschicklichkeit nur tendenziell enger mit der Leistung im Matrizentest, $r = .21$ als mit der Leistung im Klassenbildentest, $r = .16$, $z = -.28$, $p > .05$.

Altersgruppe (Hypothesen 4 bis 6): Im nächsten Schritt interessierte, inwieweit die Höhe der Beziehungen zwischen den feinmotorischen und den kognitiven Konstrukten auch eine Funktion der Altersgruppe darstellt. Zur Überprüfung der entsprechenden Hypothesen vier bis sechs wurden für die einzelnen Konstruktkombinationen Beziehungsunterschiede analysiert, die vom ersten zum zweiten Messzeitpunkt auftraten.

H 4, *Beziehungen zwischen der Handgeschicklichkeit, Reasoning (H 4a) und Wissen (H 4b) nehmen im Laufe der Vorschulzeit ab:* Zum zweiten Messzeitpunkt deuteten sich gegenüber dem ersten Messzeitpunkt etwas geringere Zusammenhänge zwischen Handgeschick und Reasoning an (MZP I: $r = .33$; MZP II: $r = .24$). Auch für Wissen deuteten sich zum zweiten Messzeitpunkt etwas geringere Korrelationen als zum ersten Messzeitpunkt mit Handgeschick an (MZP I: $r = .31$; MZP II: $r = .21$). Die Überprüfung der Unterschiede auf Signifikanz mit AMOS 20 ergab jedoch keine Hinweise auf systematische Beziehungsunterschiede zwischen den Messzeitpunkten. Weder hinsichtlich der Reasoningfähigkeit, $z = -.78$, $p > .05$, noch hinsichtlich des Allgemeinen Wissens ($z = -1.03$, $p > .05$). Hypothese H 4 muss daher verworfen werden.

H 5, *Beziehungen zwischen der Auge-Hand-Koordination, Reasoning (H 5a) und Wissen (H 5b) nehmen im Laufe der Vorschulzeit ab:* Die Korrelationen zwischen der Auge-Hand-Koordination und Reasoning blieben vom ersten Messzeitpunkt (MZP I: $r = .29$) zum zweiten Messzeitpunkt (MZP II: $r = .29$) erhalten, $z = -.061$, $p > .05$. Die Beziehung zwischen Wissen und der Auge-Hand-Koordination stieg sogar vom ersten Messzeitpunkt (MZP I: $r = .26$) zum zweiten (MZP II: $r = .32$) leicht an.

Auch dieser Unteschied erreicht jedoch keine statistische Signifikanz, $z = .34, p > .05$. Die Hypothese H 5 muss daher verworfen werden.

H 6, *Beziehungen zwischen Tapping, Reasoning (H 6a) und Wissen (H 6b) bleiben über das Vorschulalter erhalten:* Die Ergebnisse sprechen für die Hypothese gleichbleibender Zusammenhänge zwischen Tapping und den beiden kognitiven Fähigkeiten. So korrelierte Tapping zu beiden Messzeitpunkten vergleichbar, sowohl mit Reasoning, MZP I: $r = .26$; MZP II: $r = .24$, $z = -.383$, $p > .05$ als auch mit Wissen, MZP I: $r = -.14$; MZP II: $r = -.11$, $z = .429$, $p > .05$. Die sich andeutenden Unterschiede erreichen auch dann keine Signifikanz, wenn aufgrund der besonderen Hypothesenstruktur (Nullhypothese = Wunschhypothese) das von Bortz und Döring (2006) empfohlene liberalere Alphafehlerniveau von $p = .20$ zugrunde gelegt wurde. Hypothese H 6 kann somit vorläufig beibehalten werden.

Angenommen wurde ursprünglich, dass feinmotorische Fertigkeiten mit Funktionalität für Objekt- und Umweltinteraktionen bei älteren Kindern geringer mit dem kognitiven Fähigkeitsbereich korrelieren als bei jüngeren Kindern. Anhand der vorliegenden Befunde deutet sich ein Trend an, nach dem ein solches Beziehungsmuster für Beziehungen zwischen Handgeschick und den beiden kognitiven Fähigkeiten existiert. Dies entsprach den Befunden aus der zweiten Studie.

6.4.3 Drittvariablen

Im nächsten Schritt wurde der Frage nach der Art des Wirkungszusammenhangs nachgegangen. Im Vordergrund stand zunächst die Untersuchung der zweiten Forschungsfrage, die sich auf die Rolle von dritten Faktoren für die Beziehung zwischen den drei feinmotorischen und den zwei kognitiven Konstrukten bezog. Neben dem Alter und der Verarbeitungsgeschwindigkeit der Kinder wurden auch Merkmale des sozialen Hintergrunds der Kinder untersucht. Geprüft wurden die Hypothesen H 7 bis H 9.

> Frage II: „Welche Bedeutung hat das Alter, die Verarbeitungsgeschwindigkeit, (die fokussierte Aufmerksamkeit) und der soziale Hintergrund für den Zusammenhang zwischen den drei feinmotorischen Fertigkeiten und den zwei kognitiven Fähigkeiten?"

H 7: Die Beziehungen zwischen der Handgeschicklichkeit und Reasoning (H 7a) und Wissen (H 7b) sind auch nach Kontrolle der Faktoren, Alter, Verarbeitungsgeschwindigkeit und sozialer Hintergrund, nachweisbar.

H 8: Die Beziehungen zwischen der Auge-Hand-Koordination und Reasoning (H 8a) und Wissen (H 8b) sind auch nach Kontrolle der Faktoren, Alter, Verarbeitungsgeschwindigkeit und sozialer Hintergrund, nachweisbar.

H 9: Die Beziehungen zwischen der Tappingfertigkeit und Reasoning (H 9a) und Wissen (H 9b) sind nach Kontrolle von Alter, Verarbeitungsgeschwindigkeit und sozialem Hintergrund, nicht mehr nachweisbar.

Da für die feinmotorischen und kognitiven Konstrukte Daten zu zwei Messzeitpunkten vorlagen, wurden die Hypothesen jeweils zu beiden Messzeitpunkten überprüft. In Tabelle 6.8 sind zunächst die bivariaten Korrelationen zwischen den feinmotorischen und kognitiven Konstrukten sowie den postulierten Drittvariablen dargestellt. Da angenommen wurde, dass die Verarbeitungsgeschwindigkeit und auch die Merkmale des sozialen Hintergrundes positive Einflüsse auf die feinmotorischen und kognitiven Konstrukte ausüben (siehe zur Begründung Kapitel 3.4), liegt der Prüfung der Beziehungen auf Signifikanz ein einseitiger Test zugrunde.

Tabelle 6.8
Interkorrelationen zwischen den feinmotorischen und kognitiven Konstrukten und den Drittvariablen zu beiden Messzeitpunkten

	1	2	3	4	5	6	7	8	9
1 F-H-G	-	.45***	.29*	.25*	.21*	.26*	.25*	.22*	.11
2 A-H-K	.62***	-	.46***	.28*	.32*	.26*	.48***	.03	.41**
3 T-A-P	.37**	.27*	-	.24*	-.12	.37**	.22*	.12	.19
4 REA	.34**	.29*	.26*	-	.23*	.14	.26*	.19	-.01
5 AW	.31*	.26*	-.15	.34**	-	.05	.22*	.23*	.36**
6 Alter	.30*	.06	.27*	.12	.19	-	.27*	.05	.15
7 VG	.42**	.39**	.16	.39**	.32**	.31*	-	-.08	.25*
8 HISEI	-.02	-.22	-.04	.20	.24*	-.07	-.09	-	.52***
9 Bildung	.07	.04	-.00	-.00	.30*	.11	.24*	.49**	-

N = 70; Unterhalb der Diagonalen sind die Beziehungen zum ersten \ oberhalb der Diagonalen sind die Beziehungen zum zweiten Messzeitpunkt dargestellt, HISEI = Sozioökonomischer Status; F-H-G = Handgeschicklichkeit; A-H-K = Auge-Hand-Koordination; T-A-P = Tapping; REA = Reasoning; AW = Wissen; Schätzung fehlender Werte mit Full-Maximum-Likelihood; $*p < .05, **p < .01, ***p < .001$.

Relevant hinsichtlich der zweiten Forschungsfrage (s.o.) sind speziell die Beziehungen in Tabelle 6.8, die zwischen der Verarbeitungsgeschwindigkeit und den sozialen Hintergrundmerkmalen einerseits und den feinmotorischen und kognitiven Konstrukten andererseits existieren.

Für die Verarbeitungsgeschwindigkeit fanden sich, wie bereits in der zweiten Studie, signifikante Beziehungen mit Handgeschick und Auge-Hand-Koordination einerseits und Reasoning und Wissen andererseits. Die elterliche Bildung korrelierte hingegen zu beiden Messzeitpunkten nur mit Wissen und zum zweiten Messzeitpunkt auch mit der Auge-Hand-Koordination. Auch der sozioökonomische Status korrelierte zum ersten und zweiten Messzeitpunkt mit Wissen und zum zweiten Messzeitpunkt auch mit Handgeschick.

Im nächsten Auswertungsschritt wurde untersucht, wie sich die verschiedenen Drittvariablen jeweils auf die Beziehung zwischen den drei feinmotorischen und den zwei kognitiven Konstrukten auswirken. Hierzu wurden wie bereits in Studie II multiple Mediatormodelle berechnet. Da die Ergebnisse zur Bedeutung der Bildungsvariable und des sozioökonomischen Status in den Analysen identisch waren, werden im Folgenden nur die Ergebnisse für die Bildungsvariable dargestellt.

H7 a, *Handgeschick und Reasoning:* Im ersten Schritt wurde das Mediatormodell für die Beziehung zwischen Handgeschick und Reasoning berechnet (Abbildung 6.4).

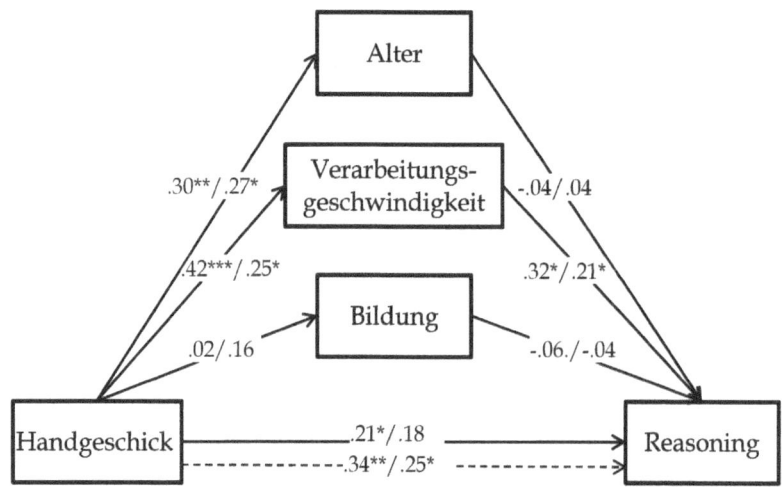

Abbildung 6.4: Mediatormodell für die Beziehung zwischen Handgeschick und Reasoning

----▸ Unbereinigte Beziehung zwischen Handgeschick und Reasoning; Messzeitpunkt I/Messzeitpunkt II

Aus Abbildung 6.4 geht hervor, dass sich die Beziehung zwischen Handgeschick und Reasoning zu beiden Messzeitpunkten nach Kontrolle der Drittvariablen von $\beta = .34$, $p < .01$ zu $\beta = .21$, $p < .05$ (MZP I), beziehungsweise von $\beta = .25$, $p < .05$ zu $\beta = .18$, $p > .05$ (MZP II) reduziert. Statistisch nachweisbar war also nach Drittvariablenkontrolle nur noch die Beziehung zum ersten Messzeitpunkt mit $\beta = .21$. Hypothese 7 a erfährt damit keine Bestätigung.

Bei Betrachtung der über die Drittvariablen vermittelten Effekte im multiplen Mediatormodell, war nur der Pfad über die Verarbeitungsgeschwindigkeit signifikant. Zur Prüfung der Signifikanz des über die entsprechenden Pfadkoeffizienten direkt geschätzten Effektes der Verarbeitungsgeschwindigkeit wurde der Sobeltest berechnet. Tabelle 6.9 ist zu entnehmen, dass die Verarbeitungsgeschwindigkeit nur zum ersten Messzeitpunkt für die Beziehung zwischen Handgeschick und Reasoning mitverantwortlich ist, was gleichzeitig dem Ergebnis aus Studie II entsprach.

Tabelle 6.9

Effekt der Verarbeitungsgeschwindigkeit hinsichtlich der Beziehung zwischen Handgeschick und Reasoning zu den Messzeitpunkten I und II

	Indirekter Effekt	Sobel	SE	p
MZP I	.13	2.21	.05	.03
MZP II	.05	1.35	.04	.17

H 7b, *Handgeschick und Wissen:* Im nächsten Auswertungsschritt wurde das Mediatormodell für die Beziehung zwischen Handgeschick und Wissen berechnet (Abbildung 6.5).

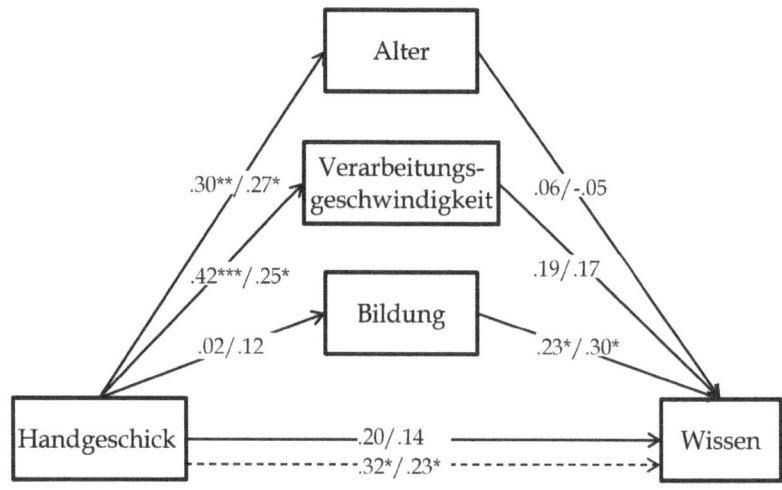

Abbildung 6.5: Mediatormodell für die Beziehung zwischen Handgeschick und Wissen

---
- - -▶ Unbereinigte Beziehung zwischen Handgeschick und Wissen; Messzeitpunkt I/Messzeitpunkt II

Abbildung 6.5 verdeutlicht, dass sich die Beziehung zwischen Handgeschick und Wissen, nach Kontrolle der Drittvariablen, zu beiden Messzeitpunkten deutlich reduzierte. Zum ersten Messzeitpunkt reduzierte sich die Beziehung auf $\beta = .20$, $p > .05$ und war damit nicht mehr signifikant. Auch zum zweiten Messzeitpunkt war die Beziehung nicht mehr nachweisbar, $\beta = .18$, $p > .05$. Hypothese 7b muss damit verworfen werden.

Bei Betrachtung der über die Drittvariablen vermittelten Effekte im multiplen Mediatormodell war kein Pfad signifikant. Auf eine Signifikanzprüfung der (über das Produkt der entsprechenden Pfadkoeffizienten) direkt geschätzten Drittvariableneffekte wurde daher verzichtet.

H 8a, *Auge-Hand-Koordination und Reasoning:* Im folgenden Auswertungsschritt wurde das Mediatormodell für die Beziehung zwischen Auge-Hand-Koordination und Reasoning berechnet (Abbildung 6.6).

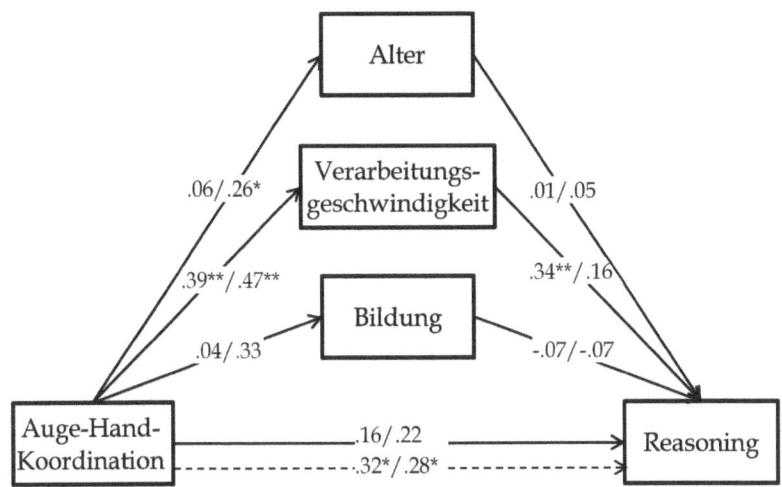

Abbildung 6.6: Mediatormodell für die Beziehung zwischen Auge-Hand-Koordination und Reasoning

---> Unbereinigte Beziehung zwischen Auge-Hand-Koordination und Reasoning; Messzeitpunkt I/Messzeitpunkt II

Nach Kontrolle der Drittvariablen reduzierte sich die Beziehung zwischen der Auge-Hand-Koordination und Reasoning zu beiden Messzeitpunkten deutlich und war statistisch nicht mehr nachweisbar, $\beta = .16$, $p > .05$ (MZP I); $\beta = .22$, $p > .05$ (MZP II). Die Hypothese H 8a muss daher verworfen werden. Die Berechnungen legen dabei nahe, dass die Beziehung zwischen der Auge-Hand-Koordination und Reasoning ausschließlich über die Verarbeitungsgeschwindigkeit vermittelt wird. Zur Prüfung der Signifikanz des Effektes der Verarbeitungsgeschwindigkeit wurde wieder der Sobeltest berechnet. Tabelle 6.10, welche die Ergebnisse für beide Messzeitpunkte enthält, kann entnommen werden, dass nur zum ersten Messzeitpunkt ein nachweisbarer Effekt der Verarbeitungsgeschwindigkeit existierte.

Tabelle 6.10

Effekt der Verarbeitungsgeschwindigkeit hinsichtlich der Beziehung zwischen Auge-Hand-Koordination und Reasoning zu den Messzeitpunkten I und II

	Indirekter Effekt	Sobel	SE	p
MZP I	.13	2.20	.06	.03
MZP II	.07	1.19	.06	.23

H 8b, *Auge-Hand-Koordination und Wissen:* Im nächsten Auswertungsschritt wurde das Mediatormodell für die Beziehung zwischen Auge-Hand-Koordination und Wissen berechnet (Abbildung 6.7)

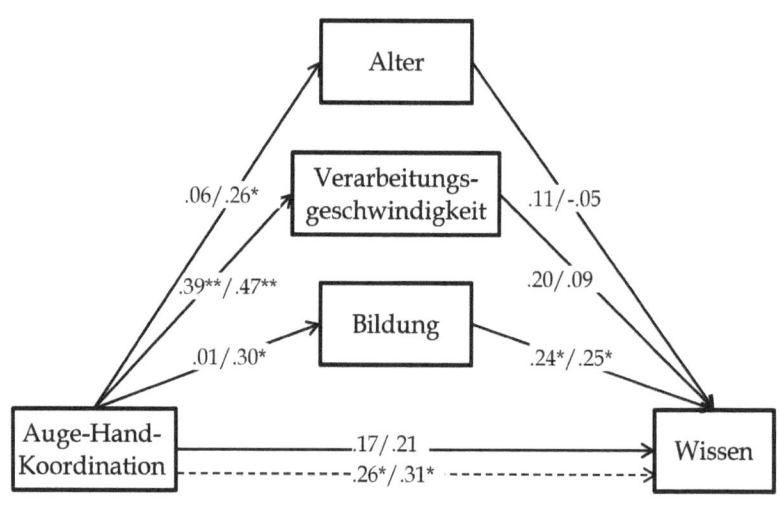

Abbildung 6.7: Mediatormodell für die Beziehung zwischen Auge-Hand-Koordination und Wissen

----> Unbereinigte Beziehung zwischen Auge-Hand-Koordination und Wissen, Messzeitpunkt I/Messzeitpunkt II

Abbildung 6.7 ist zu entnehmen, dass sich die Beziehung zwischen der Auge-Hand-Koordination und Wissen zu beiden Messzeitpunkten nach Kontrolle der Drittvariablen reduzierte und nicht mehr nachweisbar war, $\beta = .17$, $p > .05$ (MZP I); $\beta = .21$, $p > .05$ (MZP II). Mit Blick auf den ersten Messzeitpunkt scheint allerdings keine der Drittvariablen alleine für die Beziehung verantwortlich zu sein, da weder über das Alter, noch über die Verarbeitungsgeschwindigkeit oder die Bildung signifikante Pfade führten. Auf eine zusätzliche Signifikanzprüfung der einzelnen Drittvariableneffekte zum ersten Messzeitpunkt wurde daher verzichtet. Da zum zweiten Messzeitpunkt jedoch der Pfad von der Auge-Hand-Koordination über Bildung zu Wissen signifikant war, wurde der Effekt der Bildung noch einmal getestet. Nachweisbar war er jedoch nicht (Tabelle 6.11).

Tabelle 6.11

Effekt der Bildung hinsichtlich der Beziehung zwischen Auge-Hand-Koordination und Wissen zum zweiten Messzeitpunkt

	Indirekter Effekt	Sobel	SE	P
MZP II	.08	.96	.06	.45

H 9a, *Tapping und Reasoning:* Im nächsten Auswertungsschritt wurde das Mediatormodell für die Beziehung zwischen Tapping und Reasoning berechnet (Abbildung 6.8).

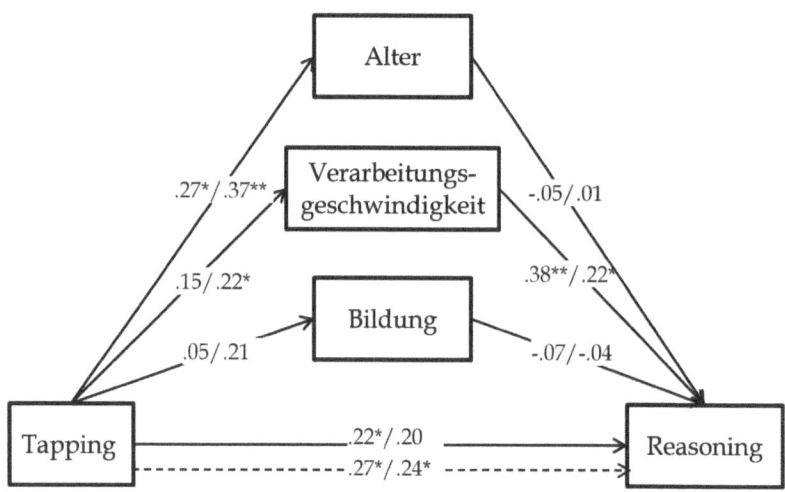

Abbildung 6.8: Mediatormodell für die Beziehung zwischen Tapping und Reasoning

---

----▶ Unbereinigte Beziehung zwischen Tapping und Reasoning; Messzeitpunkt I/Messzeitpunkt II

Die Beziehung zwischen Tapping und Reasoning war nach Kontrolle der Drittvariablen im Modell zum ersten Messzeitpunkt noch nachweisbar, $\beta = .22$, $p < .05$ (MZP I). Dies widersprach den Erwartungen, da keine direkte Beziehung zwischen den Konstrukten angenommen wurde (H 9a). Die Ergebnisse zum zweiten Messzeitpunkt entsprachen daher eher der Erwartung, $\beta = .20$, $p > .05$ (MZP II). Die statistische Überprüfung des Effekts der Verarbeitungsgeschwindigkeit, der sich zum zweiten Messzeitpunkt andeutete (Abbildung 6.8) fiel negativ aus (Tabelle 6.12).

Tabelle 6.12
Effekt der Verarbeitungsgeschwindigkeit hinsichtlich der Beziehung zwischen Tapping und Reasoning zum zweiten Messzeitpunkt

	Indirekter Effekt	Sobel	SE	P
MZP II	.05	1.22	.05	.11

H 9b, *Tapping und Wissen:* Im nächsten Auswertungsschritt wurde das Mediatormodell für die Beziehung zwischen Tapping und Wissen berechnet (Abbildung 6.9).

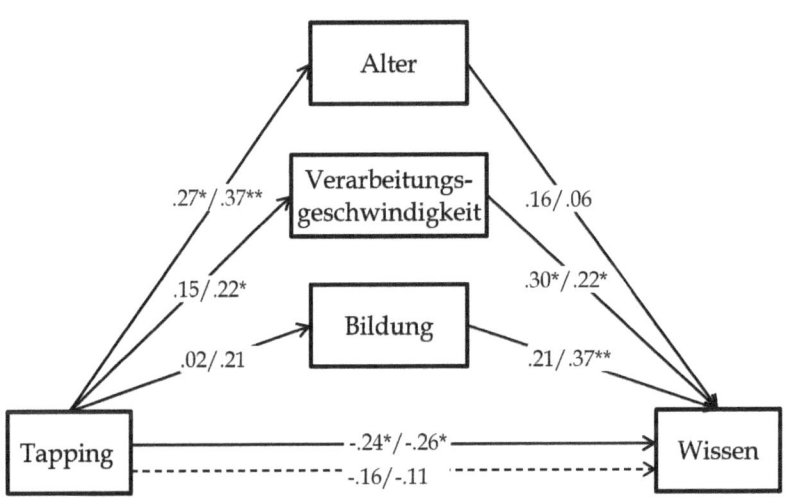

Abbildung 6.9: Mediatormodell für die Beziehung zwischen Tapping und Wissen

----▶ Unbereinigte Beziehung zwischen Tapping und Wissen; Messzeitpunkt I/Messzeitpunkt II

Die negative Beziehung zwischen Tapping und Wissen zum ersten und zweiten Messzeitpunkt wurde theoretisch nicht erwartet und lässt sich im konkreten Fall nur durch Ausreißer erklären. Zudem unterscheidet sich der Befund auch von den Ergebnissen der ersten und zweiten Studie, in welchen sich jeweils positive Beziehungen andeuteten.

Insgesamt bestätigen die Analysen zur zweiten Fragestellung, die bereits aus Studie II bekannten Hinweise, auf eine indirekte Beziehung zwischen den drei feinmotorischen und den zwei kognitiven Konstrukten. Allerdings mit dem zu erwartenden Unterschied, dass die Altersvariable, in den altershomogeneren Stichproben zum ersten und zweiten Messzeitpunkt, eine geringere Rolle spielt als in Studie II, der eine größere Altersvarianz zugrunde lag.

6.4.4 Wirkungsrichtung

Anhand einer Analyse der längsschnittlichen Beziehungen zwischen den feinmotorischen und den kognitiven Konstrukten, sollten im nächsten Auswertungsschritt Antworten auf die dritte Forschungsfrage gefunden werden.

Frage III: „Lässt sich eine bestimmte Wirkungsrichtung zwischen den drei feinmotorischen und den zwei kognitiven Konstrukten nachweisen?"

H 7: Die Handgeschicklichkeit von Kindern zu Beginn des Vorschulalters prädiziert Entwicklungsveränderungen in der Reasoningfähigkeit (H 7a) und im Allgemeinen Wissen (H 7b) der Kinder gegen Ende der Vorschulzeit.

H 8: Die Auge-Hand-Koordination von Kindern zu Beginn des Vorschulalters prädiziert Entwicklungsveränderungen in der Reasoningfähigkeit (H8a) und im Allgemeinen Wissen (H8b) der Kinder gegen Ende der Vorschulzeit.

H 9: Es existiert im Vorschulalter keine gerichtete Beziehung zwischen der Tappingfertigkeit und Reasoning oder Wissen.

Zur Untersuchung der ersten Forschungsfrage und zur Prüfung der Hypothesen wurden mit den Daten aus dem Cross-Lagged-Panel Design mehrere Pfadmodelle berechnet. Zuvor wurden die Vor- und Nachteile verschiedener Analysemöglichkeiten abgewogen, die zur Auswertung von Cross-Lagged-Paneldaten vorgeschlagen wurden (z.B. Reinders, 2006). Obwohl prinzipiell mehrere Gründe für latente Strukturgleichungsmodelle sprachen, erfüllte der aktuelle Datensatz die hohen Anforderungen dieser Auswertungsmethode leider nicht.

Speziell die häufig empfohlene Mindeststichprobengröße von N > 200 (Backhaus, 2006) war mit 84 Kindern, beziehungsweise bei Zugrundelegung der Stichprobe ohne Kinder mit Migrationshintergrund mit 70 Kindern, bei weitem nicht erfüllt. Im Folgenden werden daher die Ergebnisse aus Pfadanalysen mit manifesten Variablen berichtet. Alle nachfolgenden Analysen basieren auf der Stichprobe der 70 Kinder ohne Migrationshintergrund, wobei fehlende Werte in AMOS 20 mit der FIML-Methode (Full Information Maximum Likelihood) geschätzt wurden. Analysiert wurde zunächst das in Abbildung 6.10 dargestellte Grundmodell ohne Drittvariablen.

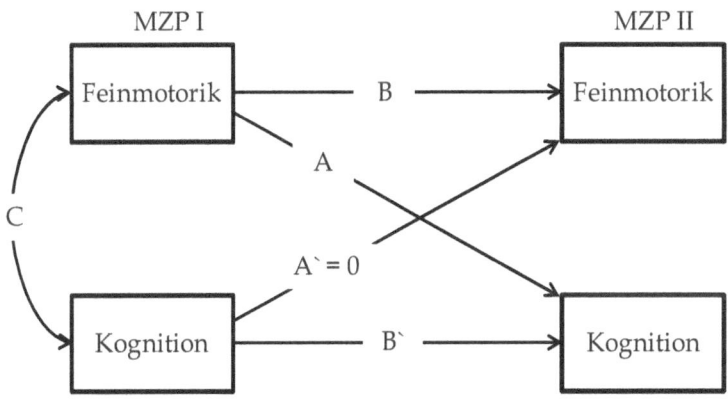

Abbildung 6.10: Angenommenes Pfadmodell für die Beziehung zwischen einem feinmotorischen und einem kognitiven Konstrukt

H 10a, *Handgeschicklichkeit und Reasoning:* Im Mittelpunkt des Interesses standen die kreuzverzögerten Pfade A und A`. Der angenommene Einfluss der Handgeschicklichkeit auf die Reasoningfähigkeit sollte in einem signifikanten Pfad A resultieren (Hypothese H 10a). Da kein umgekehrter Einfluss von Reasoning auf die Handgeschicklichkeit erwartet wurde, wurde A` auf Null fixiert. Zudem wurde angenommen, dass Vorleistungen in einem Merkmalsbereich (feinmotorische oder kognitive) nachfolgende Leistungen im selben Merkmalsbereich prädizieren. Die Pfade B und B` sollten somit signifikant werden. Schließlich sollte auch die in Hypothese H 1 angenommene Kreuzkorrelation C zwischen Handgeschick und Reasoning existieren.

Der Mardiatest sprach für eine multivariate Normalverteilung und die Parameterschätzung erfolgte mit der Maximum-Likelihood-Methode. Abbildung 6.11 enthält die Ergebnisse für das Grundmodell.

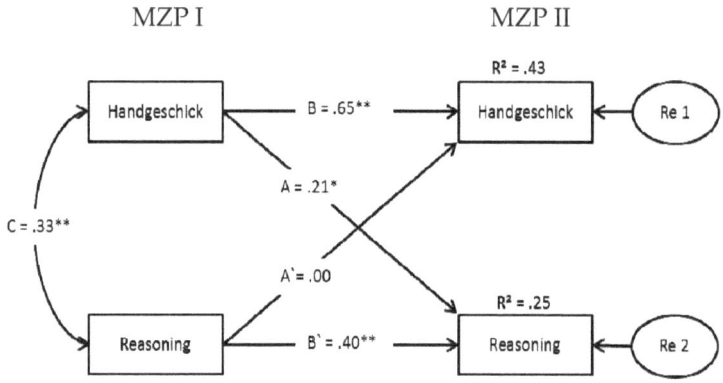

Abbildung 6.11: Pfadmodell mit standardisierten Koeffizienten für die Beziehung zwischen Handgeschick und Reasoning mit dem auf Null fixierten Pfad A`

MZP = Messzeitpunkt, $*p < .05$, $**p < .01$

Der globale Fit des vorliegenden Modells fiel sehr gut aus, $X^2(2) = 1.37$, $p = .50$. Da das Modell jedoch nur zwei Freiheitsgrade aufwies und die Schätzung zudem nur auf einer vergleichsweise kleinen Stichprobengröße basiert, ist das Ergebnis des Chi-Quadrat Tests kritisch zu beurteilen. Daher wurden weitere globale Fitindizes berücksichtigt, die zum einen die Modellkomplexität (Anzahl der Freiheitsgrade) berücksichtigen und zudem relativ unabhängig von der Stichprobengröße sind. Alle betrachteten Indizes bestätigten den guten globalen Fit jedoch eindeutig, $CFI = 1.0$, $> .95$; $NNFI = 1.16$, $> .97$; $RMSEA = .000$, $< .08$. Noch aufschlussreicher als die Gesamtstruktur sind, mit Blick auf die Forschungsfrage nach der Wirkungsrichtung, die Teilstrukturen des Modells.

Aus Abbildung 6.11 geht hervor, dass nur der verzögerte Kreuzpfad $A = .21$, $p = .03$, signifikant ausfiel. Auf den ersten Blick spricht dies für einen kausalen Effekt der Handgeschicklichkeit auf die Reasoningfähigkeit, was Hypothese H 10a entspricht. Im nächsten Schritt wurde das Modell (Modell 1) gegen ein alternatives Modell (Modell 2) getestet, in welchem ein Kausalpfad von der Reasoningfähigkeit auf die

Handgeschicklichkeit angenommen wurde. Ein solcher Pfad würde für die Annahmen von Ahnert und Kollegen (2003) sprechen, wonach der feinmotorische Fertigkeitserwerb im frühen Kindesalter noch stark von kognitiven Steuerungseinflüssen abhängt. Der zur Berechnung des Modells freigesetzte Kausalpfad von Reasoning auf die Handgeschicklichkeit A` wurde jedoch nicht signifikant A` = .11, p = .25. Tabelle 6.13 enthält die Ergebnisse des Modellvergleichs.

Tabelle 6.13
Vergleich des angenommenen Modells (Modell 1) mit dem Alternativmodell (Modell 2)

	df	X^2	p	X^2/df	CFI	NNFI	RMSEA	AIC[a]	p des X^2 Diff. test
1 Modell	2	1.37	.50	.68	1.0	1.05	.00	25.37	
2 Modell	1	.08	.77	.08	1.0	1.16	.00	26.08	.26

[a]Ein geringerer AIC Wert zeigt eine bessere Modellanpassung an

Der Modellvergleich zeigt, dass beide Modelle zu den Daten passen. Auch der Chi-Quadrat Test auf Differenz der Modelle 1 und 2 zeigt keinen Unterschied an. Nur der etwas niedrigere AIC Wert des im zweiten Modell genesteten ersten Modells legt eine Entscheidung für das angenommene erste Modell nahe.

In den ersten beiden Studien hatte sich angedeutet, dass die Beziehungen zwischen Reasoning und Handgeschick je nach dem unterschiedlich ausfielen, welcher Untertest des Reasoningkonstruktes (Matrizen oder Klassenbilden) betrachtet wurde. Ein Interpretationsvorschlag des Befunds bezog sich darauf, dass die Handgeschicklichkeit den Erwerb von visuell-räumlichen Fähigkeiten unterstützt, die im Matrizentest aufgrund der figuralen Testitems auch erfasst werden. In diesem Fall sollte Handgeschick auch im Längsschnitt die Matrizentestleistung stärker prädizieren als Leistungen im Untertest Klassenbilden. Daher wurde im nächsten Auswertungsschritt untersucht, ob sich die Ergebnisse unterscheiden, wenn das Pfadmodell getrennt für die beiden Untertests des Reasoningkonstruktes ausgewertet wird (Abbildung 6.12). Aufgrund des exploratorischen Vorgehens wurden nun auch die Kausalpfade vom kognitiven Bereich auf den feinmotorischen Bereich frei geschätzt.

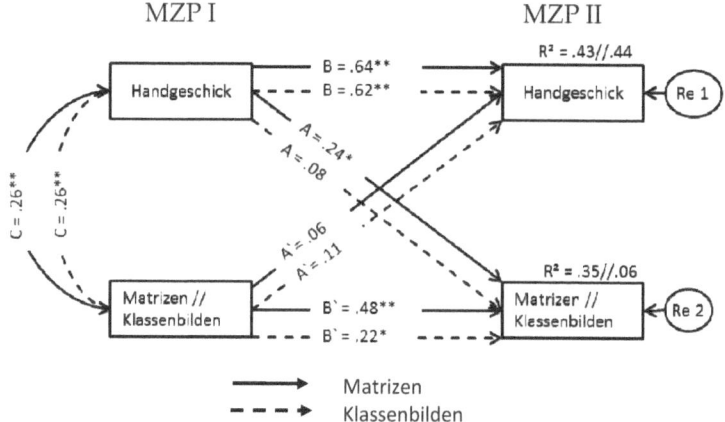

Abbildung 6.12: Pfadmodell mit standardisierten Koeffizienten für die Beziehung zwischen Handgeschick und den beiden Untertests des Reasoningkonstruktes

MZP = Messzeitpunkt, $*p < .05$, $**p < .01$

Die Globalfits zeigen, dass beide Modelle mit den Daten vereinbar sind. Alle Werte entsprachen den weiter oben bereits beschriebenen Cut-Off Kriterien für einen sehr guten Fit (Tabelle 6.14).

Tabelle 6.14
Indizes für den globalen Fit der Pfadmodelle für die Beziehung zwischen der Handgeschicklichkeit und den Untertests Matrizen und Klassenbilden

	Df	X^2	p	CFI	NNFI	RMSEA
Matrizen	1	.72	.39	1	1.04	.000
Klassenbilden	1	.21	.64	1	1.20	.000

Bei Betrachtung der Teilstrukturen in Abbildung 6.12 prädizierte die Handgeschicklichkeit zwar die Leistung im Untertest Matrizen, $A = .24$, $p < .05$, die Leistung im Untertest Klassenbilden aber nicht, $A = .08$, $p > .05$. Der signifikante Pfad von der Handgeschicklichkeit auf die Reasoningfähigkeit, welcher im vorherigen Analyseschritt ermittelt wurde, scheint demnach vorwiegend auf der Beziehung zum Matrizentest zu basieren.

Die Analysen zur zweiten Forschungsfrage ergaben Hinweise auf Drittvariableneinflüsse auf die querschnittliche Beziehung zwischen Handgeschick und Reasoning. Zur Überprüfung, inwiefern die längsschnittliche Beziehung von solchen Einflüssen – speziell von der Verarbeitungsgeschwindigkeit – betroffen ist, wurde im nächsten Schritt ein erweitertes Pfadmodell berechnet. Neben der Verarbeitungsgeschwindigkeit wurde hierbei auch die Bildung der Eltern berücksichtigt. Aufgrund des speziellen Befunds für den Matrizentest aus dem vorangehenden Analyseschritt wurde das Modell nur für diesen Untertest berechnet (Abbildung 6.13).

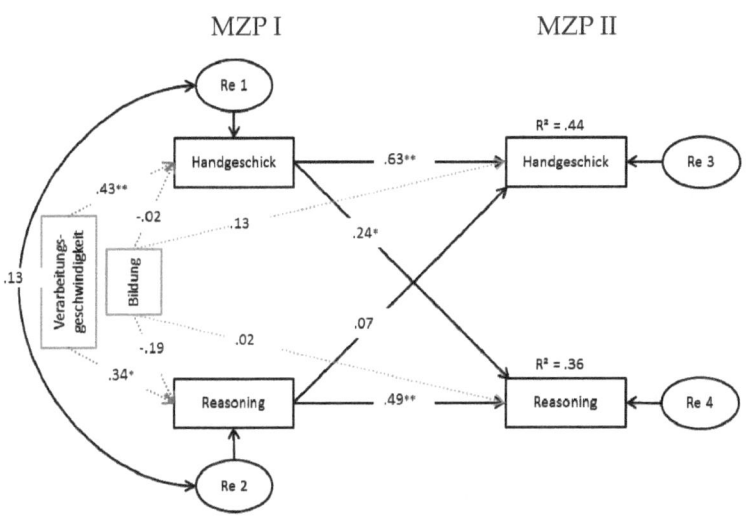

Abbildung 6.13: Erweitertes Pfadmodell, mit standardisierten Koeffizienten, für die Beziehung zwischen Handgeschick und Reasoning

MZP = Messzeitpunkt, $*p < .05$, $**p < .01$

Das um die Drittvariablen erweiterte Grundmodell passte zu den Daten, $X(4)^2 = 2.46$, $p = .65$ und zeigte einen guten globalen Fit, $CFI = 1.0$, $> .95$; $NNFI = 1.11$, $> .97$; $RMSEA = .000$, $< .08$. Die im Hinblick auf die Fragestellung besonders interessierenden Kausalpfade A und A` veränderten sich nach Aufnahme der Drittvariablen ins Modell gegenüber den Pfaden im Grundmodell nicht. Es ist daher anzunehmen, dass die betrachteten Drittvariablen keine Rolle für die längsschnittliche Beziehung zwischen Handgeschick und der Leistung im Matrizentest spielen.

H 10b, *Handgeschicklichkeit und Wissen:* Die Berechnung des Pfadmodells für die Beziehung zwischen Handgeschick und Wissen erfolgte analog zur Berechnung des oben beschriebenen Pfadmodells für Handgeschick und Reasoning. Geprüft wurde die Hypothese, dass eine gerichtete Beziehung von der Handgeschicklichkeit zum Allgemeinen Wissen existiert (H 10b). Der Mardiatest zeigte eine multivariate Normalverteilung an. Die Parameterschätzung erfolgte mit der Maximum-Likelihood-Methode. Abbildung 6.14 enthält die Ergebnisse aus dem einfachen Pfadmodell ohne Drittvariablen.

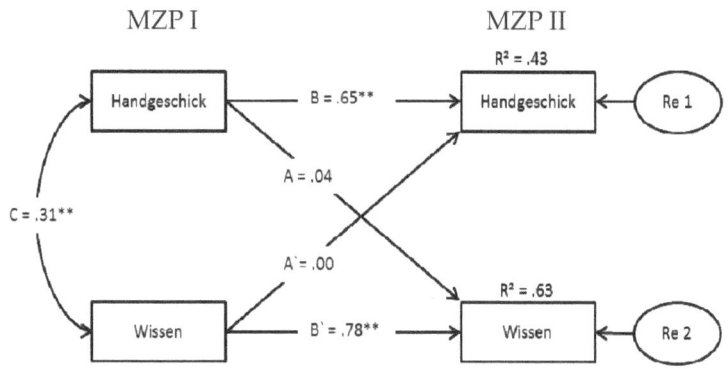

Abbildung 6.14: Pfadmodell mit standardisierten Koeffizienten für die Beziehung zwischen Handgeschick und Wissen mit auf Null fixiertem Pfad A`

MZP = Messzeitpunkt, **$p < .01$

Auch das Pfadmodell für die Beziehung zwischen der Handgeschicklichkeit und Wissen passte gut zu den Daten, $X(2)^2 = 1.15$, $p = .56$; *CFI* = 1.0, *NNFI* = 1.05, *RMSEA* = .000. Bei Betrachtung der Teilstrukturen fällt allerdings auf, dass die Annahme einer Bedeutung der Handgeschicklichkeit für den Wissenserwerb im Laufe der Vorschulzeit (H 10b) nicht aufrecht erhalten werden kann, da der verzögerte Kreuzpfad A keine Signifikanz erreichte, A = .04, $p = .60$. Die Berechnung des Alternativmodells ergab keine Hinweise auf eine umgekehrte Wirkung, A` = .08, p = .43. Beide Modelle waren mit den Daten in gleicher Weise vereinbar (Tabelle 6.15). Da die verzögerten Kreuzpfade somit bereits im Grundmodell nicht nachweisbar waren, wurde auf die Berechnung des um die Drittvariablen erweiterten Modells verzichtet.

Tabelle 6.15

Vergleich des angenommenen Modells (Modell 1) mit dem Alternativmodell (Modell 2)

	df	X^2	P	X^2 / df	CFI	NNFI	RMSEA	AIC[a]	p des X^2 Diff. test
1 Modell	2	1.15	.56	.58	1.0	1.04	.00	25.15	
2 Modell	1	.51	.48	.51	1.0	1.05	.00	26.51	.42

[a]Ein geringerer AIC Wert zeigt eine bessere Modellanpassung an

H 11a, *Auge-Hand-Koordination und Reasoning:* Im nächsten Analyseschritt wurde ein Pfadmodell für die Beziehung zwischen der Auge-Hand-Koordination und Reasoning berechnet (Abbildung 6.15). Geprüft wurde die Hypothese, dass eine gerichtete Beziehung von der Auge-Hand-Koordination zu Reasoning existiert (H 11a).

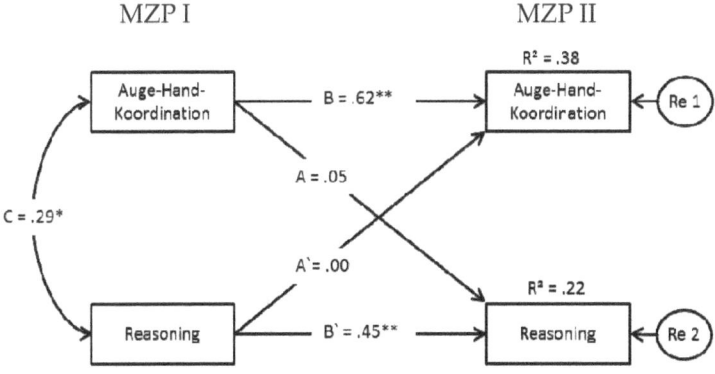

Abbildung 6.15: Pfadmodell mit standardisierten Koeffizienten für die Beziehung zwischen der Auge-Hand-Koordination und Reasoning mit auf Null fixiertem Pfad A`

MZP = Messzeitpunkt, *p < .01, **p < .01.

Die globalen Fitindizes zeigen, dass das Modell nicht zu den Daten passt, $X(2)^2$ = 5.51, p = .06; CFI = 93; $NNFI$ = .66; $RMSEA$ = .16. Da der in Hypothese H 8a erwartete Pfad A zudem nicht signifikant war A = .05, p = .63, muss die Annahme einer Bedeutung der Auge-Hand-Koordination für den Reasoningerwerb (Hypothese 8a) verworfen werden. Die Überprüfung des Alternativmodells ergab hingegen den Hinweis auf die umgekehrte Wirkungsrichtung. So fiel der Pfad von Reasoning (Messzeitpunkt I) auf die Auge-Hand-Koordination (Messzeitpunkt II) mit A` = .20, p = .04 signifikant aus. Die Globalfitindizes sowie der direkte Modellvergleich zeigten zudem, dass das Alternativmodell (2) dem angenommenen Modell (1) vorzuziehen ist (Tabelle 6.16).

Tabelle 6.16

Vergleich des angenommenen Modells (Modell 1) mit dem Alternativmodell (Modell 2)

	df	X^2	p	X^2 / df	CFI	NNFI	RMSEA	AIC[a]	p des X^2 Diff. test
1 Modell	2	5.51	.06	2.75	.93	.65	.16	29.51	
2 Modell	1	1.19	.28	1.19	.99	.96	.05	27.19	.42

[a]Ein geringerer AIC Wert indiziert eine bessere Modellanpassung

In den vorangehenden Analyseschritten fanden sich Hinweise, dass speziell Beziehungen zwischen den Leistungen im Matrizentest und den feinmotorischen Fertigkeiten existieren. Daher wurden zusätzlich zwei Pfadmodelle für die Beziehung zwischen der Auge-Hand-Koordination und der Leistungen jeweils im Untertest Matrizen und Klassenbilden betrachtet (Abbildung 6.16).

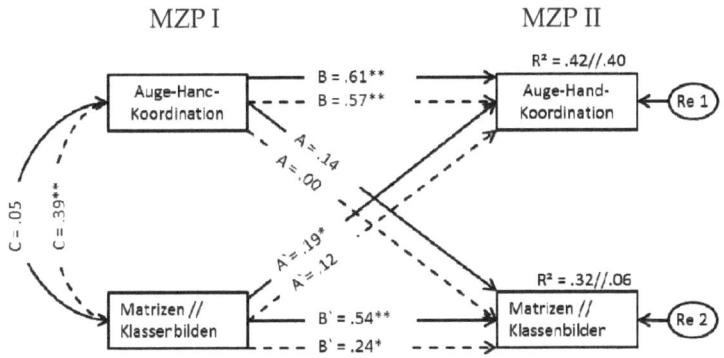

Abbildung 6.16: Pfadmodell mit standardisierten Koeffizienten für die Beziehung zwischen der Auge-Hand-Koordination und den beiden Untertests des Reasoningkonstruktes

MZP = Messzeitpunkt, $**p < .01$

Die Globalfits zeigen, dass sowohl das Modell für den Untertest Matrizen, als auch das Modell für den Untertest Klassenbilden mit den Daten vereinbar ist (Tabelle 6.17).

Tabelle 6.17
Indizes für den globalen Fit der Pfadmodelle für die Beziehung zwischen der Auge-Hand-Koordination und den Untertests Matrizen und Klassenbilden

	df	X^2	p	CFI	NNFI	RMSEA
Matrizen	1	.523	.469	1	1.090	.000
Klassenbilden	1	.724	.395	1	1.069	.000

Die Ergebnisse in Abbildung 6.16 legen nahe, dass die Beziehung zwischen Reasoning und Auge-Hand-Koordination vorwiegend auf dem Matrizentest basiert. Zur Beantwortung der Frage, inwiefern die Beziehung auch über den Einfluss der Verarbeitungsgeschwindigkeit und der Bildung hinaus existiert, wurde außerdem ein, um die jeweiligen Variablen erweitertes, Pfadmodell berechnet (Abbildung 6.17).

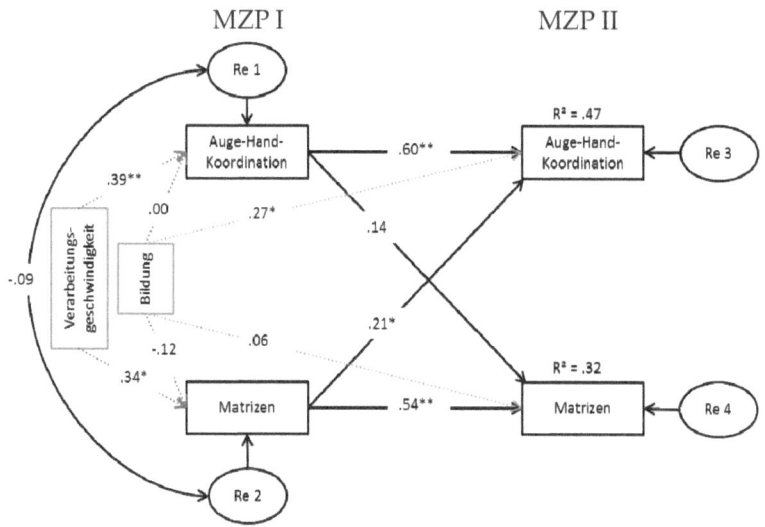

Abbildung 6.17: Erweitertes Pfadmodell mit standardisierten Koeffizienten für die Beziehung zwischen Auge-Hand-Koordination und Reasoning (Matrizen)

MZP = Messzeitpunkt, $*p < .05$, $**p < .01$

Die globalen Fitindizes zeigen, dass das um die Drittvariablen erweiterte Pfadmodell nicht mehr zu den Daten passt. Zwar fiel der Chi-Quadrat Test insignifikant aus, $X(4)^2 = 5.81$, $p = .21$ und der CFI = .98 lag noch über dem geforderten Wert von .95, der NNFI = .87 und der RMSEA = .081 erreichten die nötigen Cut-Off-Werte jedoch nicht. Da die Aufnahme der Drittvariablen ins Modell somit zu einer nicht interpretierbaren Lösung führte und sich die verzögerten Kreuzpfade A und A` gegenüber den Pfaden im Grundmodell nicht änderten, liefert das Grundmodell in Abbildung 6.16 bereits die wesentlichen Informationen. Demnach basiert die Beziehung zwischen der Reasoningfähigkeit und der Auge-Hand-Koordination auf einer gerichteten Beziehung von der Matrizenfähigkeit zur Auge-Hand-Koordination. Die Vermutung einer gerichteten Beziehung von der Auge-Hand-Koordination zur Reasoningfähigkeit (H 11a) bestätigte sich hingegen nicht.

H 11b, *Auge-Hand-Koordination und Wissen:* In einem weiteren Schritt wurde die Beziehung zwischen der Auge-Hand-Koordination und Wissen betrachtet (Abbildung 6.18). Geprüft wurde die Hypothese, dass eine gerichtete Beziehung von der Auge-Hand-Koordination zu

Wissen existiert (H 11b). Die Voraussetzungen für die Berechnung des Pfadmodells waren erfüllt.

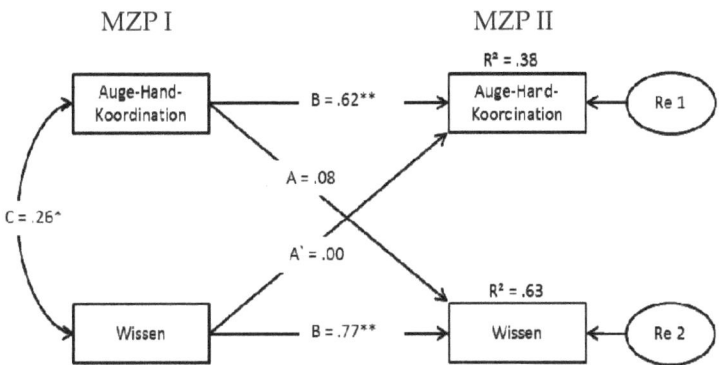

Abbildung 6.18: Pfadmodell mit standardisierten Koeffizienten für die Beziehung zwischen Auge-Hand-Koordination und Wissen mit dem auf Null fixierten Pfad A`

MZP = Messzeitpunkt, $*p < .05$, $**p < .01$

Das Modell (Modell 1) war gut mit den Daten vereinbar, $X(2)^2 = 2.42$, $p = .29$; CFI = .99; NNFI = .98; RMSEA = .06. Allerdings bestätigte sich die Annahme einer gerichteten Beziehung von der Auge-Hand-Koordination zu Wissen (H 11b) nicht. Eine Überprüfung des Alternativmodells (Modell 2) ergab keinen Hinweis auf eine umgekehrte Wirkungsrichtung. Das Alternativmodell passte schlechter zu den Daten (Tabelle 6.18). Insgesamt sprechen die Daten daher gegen eine gerichtete Beziehung zwischen der Auge-Hand-Koordination und Wissen.

Tabelle 6.18
Vergleich des angenommenen Modells (1) mit dem Alternativmodell (2)

	df	X^2	p	X^2 / df	CFI	NNFI	RMSEA	AIC[a]	p des X^2 Diff. test
1 Modell	2	2.42	.29	1.21	.99	.97	.06	26.42	
2 Modell	1	1.58	.21	1.58	.99	.94	.09	27.58	.36

[a]Ein geringerer AIC Wert zeigt eine bessere Modellanpassung an

H 12a, *Tapping und Reasoning:* Im Unterschied zur Handgeschicklichkeit und der Auge-Hand-Koordination weist die Tappingfertigkeit im Kindesalter keinen Nutzen für Objekt- und Umweltinteraktionen auf. Daher wurde zwischen Tapping und Reasoning im Längsschnitt keine gerichtete Beziehung erwartet (H 12 a). Abbildung 6.19 enthält das entsprechende Modell mit den auf Null fixierten Pfaden A und A`.

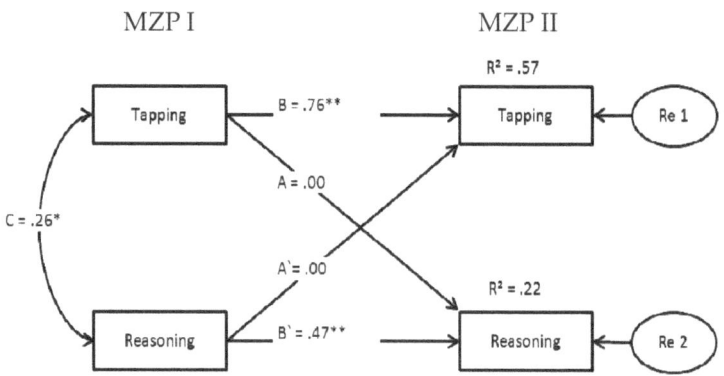

Abbildung 6.19: Pfadmodell mit standardisierten Koeffizienten für die Beziehung zwischen Tapping und Reasoning mit den auf Null fixierten Pfaden A und A`

MZP = Messzeitpunkt, *$p < .05$, **$p < .01$

Der Globalfit für das postulierte Modell (1) fiel gut aus, $X(3)^2 = 3.97$, $p = .27$; CFI = .99; NNFI = .96; RMSEA = .07 und war dem Alternativmodell (Modell 2), mit frei geschätzten Kausalpfaden A = -.02 und A` = .07, überlegen (Tabelle 6.19).

Tabelle 6.19
Vergleich des angenommenen Modells (1) mit dem Alternativmodell (2)

	df	X^2	P	X^2 / df	CFI	NNFI	RMSEA	AIC[a]	p des X^2 Diff. test
1 Modell	3	3.97	.27	1.32	.99	.96	.07	25.97	
2 Modell	1	3.19	.07	3.19	.97	.69	.18	29.20	.68

[a]Ein geringerer AIC Wert zeigt eine bessere Modellanpassung an

Obwohl dieses Ergebnis damit gegen eine gerichtete Beziehung sprach, ist zu beachten, dass hier die Null-Hypothese getestet wurde. Das Vorgehen führt nur in größeren Stichproben zu interpretierbaren Ergebnissen. Trotz seiner Plausibilität bleibt der Befund daher vorläufig.

H 12b, *Tapping und Wissen:* Zwischen Tapping (ohne Nutzen für Umweltinteraktionen) und Wissen wurde keine gerichtete Beziehung erwartet (H 12b). Überprüft wurde dies im Pfadmodell (Abbildung 6.20).

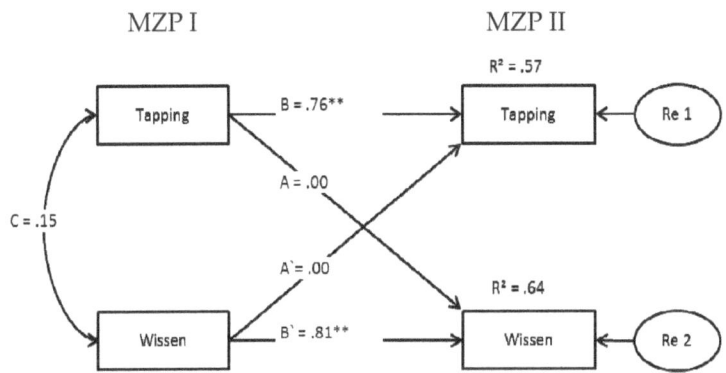

Abbildung 6.20: Pfadmodell für die Beziehung zwischen Tapping und Wissen mit den auf Null fixierten Pfaden A und A`

MZP = Messzeitpunkt, $*p < .05$, $**p < .01$

Die Fitindizes zeigen, dass weder das angenommene, noch das Modell mit den frei geschätzten Pfaden A = .10 und A` = .01 passte (Tabelle 6.20). Hierin bestätigt sich der bekannte Querschnittsbefund, wonach zwischen Tapping und Wissen keine Beziehung existiert.

Tabelle 6.20
Vergleich des angenommenen Modells (1) mit dem Alternativmodell (2)

	df	X^2	p	X^2 / df	CFI	NNFI	RMSEA	AIC[a]	p des X^2 Diff. test
1 Modell	3	7.26	.06	2.42	.97	.88	.14	29.26	
2 Modell	1	5.44	.02	5.44	.96	.63	.25	31.44	.40

[a]Ein geringerer AIC Wert zeigt eine bessere Modellanpassung an

6.5 Zusammenfassung und Diskussion

Ein zentrales Ziel der dritten Studie war auf die Untersuchung der Wirkungsrichtung zwischen den feinmotorischen und kognitiven Konstrukten gerichtet (Forschungsfrage III). Zudem sollte auch wieder die Beziehungsstruktur (Forschungsfrage I) und mögliche Drittvariableneinflüsse (Forschungsfrage II) untersucht werden.

Mit Blick auf die erste Forschungsfrage stellt der Befund der in H1 erwarteten Beziehung zwischen der Handgeschicklichkeit und den kognitiven Fähigkeiten eines der wesentlichen Ergebnisse der dritten Studie dar. Zu vermuten ist dabei, dass die Handgeschicklichkeit als Fertigkeit mit direktem Nutzen für Objekt- und Umweltinteraktionen kognitive Entwicklungsveränderungen gerade bei jüngeren Kindern unterstützt. Hierfür sprechen auch zwei Befunde, die bereits aus Studie I und II bekannt sind. Erstens korrelierte die Handgeschicklichkeit mit direktem Nutzen für Objekt- und Umweltinteraktionen zum ersten Messzeitpunkt tendenziell enger mit Reasoning und Wissen als die Auge-Hand-Koordination (indirekter Nutzen) und die Tappingfertigkeit (ohne Nutzen). Zweitens fiel die Beziehung, zwischen der Handgeschicklichkeit und den beiden kognitiven Fähigkeiten, in der Gruppe der vierjährigen Kinder, zum ersten Messzeitpunkt, etwas enger aus als in der Gruppe der fünfjährigen Kinder zum zweiten Messzeitpunkt. Der zuletzt genannte Trend passt gut zu der Annahme, dass die Handgeschicklichkeit ab dem mittleren Vorschulalter an Bedeutung für die Reasoningfähigkeit verliert. So verfügen Kinder in diesem Alter bereits über ein Handgeschicklichkeitsniveau, das für die meisten alltäglichen Objekt- und Umweltinteraktionen ausreicht (Henderson & Pehoski, 1995).

Im Unterschied zu den Befunden aus Studie II waren in der größeren Stichprobe nun auch die Beziehungen zwischen der Auge-Hand-Koordination und Reasoning und Wissen nachweisbar. Eher unwahrscheinlich ist allerdings, dass sich in dem Ergebnis die in Hypothese H2 angenommene Bedeutung der Auge-Hand-Koordination für kognitive Entwicklungsveränderungen manifestiert, da die Beziehung nach Kontrolle der Verarbeitungsgeschwindigkeit nicht mehr existierte.

Unerwartet ist die signifikante moderate Beziehung zwischen Tapping und Reasoning, auf die bereits Hinweise aus Studie I und II vorliegen. Da mit der Tappingfertigkeit kein Nutzen für Objekt- und Umweltinteraktionen verbunden ist, verweist das Ergebnis auf weitere Beziehungsmechanismen. Die Ergebnisse zur zweiten Forschungsfrage bestätigen diese Vermutung.

Die Analysen zur zweiten Forschungsfrage liefern insbesondere Hinweise zur Art der Beziehungen, zwischen den betrachteten feinmotorischen und kognitiven Konstrukten. Von zentraler Bedeutung ist der Befund, dass die Beziehung zwischen der Handgeschicklichkeit und Reasoning, bei Kindern im Alter von vier Jahren, über den Einfluss des Alters, der Verarbeitungsgeschwindigkeit und der elterlichen Bildung hinausgeht. Der Befund kann als ein weiterer (indirekter) Hinweis auf die Bedeutung der Handgeschicklichkeit für Entwicklungsveränderungen im Bereich der Reasoningfähigkeit verstanden werden. Der Befund geht damit klar über die Ergebnisse der meisten existierenden Studien hinaus, in denen Beziehungen zwischen feinmotorischen und kognitiven Fähigkeiten ohne die Berücksichtigung von Drittvariablen untersucht wurden (z.B. Dickes, 1978; Planinsec, 2002).

Ein weiterer Befund bezieht sich darauf, dass die korrigierten Beziehungen zwischen den betrachteten Konstruktkombinationen deutlich geringer ausfielen als die unkorrigierten Beziehungen. Die entscheidende Rolle spielte hierbei die Verarbeitungsgeschwindigkeit. In der zweiten Studie wurde das Ergebnis dahingehend interpretiert, dass Beziehungen zwischen den feinmotorischen Fertigkeiten und dem Reasoningkonstrukt unter anderem durch Reifung erklärbar sind, da die Verarbeitungsgeschwindigkeit auch als Proxy für die Reifung des zentralen Nervensystems betrachtet wird (Bjorklund & Schneider, 2006; Kail, 2007). In welchem Umfang auch soziale Hintergrundmerkmale des Kindes eine Rolle spielen, wie dies durch die Studie von Pieck und Kollegen (2008) nahegelegt wurde, konnte im Rahmen der zweiten Studie jedoch aufgrund von fehlenden Daten nicht eingeschätzt werden. Da in der dritten Studie die elterliche Bildung erfasst wurde lässt sich immerhin die Rolle einer zentralen Facette des sozialen Hintergrundes beurteilen. Die Ergebnisse lassen allerdings eher Zweifel an einer relevanten Rolle der Bildung für die Beziehung zwischen den feinmotorischen und kognitiven Konstrukten aufkommen.

Im Zentrum der dritten Studie stand die Untersuchung der Wirkungsrichtung zwischen den feinmotorischen und den kognitiven Konstrukten (Forschungsfrage III). Aufgrund des Nutzens der Handgeschicklichkeit und auch der Auge-Hand-Koordination für feinmotorische Objekt- und Umweltinteraktionen und deren postulierter Relevanz für kognitive Entwicklungsveränderungen (z.B. Smith, 2005; Thelen, 2000) wurden gerichtete Beziehungen auf Reasoning und Wissen erwartet (H11; H12). Als ein erstes zentrales Ergebnis gilt daher der Pfad von der Handgeschicklichkeit vierjähriger Kinder auf ihre Reasoningfähigkeit ein Jahr später, der zudem unabhängig von den in der Arbeit betrachteten Drittvariablen war. Wissen wurde nicht prädiziert. Die Ergebnisse entsprechen damit den querschnittlichen Befunden und legen insgesamt nahe, dass die Handgeschicklichkeit im Vorschulalter zu kognitiven Entwicklungsveränderungen nicht in allgemeinen, sondern eher in spezifischen Teilbereichen beiträgt. Dabei scheint auch der Reasoningbereich nicht generell, sondern nur hinsichtlich einzelner Dimensionen betroffen zu sein. So ergaben zusätzliche Analysen, dass innerhalb der Reasoningfähigkeit speziell die Leistung im Matrizentest vorhergesagt wird, welcher über die größtenteils figuralen Items, auch visuell-räumliche Fähigkeiten abbildet. Eine mögliche Erklärung für den Befund einer gerichteten Beziehung zwischen Handgeschick und Reasoning wäre aus dieser Perspektive, dass die Handgeschicklichkeit die Entwicklung visuell-räumlicher Fähigkeiten unterstützt.

Auch aus anderen Studien liegen bereits Hinweise auf längsschnittliche Beziehungen zwischen feinmotorischen und kognitiven Fähigkeiten bei Kindern im Vorschulalter vor (Dellatolas et al., 2003; Belka & Williams, 1979; Piek et al., 2008; Roebers et al., 2014). Nur in der Studie von Roebers und Kollegen wurde jedoch auch die kognitive Ausgangsleistung kontrolliert. Mit der aktuellen Studie liegt nun eine weitere Studie dieser Art vor. Der Pfad von der Handgeschicklichkeit zur Reasoningfähigkeit, beziehungsweise zur Matrizenleistung, indiziert daher nicht nur eine Beziehung zwischen den absoluten Konstruktausprägungen zu den zwei Messzeitpunkten. Vielmehr deutet der Pfad auf Veränderungen der Reasoningfähigkeit über die Zeit hin, welche durch die Ausprägungen der Handgeschicklichkeit zum ersten Messzeitpunkt vorhergesagt werden.

Darüber hinaus stellt auch die Kontrolle der Verarbeitungsgeschwindigkeit und der Bildung der Eltern sowie die gleichzeitige Betrachtung der umgekehrten Wirkungsrichtung wesentliche Vorteile gegenüber den erwähnten Längsschnittstudien dar. Gerade hinsichtlich der umgekehrten Wirkungsrichtung enthält der Pfad von der Reasoningfähigkeit – und hier speziell von der Matrizenleistung auf die Auge-Hand-Koordination – einen wichtigen Hinweis. Trifft die oben erwähnte Annahme zu, dass der Matrizentest unter anderem visuell-räumliche Fähigkeiten misst, ist zu vermuten, dass die Entwicklung der Auge-Hand-Koordination unter anderem von visuell-räumlichen Fähigkeiten beeinflusst wird. Da die Items des Konstruktes *Auge-Hand-Koordination* stark visuell-gesteuerte Arm-Hand-Positionsveränderungen im Raum erfordern, ist dies durchaus plausibel. Während bei der Tracingaufgabe Anforderungen im zweidimensionalen Raum zu bewältigen sind (horizontale- und vertikale Bewegungen auf dem Blatt), müssen bei den Aimingitems Bär und Huhn sogar Anforderungen im dreidimensionalen Raum bewältigt werden (Auf- und Abbewegungen).

Zusammengenommen legen die Ergebnisse der dritten Studie nahe, dass sowohl die Existenz eines gerichteten Zusammenhangs als auch die Wirkungsrichtung davon abhängt, welche feinmotorischen und kognitiven Konstrukte betrachtet werden. Eher unplausibel erscheint hingegen die aus den Daten der Logikstudie abgeleitete undifferenzierte Annahme, wonach im Vorschulalter kognitive Fähigkeiten für den motorischen Fertigkeitserwerb wichtig sind, umgekehrt jedoch nicht (Schneider, 1992).

Grenzen der Studie: Im Zentrum der dritten Studie stand die Untersuchung der Frage nach der Wirkungsrichtung zwischen den drei feinmotorischen Fertigkeiten und den zwei kognitiven Fähigkeiten. Obwohl es sich bei der Studie wie erwähnt um die erste methodisch anspruchsvollere Untersuchung zu dieser Frage handelt, sind bei der Interpretation der Befunde wenigstens zwei Einschränkungen zu beachten.

Ein erster Einwand betrifft den Befund eines einseitigen Wirkungspfades von der Handgeschicklichkeit auf die Reasoningfähigkeit und die zunächst plausible Interpretation, dass der Einfluss der Handgeschicklichkeit auf die Reasoningfähigkeit größer ist als der umgekehrte Einfluss. Gegen die Interpretation spricht erstens, dass der Unterschied zwischen den beiden Pfaden A = .21 und A`= .11 nicht signifikant wurde, $z = .47$, $p > .05$ und zweitens, dass der autoregressive Pfad B = .62 etwas höher ausfiel als der autoregressive Pfad B` = .40, $z = 1.54$, $p > .05$. Der zuletzt genannte Befund verweist darauf, dass zum zweiten Messzeitpunkt im Reasoningkonstrukt mehr Varianz aufgeklärt werden konnte als in der Handgeschicklichkeit. Hierdurch fiel der verzögerte Kreuzpfad von Reasoning auf Handgeschick A` bereits technisch bedingt schwächer aus, was den Vergleich von A und A` erschwert. Als ein möglicher Grund für die geringere Autoregression von Reasoning (MZP I) auf Reasoning (MZP II) ist in der geringeren Reliabilität des Reasoningfaktors zum zweiten Messzeitpunkt zu vermuten (siehe Tabelle 6.3). Ein Versuch reliabilitätskorrigierte Pfadkoeffizienten zu erhalten, indem das Modell trotz der vergleichsweise geringen Stichprobengröße noch einmal mit latenten Variablen gerechnet wurde, scheiterte. So deuteten unplausible Werte (Heywood Cases) auf Probleme bei der Parameterberechnung hin. Neben negativen Residualvarianzen zeigten sich auch standardisierte Pfadkoeffizienten > 1. Beides gilt nach Nachtigall, Kroehne, Funke und Steyer (2003) als wahrscheinliche Folge einer zu kleinen Stichprobe. Da somit nicht ganz auszuschließen ist, dass auch der Handgeschicklichkeitserwerb vom untersuchten Reasoningkonstrukt abhängt, sollten auch in künftigen Studien zur Beziehung zwischen den Konstrukten grundsätzlich beide Wirkungsrichtungen betrachtet werden.

Ein zweiter Einwand, der gegen den Befund einer gerichteten Beziehung zwischen der Handgeschicklichkeit, beziehungsweise der Auge-Hand-Koordination und Reasoning vorgebracht werden kann, resultiert aus dem Studiendesign. Der Einwand bezieht sich darauf, dass die Kontrolle mutmaßlicher Alternativerklärungen für die identifizierten Pfade in der Studie nicht mit den Kontrollmöglichkeiten randomisierter Interventionsstudien mit Experimental- und Kontrollbedingungen vergleichbar war. Daher ist nicht ganz auszuschließen, dass sich in den gerichteten Beziehungen auch weitere, in der Studie nicht kontrollierte und bisher nicht bekannte Drittvariableneinflüsse manifestieren. Die Interpretation, dass die Handgeschicklichkeit die Entwicklung einer visuell-räumlichen Fähigkeitsfacette unterstützt, welche ihrerseits auf den Erwerb der Auge-Hand-Koordination wirkt, muss daher solange vorläufig bleiben, bis Befunde aus Untersuchungen mit kausal belastbareren Erhebungsdesigns vorliegen.

Insgesamt untermauern und ergänzen die Befunde der dritten Studie die Erkenntnisse aus den ersten beiden Studien in entscheidender Hinsicht. So wurde die Konstruktkombination Handgeschick und Reasoning erstens erneut als diejenige identifiziert, für welche offenbar ein stabiler, über Reifungseinflüsse hinausgehender Zusammenhang existiert. Zweitens scheinen die Daten zur Wirkungsrichtung darüber hinaus mit der häufiger geäußerten (z.B. Davis et al., 2011; Dellatolas et al., 2003) und aus Grounded Cognition Ansätzen (Smith, 2005; Thelen, 2000) ableitbaren Annahme vereinbar zu sein, dass feinmotorische Objekt- und Umweltinteraktionen kognitive Entwicklungsveränderungen bewirken. Der Hinweis, dass es sich hierbei vermutlich jedoch nicht, wie häufig suggeriert, um globale kognitive Entwicklungsveränderungen handelt, kann als einer der wesentlichen Beiträge der dritten Studie bewertet werden.

7 Gesamtdiskussion

Ziel dieser Arbeit war die Untersuchung der Art des Zusammenhangs zwischen zentralen feinmotorischen Fertigkeiten und zentralen kognitiven Fähigkeiten bei Kindern im Vorschulalter. Zusammenhänge zwischen feinmotorischen Fertigkeiten und kognitiven Fähigkeiten sind im Kindesalter aus verschiedenen Gründen anzunehmen. Denkbar sind zum Beispiel gemeinsame Reifungsverläufe und Sozialisationseinflüsse, aber auch eine wechselseitige Beeinflussung feinmotorischer und kognitiver Fähigkeiten. Die aus frühpädagogischer Sicht vielleicht interessanteste dieser Annahmen bezieht sich auf die vermutete Bedeutung feinmotorischer Fertigkeiten für die kognitive Entwicklung. Argumentativ lässt sich eine solche Bedeutung unter anderem aus theoretischen Ansätzen ableiten, welche feinmotorischen Objekt- und Umweltinteraktionen Relevanz für die kognitive Entwicklung zuschreiben (z.B. Piaget, 1952; Thelen, 2000). Die empirische Evidenzlage hierfür ist allerdings dürftig.

Überraschenderweise existieren bisher weder systematischere theoretische Beschreibungen noch belastbare empirische Untersuchungen von Zusammenhängen zwischen feinmotorischen Fertigkeiten und kognitiven Fähigkeiten im Vorschulalter. Zu den zentralen Problemen der wenigen vorliegenden Studien zählen die nur aspekthafte Messung der feinmotorischen Konstrukte (z.B. Dellatolas et al., 2003) und Konfundierungen bei der Messung der kognitiven Konstrukte, aufgrund von feinmotorischen Anforderungen der Testitems (z.B. Davis et al., 2011; Dickes, 1978). Dazu kommt, dass sich existierende Studien auch in wesentlichen methodischen Merkmalen unterscheiden (z.B. Altersvarianzen), so dass ein Vergleich von Beziehungen, zwischen verschiedenen Konstrukten und Altersgruppen, bisher nicht möglich war. Welche feinmotorischen Konstrukte mit welchen kognitiven Konstrukten im Kindesalter korrelieren, ließ sich somit bisher nicht beantworten. Hinweise zur Art des Wirkungszusammenhangs beschränken sich auf wenige seriöse Studien (Piek et al., 2003; Roebers et al., 2014). Überwiegend basierten bisherige Studien auf ungeeigneten Untersuchungsdesigns, in denen Alternativerklärungen (z.B. Reifungs- und Umwelteinflüsse) keine ausreichende Berücksichtigung fanden. In der vorliegenden Arbeit wurde, in drei aufeinander aufbauenden Studien, einigen dieser Probleme begegnet.

Von einem Mangel geeigneter feinmotorischer Testaufgaben ausgehend, wurden zunächst neun Aufgaben zur Erfassung feinmotorischer Fertigkeiten aus existierenden Testbatterien zusammengestellt und im

Hinblick auf drei Ziele adaptiert. Das neue Instrument sollte erstens Aufgaben enthalten, die eine Erfassung der drei zentralen Konstrukte Handgeschick, Auge-Hand-Koordination und Tapping ermöglichen. Zweitens wurde eine vollständige Operationalisierung des jeweiligen Konstruktes angestrebt, indem mehrere Aufgaben pro Konstrukt eingesetzt wurden. Drittens sollten die Aufgaben möglichst geringe kognitive Anforderungen aufweisen. Nach der empirischen Überprüfung und Optimierung des Instrumentes in Studie I, wurden im zweiten Schritt drei Fragen untersucht. Neben der Frage nach der Existenz und Struktur von Beziehungen (Forschungsfrage I) interessierte insbesondere auch die Art des Wirkungszusammenhangs (Forschungsfrage II und III).

7.1 Existenz von Beziehungen und Beziehungsstruktur

Im Rahmen der ersten Forschungsfrage interessierte welche Beziehungen im Vorschulalter zwischen verschiedenen feinmotorischen und kognitiven Konstrukten existieren. Ausgehend von der Annahme, dass Objekt- und Umweltinteraktionen im Kindesalter als grundlegend für die kognitive Entwicklung erachtet werden (Thelen, 2000), wurde erwartet, dass die drei feinmotorischen Fertigkeiten, gemäß ihres spezifischen Nutzens für Objekt- und Umweltinteraktionen, mit Reasoning und Allgemeinem Wissen korrelieren. Handgeschick als Fertigkeit mit direktem Nutzen für Objekt- und Umweltinteraktionen sollte eng, Auge-Hand-Koordination mit indirektem Nutzen sollte moderat und Tapping, ohne Nutzen, sollte gering (nur aufgrund des Entwicklungsstands) mit Reasoning und Wissen korrelieren. Hinsichtlich des kognitiven Bereiches sollte untersucht werden, ob feinmotorische Fertigkeiten generell Beziehungen zum kognitiven Bereich aufweisen oder eher, wie bisher angenommen (z.B. Ahnert, 2005), zum nonverbalen Konstruktbereich. Mit Reasoning und Wissen wurden daher gezielt zwei zentrale kognitive Konstrukte betrachtet, die gleichzeitig als repräsentative Stellvertreter des nonverbalen und verbalen Fähigkeitsspektrums gelten (Ricken et al., 2007).

Als ein, hinsichtlich der ersten Forschungsfrage, zentrales Ergebnis der Arbeit gilt, dass die Handgeschicklichkeit über die Studien hinweg konsistent mit dem kognitiven Fähigkeitsbereich, und hier speziell mit der Reasoningfähigkeit, korreliert. Der Befund tendenziell engerer Beziehungen zum untersuchten nonverbalen Konstrukt Reasoning entspricht existierenden Befunden (z.B. Davis et al., 2011; Dickes, 1978), geht aber auch über diese hinaus. So deutet sich bei gleichzeitiger Betrachtung mehrerer feinmotorischer Fertigkeiten an, dass Fertigkeiten mit direktem Nutzen für Objekt- und Umweltinteraktionen stärker mit nonverbalen Fähigkeiten korrelieren als Fertigkeiten mit indirektem oder ohne Nutzen für Objekt- und Umweltinteraktionen. Die tendenziell geringere Korrelation ab Mitte des Vorschulalters ist vermutlich darauf zurück zu führen, dass die meisten Kinder typische Objekt- und Umweltinteraktionen ab diesem Zeitpunkt bereits erfolgreich ausführen können (Henderson & Pehoski, 1995). Beziehungen zwischen den anderen untersuchten Konstruktkombinationen fielen insgesamt etwas geringer aus und waren, abgesehen von der Beziehung zwischen Tapping und Reasoning, nicht in allen Studien nachweisbar. Der zuletzt genannte Befund überraschte, da Tapping für alltägliche Objekt- und Umweltinteraktionen eher irrelevant ist. In der Beziehung manifestieren sich daher vermutlich Drittvariableneinflüsse, was sich auch in den Analysen zur zweiten Forschungsfrage bestätigte (s.u.).

Insgesamt scheint es sich bei dem Zusammenhang zwischen feinmotorischen und kognitiven Fähigkeiten somit nicht um eine globale, sondern um eine spezifische Beziehung, zwischen bestimmten Konstrukten, in bestimmten Altersgruppen zu handeln. Auch Wassenberg und Kollegen (2005) sprachen sich, auf Basis ihrer eigenen Befunde, bereits gegen eine globale Beziehung zwischen dem motorischen und dem kognitiven Bereich aus. Anders als in der Studie von Wassenberg und Kollegen konnte in der vorliegenden Arbeit allerdings gezeigt werden, dass sich die Beziehung nicht nur auf kognitive Konstrukte beschränkt, die eine motorische Komponente aufweisen.

7.2 Art des Wirkungszusammenhangs

Übergeordnete Faktoren: Eine zweite Forschungsfrage bezog sich auf die Rolle, die spezifische Drittvariablen für die Beziehungen zwischen den feinmotorischen und den kognitiven Konstrukten spielen. Nach Hinweisen hierzu sollten sich die Beziehungen nach Kontrolle des Alters (Eggert & Schuck, 1978), der Verarbeitungsgeschwindigkeit (Roebers & Kauer, 2009), sowie der Fähigkeit zur Aufmerksamkeitsfokussierung (Wassenberg et al., 2005) und Merkmalen des sozialen Hintergrundes (Piek et al., 2008) insgesamt reduzieren. Unter der Annahme, dass feinmotorische Umweltinteraktionen für kognitive Entwicklungsveränderungen von Bedeutung sind sollten, nach Kontrolle der genannten Drittvariablen, nur noch feinmotorische Fertigkeiten, mit direktem (Handgeschicklichkeit) und indirektem (Auge-Hand-Koordination)

Nutzen für Objekt- und Umweltinteraktionen, Beziehungen mit den kognitiven Fähigkeiten aufweisen.

Als wesentlich gilt vor diesem Hintergrund der Befund, dass auch nach Kontrolle der Drittvariablen, in der Gruppe der jüngeren Kinder, noch eine stabile Beziehung zwischen Handgeschick und Reasoning existiert. Dies kann als erster Hinweis auf eine direkte Beziehung zwischen beiden Konstrukten interpretiert werden. Der zusätzliche Befund, dass die alterskorrigierten Beziehungen für alle untersuchten Konstruktkombinationen geringer ausfällt, bestätigt den bereits aus anderen Studien (Ahnert et al., 2003) bekannten Einfluss des Entwicklungsstands hinsichtlich der Beziehung zwischen motorischen und kognitiven Merkmalen. Da erstmals verschiedene Drittvariablen im multiplen Mediatormodell gleichzeitig betrachtet wurden, ermöglicht die Arbeit darüber hinaus eine differenziertere Einschätzung einzelner Determinanten des Entwicklungsstands.

In Studie II und III zeigt sich erstens, dass die Altersvariable speziell Beziehungen vermittelt, die zwischen den feinmotorischen Fertigkeiten und dem untersuchten verbalen Konstrukt (Wissen) bestehen. Dabei ist anzunehmen, dass sich in dem Befund Sozialisationseinflüsse manifestieren, die mit der Altersvariable assoziiert sind. Hierfür spricht, dass im multiplen Mediatormodell neben der Altersvariablen auch die Verarbeitungsgeschwindigkeit kontrolliert wurde, die auch als Proxy für Reifung aufgefasst wird (Bjorklund & Schneider, 2006). Da hierdurch der Reifungsaspekt in der Altersvariablen kontrolliert wurde, lässt sich der Effekt der Altersvariablen vorläufig als Sozialisationseffekt interpretieren. Der Versuch einer direkteren Schätzung von Sozialisationseffekten über den sozioökonomischen Status und die elterliche Bildung legt allerdings nahe, dass der über diese Merkmale repräsentierte eher distale soziale Hintergrund eine untergeordnete Rolle für die Beziehungen zwischen den feinmotorischen Fertigkeiten und Wissen spielt.

Zweitens zeigt sich, dass die Beziehungen zwischen den drei feinmotorischen Fertigkeiten und dem untersuchten nonverbalen Konstrukt (Reasoning) gerade bei jüngeren Kindern über die Verarbeitungsgeschwindigkeit vermittelt wird. Zumindest vorläufig kann der Befund als Hinweis auf Reifung interpretiert werden. Die ebenfalls untersuchte Fähigkeit zur Aufmerksamkeitsfokussierung scheint hingegen insgesamt nur eine geringe und statistisch nicht nachweisbare Rolle hinsichtlich der Beziehungen zwischen den betrachteten Konstrukten zu spielen. Dies steht im klaren Widerspruch zu den Befunden von Wassenberg und Kollegen (2005) und der Schlussfolgerung der Autoren, wonach die fokussierte Aufmerksamkeit den wesentlichen beziehungsstiftenden Faktor darstellt. Dabei ist davon auszugehen, dass die aktuelle Arbeit aufgrund der Betrachtung der Beziehungen im multiplen Mediatormodell eine präzisere Schätzung des Aufmerksamkeitseffektes liefert als die Studie von Wassenberg und Kollegen, in welcher der Aufmerksamkeitseffekt mit der Altersvarianz konfundiert war.

Insgesamt müssen Reifungs- und Sozialisationseinflüsse somit bei der Interpretation von Beziehungen zwischen feinmotorischen Fertigkeiten und kognitiven Fähigkeiten Berücksichtigung finden. Abhängig von der jeweils betrachteten Konstruktkombination fallen ihre Einflüsse offenbar spezifisch aus.

Wirkungsrichtung: Die dritte Forschungsfrage bezog sich auf eine gezieltere Untersuchung der Wirkungsrichtung zwischen den feinmotorischen und kognitiven Konstrukten. Angenommen wurde, dass die Fertigkeiten mit direktem und indirektem Nutzen für Objekt- und Umweltinteraktionen (Handgeschick, Auge-Hand-Koordination) Entwicklungsveränderungen in Reasoning und Wissen vorhersagen. Da somit speziell Entwicklungsveränderungen über die Zeit interessierten, lag der dritten Studie ein spezielles Cross-Lagged-Panel Design zugrunde. Im Gegensatz zu den existierenden, meist prädiktiv angelegten Längsschnittstudien (Belka & Williams, 1979; Dellatolas et al., 2003; Piek et al., 2008) wurde in der aktuellen Studie damit auch die kognitive Ausgangsleistung kontrolliert. Hierdurch waren nicht nur Vorhersagen über kognitive Entwicklungsveränderungen über die Zeit möglich, sondern auch eine Betrachtung der umgekehrten Wirkungsrichtung. Bislang lag hierzu nur die Studie von Roebers und Kollegen (2014) vor, in der allerdings nur ein spezifisches feinmotorisches Konstrukt betrachtet wurde.

Die Annahme einer gerichteten Beziehung von der Handgeschicklichkeit auf die Reasoningfähigkeit konnte bestätigt werden. Dabei war es unerheblich, ob die zuvor als relevant identifizierten Drittvariablen (s.o.) ins Modell aufgenommen wurden. Zu beachten ist allerdings, dass es sich bei dem Pfad von der Handgeschicklichkeit auf Reasoning um den einzigen Pfad vom feinmotorischen auf den kognitiven Fähigkeitsbereich handelte. Vorläufig lässt sich der Befund daher als Hinweis darauf verstehen, dass offenbar speziell Fertigkeiten mit direktem Nutzen für Objekt- und Umweltinteraktionen kognitive Entwicklungsveränderungen, insbesondere im nonverbalen Fähigkeitsbereich (Reasoning), unterstützen.

Von Reasoning und Wissen wurden keine Wirkungspfade auf die feinmotorischen Fertigkeiten erwartet. Der Befund, dass die Reasoningfähigkeit vierjähriger Kinder ihre Auge-Hand-Koordination ein Jahr später prädiziert überrascht daher zunächst. Er verweist darauf, dass zumindest der Erwerb der Auge-Hand-Koordination noch bis in das mittlere Vorschulalter von kognitiven Funktionen abhängt. Prinzipiell entspricht dies den Erkenntnissen aus der Logikstudie (Ahnert et al., 2003; Schneider, 1992), in der die motorischen Fertigkeiten fünfjähriger Kinder ebenfalls durch ihre kognitiven Fähigkeiten ein Jahr zuvor prädiziert wurden. Allerdings ist eher unwahrscheinlich, dass kognitive Fähigkeiten generell am Erwerb motorischer Fertigkeiten beteiligt sind, da weder die Handgeschicklichkeit noch die Tappingfertigkeit durch Reasoning oder Wissen vorhergesagt werden. Dies stellt eine Präzisierung der Erkenntnisse aus der Logikstudie dar. Tabelle 7.1 fast die dargestellten Ergebnisse der Arbeit zusammen.

Tabelle 7.1

Zusammenfassende Darstellung der Ergebnisse zu den drei Forschungsfragen

Konstrukt → Kognition ↓ Fms		Reasoning			Wissen		
		4-Jährige	5-Jährige	6-Jährige	4-Jährige	5-Jährige	6-Jährige
Handgeschick	Bivariate Beziehungen	moderat bis eng	moderat bis eng	moderat	moderat	gering bis moderat	n.s.
	Beziehung nach Drittvariablenkontrolle	Gering	n.s.	-	n.s	n.s.	n.s.
	Drittvariablen mit nachweisbaren Effekten	Verarbeitungsgeschwindigkeit	keine	-	keine	keine	-
	Wirkungsrichtung	Handgeschick → Reasoning	-	-	Keine gerichtete Beziehung	-	-
Auge-Hand-Koordination	Bivariate Beziehungen	moderat	n.s. bis moderat	n.s.	n.s. bis moderat	n.s. bis moderat	n.s.
	Beziehung nach Drittvariablenkontrolle	n.s.	n.s.	-	n.s.	n.s.	-
	Drittvariablen mit nachweisbaren Effekten	Verarbeitungsgeschwindigkeit	keine	-	keine	keine	-
	Wirkungsrichtung	Auge-Hand-Koordination ← Reasoning	-	-	Keine gerichtete Beziehung	-	-

Fortsetzung Tabelle 7.1

		Reasoning			Wissen	
	4-Jährige	5-Jährige	6-Jährige	4-Jährige	5-Jährige	6-Jährige
Bivariate Beziehungen	moderat bis eng	moderat	n.s.	n.s.	n.s.	n.s.
Beziehung nach Drittvariablenkontrolle	n.s.	n.s.	–	n.s. bis neg. gering	n.s. bis neg. gering	–
Drittvariablen mit nachweisbaren Effekten (Tapping)	keine	keine	–	keine	keine	–
Wirkungsrichtung	Keine gerichtete Beziehung	Keine gerichtete Beziehung	–	Keine gerichtete Beziehung	Keine gerichtete Beziehung	–

n.s. = nicht signifikant; – = keine Daten erhoben

7.3 Diskussion spezifischer Beziehungen

In den nachfolgenden Abschnitten werden die Beziehungen zwischen den sechs Konstruktkombinationen (3 feinmotorische x 2 kognitive) einzeln betrachtet. Hierbei werden die Erkenntnisse zu den untersuchten Forschungsfragen integriert und weiterführend diskutiert. Dann werden breitere theoretische Implikationen aufgezeigt, Grenzen der Arbeit angesprochen sowie Forschungsperspektiven und praktische Implikationen beschrieben.

7.3.1 Handgeschicklichkeit, Reasoning und Wissen

Mit der Handgeschicklichkeit wurde eine Fertigkeit betrachtet, welche geschickte Manipulationen an und mit Objekten ermöglicht und damit einen direkten Nutzen für alltägliche Objekt- und Umweltinteraktionen aufweist. Folglich sollte, bei Geltung der Annahme, dass feinmotorische Umweltinteraktionen basale kognitive Entwicklungsveränderungen unterstützen (z.B. Thelen, 2000), gerade die Handgeschicklichkeit eine Rolle für den Erwerb zentraler kognitiver Fähigkeiten (Reasoning und Wissen) spielen.

Handgeschick und Reasoning: Die Befunde der drei Studien legen nahe, dass die Beziehung zwischen Handgeschick und Reasoning im frühen und mittleren Vorschulalter, einerseits aufgrund von gemeinsamen, vermutlich reifungsbedingten, Entwicklungsprozessen existiert, andererseits aber darüber hinaus geht. So reduzierte sich die Beziehung, nachdem die Verarbeitungsgeschwindigkeit kontrolliert wurde, war aber auch danach noch nachweisbar. Zu vermuten ist, dass sich gerade in diesem zuletzt genannten Befund die angenommene Relevanz der Handgeschicklichkeit für Entwicklungsveränderungen im Bereich der Reasoningfähigkeit manifestiert. Hierfür spricht unter anderem der Befund einer gerichteten Beziehung von der Handgeschicklichkeit auf die Reasoningfähigkeit in Studie III. Interessant ist diesbezüglich auch der Teilbefund, dass die Handgeschicklichkeit, als Fertigkeit mit direktem Nutzen für Objekt- und Umweltinteraktionen (Pehoski, 1995) tendenziell enger mit Reasoning korreliert, als die Auge-Hand-Koordination (indirekter Nutzen) oder die Tappingfertigkeit (kein Nutzen). Dies deutet darauf hin, dass die Beziehung darauf basiert, dass die Handgeschicklichkeit die für die kognitive Entwicklung im Kindesalter wichtigen Objekt- und Umweltinteraktionen (Smith, 2005; Thelen, 2000) unterstützt.

Wird der Befund einer direkten Beziehung zwischen Handgeschick und Reasoning im Rahmen des Ansatzes der verkörperten Kognition interpretiert, sind wenigstens zwei Mechanismen als Erklärung für die Beziehung in Betracht zu ziehen. Erstens ist denkbar, dass die Handgeschicklichkeit die Verinnerlichung der für schlussfolgerndes Denken elementaren Handlungen des Vergleichens, Ordnens und Klassifizierens unterstützt (Ganser, 2004), da diese Tätigkeiten im Kindesalter häufig feinmotorischer Art sind (Elkind, 2001). Kinder mit einer hohen Handgeschicklichkeit sollten diese Tätigkeiten daher häufiger und gegebenenfalls auch mit größerem Erfolg ausführen. Die Handgeschicklichkeit würde aus dieser Perspektive den Erwerb der mentalen Operationen des Vergleichens, Ordnens etc. unterstützen. Zweitens unterstützt die Handgeschicklichkeit über entsprechende Objektinteraktionen eventuell auch den Erwerb perzeptueller und sensomotorischer Objektinformationen, auf welche sich die mentalen Operationen beim schlussfolgernden Denken beziehen. So deuten Befunde der experimentellen Kognitionsforschung darauf hin, dass Vorschulkinder beim schlussfolgernden Denken noch auf sensomotorische Repräsentationen zurückgreifen (Slouthsky, Kloos, & Fisher, 2007). Vorschulkinder mit einer gut entwickelten Handgeschicklichkeit haben möglicherweise also Vorteile bei der Aktivierung visuell-räumlicher Objektinformationen und können im Weiteren auch besser mental mit den aktivierten Informationen operieren. Für diese Annahme spricht, dass die Handgeschicklichkeit in der ersten und zweiten Studie tendenziell enger mit dem Untertest *Matrizen* des Reasoningkonstruktes korrelierte als mit dem Untertest *Klassenbilden* und in der dritten Studie nur im Matrizentest Entwicklungsveränderungen prädizierte ($\beta = .24$, $p < .05$). Diese Teilergebnisse können zumindest vorläufig als Belege für die obigen Annahmen verstanden werden, da gerade die figuralen Items im Matrizentest auch visuell-räumliche Fähigkeiten messen (Ricken et al., 2007).

Da das Niveau der Handgeschicklichkeit in der Regel ab einem Alter von etwa fünf Jahren für die erfolgreiche Bewältigung der meisten alltäglichen Objekt- und Umweltinteraktionen ausreicht (Henderson & Pehoski, 1995), wurden im Laufe der Vorschulzeit abnehmende Beziehungen zwischen der Handgeschicklichkeit und Reasoning erwartet. Übereinstimmend hiermit zeigen die Daten eine etwas geringere Beziehung zwischen Handgeschick und Reasoning bei fünf- und sechsjährigen Kindern, ein insgesamt höheres Handgeschicklichkeitsniveau der älteren Kinder sowie eine gleichzeitig geringere Leistungsstreuung bei den älteren Kindern.

Trotz der Plausibilität dieser Erklärung für den Befund geringerer Beziehungen bei älteren Kindern, sind wenigstens drei weitere Erklärungen in Betracht zu ziehen. Hierzu gehören erstens reduzierte Reliabilitäten der gemessenen Konstrukte. Zweitens ist denkbar, dass sich in dem Befund eine Entkopplung von zunächst parallelen Entwicklungsverläufen der Handgeschicklichkeit und der Reasoningfähigkeit (Dyck et al., 2009) äußert. Drittens könnte sich in dem Befund geringerer Beziehungen bei älteren Kindern auch eine abnehmende Bedeutung kognitiver Ressourcen bei der feinmotorischen Handlungssteuerung manifestieren (Ahnert et al., 2003). Reduzierte Reliabilitäten bei den älteren Kindern sind eher auszuschließen, da der Beziehungsunterschied auch nach der doppelten Reliabilitätskorrektur erhalten blieb. Auch die von manchen Autoren (Dyck et al., 2009) angenommene Entkopplung von zunächst parallelen Entwicklungsverläufen motorischer und kognitiver Funktionen ist unwahrscheinlich. So hätten die entwicklungsnahen Variablen (Alter, Verarbeitungsgeschwindigkeit), bei Geltung dieser Annahme, bei jüngeren Kindern eine größere Erklärungskraft für die Beziehung zwischen Handgeschick und Reasoning aufweisen müssen als bei älteren Kindern. In den Daten finden sich hierauf allerdings keine Hinweise. Möglich ist jedoch, dass die Beziehungen zwischen Handgeschick und Reasoning bei älteren Kindern geringer ausfallen, weil Aspekte der Handgeschicklichkeit stärker automatisiert sind. Ältere Kinder wären demnach bei der Bearbeitung der Handgeschicklichkeitsaufgaben weniger auf kognitive Steuerungsressourcen angewiesen, die als Teilaspekt des Reasoningkonstruktes möglicherweise miterfasst wurden.

Handgeschick und Wissen: Die Annahme, dass die Handgeschicklichkeit für den Erwerb allgemeinen Wissens im Vorschulalter eine Rolle spielt, wird durch die Ergebnisse der drei Studien nicht gestützt. Bei den moderaten Korrelationen zwischen Handgeschick und Wissen, die sich in allen drei Studien bei vier- und fünfjährigen Kindern fanden, scheint es sich stattdessen um das Ergebnis paralleler Entwicklungsverläufe der beiden Konstrukte zu handeln. So reduzierte sich die Beziehung in Studie I und II nach Kontrolle des Alters und in Studie III nach zusätzlicher Kontrolle der Verarbeitungsgeschwindigkeit vollständig. Auch im Längsschnitt war kein Pfad von der Handgeschicklichkeit vierjähriger Kinder auf das Wissen der Kinder ein Jahr später identifizierbar.

Bei konstanter stichprobenspezifischer Altersvarianz (alterskorrigierte Beziehung) lag somit eine Nullbeziehung zwischen der Handgeschicklichkeit und Wissen vor. Obwohl der Befund nahelegt, dass die Handgeschicklichkeit bedeutungslos für den Wissenserwerb ist, muss bei dieser Interpretation ein statistischer und ein theoretischer Einwand beachtet werden. Aus statistischer Sicht war die Stichprobengröße zu klein, um die Nullbeziehung interpretieren zu können. Aus theoretischer Sicht ist zudem möglich, dass ein möglicher Einfluss der Handgeschicklichkeit auf den Wissenserwerb unentdeckt geblieben ist. So ist denkbar, dass innerhalb des allgemeinen Wissenskonstruktes nur bestimmte Aspekte durch feinmotorische Objekt- und Umweltinteraktionen erworben werden und dass diese in der konkreten Operationalisierung von Wissen in der Arbeit unterrepräsentiert waren. Zu vermuten ist, dass hierzu gerade „motoriknahe" Wissensaspekte gehören. Wissen also, welches sich auf Bedeutungsfacetten der physisch-gegenständlichen Lebenswelt der Kinder bezieht und über die feinmotorischen Interaktionen erworben wird. Dazu gehört beispielsweise auch perzeptuelles oder funktionales Wissen über die Interaktionsobjekte. Übereinstimmend hiermit fanden Suggate und Stöger (2013), dass die Handgeschicklichkeit fünfjähriger Kinder enger mit einem Maß für „motorik-nahe" (z.B. Schnalle), als mit einem Maß für „motorikferne" Begriffe (z.B. Ziel) korreliert.

7.3.2 Auge-Hand-Koordination, Reasoning und Wissen

Mit der Auge-Hand-Koordination wurde in der Arbeit eine Fertigkeit untersucht, die feinmotorischen Objekt- und Umweltinteraktionen in der Regel vorausgeht oder sie begleitet (Duff, 2002). Da die Fertigkeit somit wenigstens indirekt an alltäglichen feinmotorischen Objektinteraktionen beteiligt ist, sollte sie ebenfalls eine Rolle für Entwicklungsveränderungen in zentralen kognitiven Fähigkeitsbereichen (Reasoning und Wissen) spielen.

Auge-Hand-Koordination und Reasoning: Hinweise, die auf eine Bedeutung der Auge-Hand-Koordination für die Entwicklung der Reasoningfertigkeit sprechen, fanden sich in der Arbeit keine. Die Befunde der zweiten und dritten Studie legen stattdessen nahe, dass beide Konstrukte indirekt über die Verarbeitungsgeschwindigkeit (Reifung) assoziiert sind. Darüber hinaus spricht der Befund einer gerichteten Beziehung von der Reasoningfähigkeit vierjähriger Kinder auf ihre Auge-Hand-Koordination ein Jahr später für eine direkte Beziehung, die speziell auf dem Matrizentest des Reasoningkonstruktes basiert. Wie bereits dargestellt enthält der Test vorwiegend figurale Items, welche auch visuell-räumliche Fähigkeiten messen. Daher lässt sich der oben genannte Befund auch als vorläufiger Hinweis darauf verstehen, dass der Erwerb der Auge-Hand-Koordination im mittleren Vorschulalter durch visuell-räumliche Fähigkeiten unterstützt wird. Dies ist auch deshalb plausibel, da die Items des Konstruktes Auge-Hand-Koordination stark visuell-gesteuerte Arm-Hand-Positionsveränderungen im Raum erfordern. So sind bei der *Tracingaufgabe* insbesondere Anforderungen im zweidimensionalen Raum zu bewältigen (horizontale und vertikale Bewegungen auf dem Blatt). Bei den Aimingitems *Bär* und *Huhn* müssen sogar Anforderungen im dreidimensionalen Raum bewältigt werden (zusätzliche Auf- und Abbewegungen). Nach dieser Erklärung würde es sich bei der Beziehung zwischen der Auge-Hand-Koordination und Reasoning zum Teil auch um eine Scheinkorrelation handeln, die über eine übergeordnete visuell-räumliche Fähigkeit vermittelt wird. Schlussfolgerndes Denken als Kern des Reasoningkonstruktes hätte dann keine Bedeutung mehr für die Auge-Hand-Koordination.

Auge-Hand-Koordination und Wissen: Die Ergebnisse sprechen insgesamt gegen eine Bedeutung der Auge-Hand-Koordination für den Erwerb von Allgemeinem Wissen im untersuchten Zeitraum. Zwar existiert zwischen den Konstrukten in allen drei Studien eine Beziehung. Nach Kontrolle des Alters in Studie I und II und nach zusätzlicher Kontrolle der Verarbeitungsgeschwindigkeit in Studie III, war diese jedoch in keiner Altersgruppe mehr nachweisbar. Dieser Befund und der Befund, dass auch im Längsschnitt kein Pfad von der Auge-Hand-Koordination zum allgemeinen Wissen führte, legt nahe, dass die Beziehung im Wesentlichen auf dem allgemeinen Entwicklungsstand basiert. Dabei spielen vermutlich spezielle Sozialisationseinflüsse mit gleichzeitiger Wirkung auf die Entwicklung der Auge-Hand-Koordination und des Wissens der Kinder eine Rolle. So wird der sichere Umgang mit Stift und Papier, der selbst hohe Anforderungen an die Auge-Hand-Koordination aufweist (Feder & Majnemer, 2007), im Lauf der Vorschulzeit zunehmend wichtiger. Zu vermuten ist etwa, dass in dieser Phase Fördereinflüsse durch das Elternhaus eine Rolle spielen. Befunden, die auf Beziehungen zwischen den graphomotorischen Fertigkeiten von Schulkindern und ihrem sozialen Hintergrund verweisen (Wendler, 2001), scheinen dies zu bestätigen. Auch der Erwerb allgemeinen Wissens wird im Vorschulalter maßgeblich durch den sozialen Hintergrund beeinflusst (z.B. Cheadle, 2009). Der Befund signifikanter Korrelationen zwischen Auge-Hand-Koordination, elterlicher Bildung und Wissen zum zweiten Messzeitpunkt (Studie III) kann als erster Hinweis auf die vermutete Relevanz des sozialen Hintergrunds für die Beziehung zwischen beiden Konstrukten gelten.

7.3.3 Tapping, Reasoning und Wissen

Im Unterschied zur Handgeschicklichkeit und zur Auge-Hand-Koordination findet sich in bekannten Konzeptionen feinmotorischer Fertigkeiten (Baedke, 1980; Chien et al., 2009) kein Hinweis darauf, dass Tapping einen direkten oder indirekten Nutzen für Objekt- und Umweltinteraktionen aufweist. Eine Bedeutung der Tappingfertigkeit für kognitive Entwicklungsveränderungen im Vorschulalter war daher nicht zu erwarten.

Tapping und Reasoning: Die Befunde der drei Studien entsprachen insofern den Erwartungen, als sich keine Hinweise auf eine Bedeutung der Tappingfertigkeit für den Reasoningerwerb fanden. Die konsistente geringe bis moderate Beziehung zwischen Tapping und Reasoning existierte nur im Querschnitt und ließ sich durch die Verarbeitungsgeschwindigkeit erklären. Wie bereits dargestellt spricht dieser Befund dafür, dass in der Beziehung zwischen Tapping und Reasoning primär Reifungseinflüsse zum Ausdruck kommen, da der Verarbeitungsgeschwindigkeit unter anderem die reifungsabhängige Nervenleitgeschwindigkeit zugrunde liegt (Bjorklund & Schneider, 2006; Kail, 2007). Der Annahme, dass Tapping mit Reasoning aufgrund neurophysiologischer Prozesse korreliert entspricht, dass die Tappingleistung auch als Indikator für die Intaktheit allgemeiner Hirnfunktionen interpretiert wird (Christianson & Leathem, 2004)und in neuropsychologischen Testverfahren erfasst wird (Mitrushina, Boone, & D'Elia, 1999). Allerdings sind die kognitiven und neurophysiologischen Prozesse, die der Tappingleistung zugrunde liegen, bislang erst wenig verstanden, so dass unklar bleibt, inwiefern gerade solche Hirnfunktionen auch Reasoningleistungen zugrunde liegen.

Tapping und Wissen: Hinsichtlich der oben diskutierten fünf Konstruktkombinationen liefert die Arbeit Hinweise, entweder für eine direkte (gerichtete) oder eine indirekte (ungerichtete) Beziehung. Für die Konstruktkombination Tapping und Wissen finden sich in der Arbeit keine entsprechenden Hinweise, weder für das frühe, noch für das mittlere und späte Vorschulalter. Es ist daher anzunehmen, dass es sich bei Tapping und Wissen um zwei Konstrukte handelt, die sowohl kausal als auch im Hinblick auf ihre jeweiligen Entwicklungsmechanismen weitgehend unabhängig voneinander sind.

7.4 Breitere Theoretische Implikationen

Ein zentrales Anliegen der Arbeit galt der aus frühpädagogischer Sicht wichtigen Frage nach der Bedeutung feinmotorischer Fertigkeiten für kognitive Lern- und Entwicklungsschritte. Neben entsprechenden Erkenntnissen zu dieser Perspektive liefert die Arbeit auch Erkenntnisse zu zwei weiteren theoretischen Perspektiven hinsichtlich des Zusammenhangs zwischen feinmotorischen Fertigkeiten und kognitiven Fähigkeiten im Kindesalter. Zum einen betrifft dies die Annahme, die Beziehung zwischen feinmotorischen Fertigkeiten und kognitiven Fähigkeiten sei ein Resultat übergeordneter Faktoren, die quasi für parallele Entwicklungsverläufe der feinmotorischen und der kognitiven Leistungsfähigkeit verantwortlich sind (Rhemtulla & Tucker-Drob, 2011). Zum anderen wurde die Beziehung zwischen feinmotorischen Fertigkeiten und kognitiven Fähigkeiten im Kindesalter auch bereits als Folge eines Einflusses kognitiver Fähigkeiten auf den feinmotorischen Fertigkeitserwerb beschrieben (Ahnert et al., 2003).

Da der in den meisten Studien gefundene Befund einer positiven Korrelation, größtenteils auf Querschnittsdesigns basiert, konnte bislang weder zwischen den drei Perspektiven noch zwischen konkreteren Annahmen innerhalb der Perspektiven differenziert werden. Aus den Befunden der vorliegenden Arbeit können diesbezüglich konkretere Hinweise abgeleitet werden.

Im Rahmen der ersten Perspektive wurde argumentiert, dass feinmotorische Fertigkeiten im Kindesalter unverzichtbar für die erfolgreiche Auseinandersetzung mit alltäglichen Objekt- und Umweltinteraktionen sind. Letztere werden in traditionellen (Piaget, 1952) wie aktuelleren Ansätzen (Smith, 2005; Thelen, 2000) zur kognitiven Entwicklung als zentral für basale kognitive Entwicklungsveränderungen aufgefasst. Entsprechend wurde feinmotorischen Fertigkeiten auch bereits mehrfach Relevanz für die kognitive Entwicklung attestiert (Davis et al., 2011; Dellatolas et al., 2003). Das aktuelle Ergebnis eines signifikanten Cross-Lagged-Pfades von der Handgeschicklichkeit vierjähriger Kinder auf ihre Reasoningfähigkeit ein Jahr später (Studie III) spricht klar für diese Annahme. Gleichzeitig legen die Befunde eine differenziertere Betrachtung nahe, da abgesehen von dem Pfad von der

Handgeschicklichkeit auf Reasoning kein weiterer Pfad existierte. Die Arbeit zeigt damit erstmals, dass nur bestimmte feinmotorische Konstrukte wichtig sind. Nämlich speziell solche, die dem Spektrum der Objektmanipulationsfertigkeiten zuzuordnen sind.

Der Befund, dass im kognitiven Bereich die Reasoningfähigkeit, aber nicht das allgemeine Wissen vorhergesagt wurde, spricht zudem gegen die Auffassung, feinmotorische Fertigkeiten würden den kognitiven Fähigkeitserwerb generell unterstützen, wie dies in der Vergangenheit zum Teil suggeriert wurde (z.B. Dellatolas et al., 2003). Eher scheinen sich existierende Befunde zu bestätigen, wonach feinmotorische Fertigkeiten im Kindesalter engere Beziehungen mit dem nonverbalen als mit dem verbalen kognitiven Fähigkeitsbereich aufweisen (Ahnert, 2005; Davis et al., 2011; Dickes, 1978). So handelte es sich bei der in der Arbeit fokussierten Reasoningfähigkeit und dem allgemeinen Wissen um immerhin repräsentative Stellvertreter des nonverbalen, beziehungsweise verbalen Konstruktspektrums (Ricken et al., 2007). Der Befund, dass innerhalb des untersuchten nonverbalen Konstruktbereiches speziell die visuell-räumliche Facette des Reasoningkonstruktes vorhergesagt wurde weist allerdings darauf hin, dass die Annahme Ahnerts zu präzisieren ist, beziehungsweise in ihrer Allgemeinheit in Frage gestellt werden muss. Vor dem Hintergrund von Befunden, die zeigen, dass visuell-räumliche Fähigkeiten unter anderem aus feinmotorischen Objektaktivitäten resultieren (Baenninger & Newcombe, 1989), macht dies durchaus Sinn.

Wenn in diesem Befund tatsächlich zum Ausdruck kommt, dass kognitive Fähigkeiten existieren, deren Erwerb auf feinmotorischen Aneignungsprozessen basiert, wie dies beispielsweise durch den Ansatz zur verkörperten Kognition nahe gelegt wird (Barcalou, 2008; Smith, 2005), hätte dies auch Implikationen mit schulpädagogischer Relevanz. Konkret würde der Befund zu einem besseren Verständnis bestimmter lern- und leistungsrelevanter Aspekte aus dem Bereich der Vorläuferfertigkeiten beitragen (z.B. Zahlbegriff, Wortschatz). Dazu gehören auch die im Kindesalter eng mit feinmotorischen Tätigkeiten verbundenen Fertigkeiten Zählen, Vergleichen, Anordnen, Klassifizieren, die grundlegend für die Entwicklung des Zahl- und Mengenbegriffs sind (z.B. Elkind, 2001; Ganser, 2004). Dazu gehören aber auch Konzepte, die visuell-räumliche Komponenten enthalten und wichtig für basale mathematische und sprachliche Fertigkeiten sind (z.B. lokale Präpositionen *vor, hinter, zwischen, auf, unter, über etc.* oder auch Adjektive wie *viel, wenig, groß, klein*) (Lehmann, Rademacher, Quaiser-Pohl, Günther, & Trautewig, 2006) sowie deren Komparative und Superlative.

Im Rahmen einer weiteren Perspektive wurde vermutet, dass übergeordnete Faktoren für parallele Entwicklungsverläufe feinmotorischer Fertigkeiten und kognitiver Fähigkeiten und folglich für die empirisch messbare Korrelation zwischen beiden Konstrukten verantwortlich sind. Dabei wurden synchron wirkende Reifungs- und Umwelteinflüsse sowie damit verbundene persönliche Merkmale der Kinder (Verarbeitungsgeschwindigkeit, Aufmerksamkeit) als Ursachen für die parallele Entwicklung des feinmotorischen und des kognitiven Bereiches angenommen (Rhemtulla & Tucker-Drob, 2011).

In der Tat legen die Befunde der Arbeit nahe, dass Beziehungen zwischen feinmotorischen Fertigkeiten und kognitiven Fähigkeiten im frühen Kindesalter auch aus dieser Perspektive beschreibbar sind. Für übergeordnete Faktoren spricht beispielsweise, dass die um die Drittvariablen korrigierten Beziehungen zwischen den betrachteten feinmotorischen und kognitiven Konstrukten geringer ausfielen, wobei für die Altersvariable und die Verarbeitungsgeschwindigkeit die deutlichsten Effekte nachgewiesen wurden. Der zuletzt genannte Befund spricht zudem klar für Reifungs- und Sozialisationseinflüsse, da die Altersvariable und die Verarbeitungsgeschwindigkeit als Proxy für Reifungseinflüsse (Verarbeitungsgeschwindigkeit, Bjorklund & Schneider, 2006; Kail, 2007) sowie für Reifungs- und Sozialisationseinflüsse (Alter, Oerter, 2008) stehen. Die stabile Beziehung zwischen Handgeschick und Reasoning macht allerdings auch deutlich, dass parallele Entwicklungsverläufe der feinmotorischen und der kognitiven Konstrukte offenbar nur Zusammenhänge zwischen speziellen Konstruktkombinationen erklären.

Im Rahmen einer dritten Perspektive wurde postuliert, dass kognitive Fähigkeiten am feinmotorischen Fertigkeitserwerb beteiligt sind, indem sie auf die feinmotorische Handlungssteuerung wirken (Exner & Henderson, 1995). Neben dieser relativ allgemeinen Perspektive existieren auch bereits etwas spezifischere Annahmen, die sich auf das Modell psychomotorischen Lernens (Ackerman, 1988) stützen. Demnach sind gerade zu Beginn der Kindheit speziell allgemeine kognitive Ressourcen am Erwerb komplexer feinmotorischer Fertigkeiten beteiligt, da solche Fertigkeiten in dieser Entwicklungsphase in der Regel noch nicht automatisiert sind (Ahnert et al., 2003).

Der aktuelle Befund, dass Entwicklungsveränderungen in der Auge-Hand-Koordination durch die Reasoningfähigkeit prädiziert werden zeigt, dass in diesem Alter zumindest bestimmte kognitive Fähigkeiten von Bedeutung für den Erwerb bestimmter feinmotorischer Fertigkeiten sind. Allerdings manifestiert sich in der spezifischen Konstruktkombination vermutlich ein anderer Mechanismus als der bei Ahnert und Kollegen (2003) beschriebene. So handelt es sich bei der in der Arbeit untersuchten Auge-Hand-Koordination weder um eine komplexe Fertigkeit, noch lässt sich das untersuchte Reasoningkonstrukt mit den bei Ackerman (1988) beschriebenen allgemeinen kognitiven Ressourcen gleichsetzen. Die Daten verweisen daher vermutlich eher darauf, dass speziell Fähigkeiten aus dem visuell-räumlichen Konstruktspektrum am Erwerb solcher feinmotorischer Fertigkeiten beteiligt sind, die sich durch eine starke visuell-räumliche Komponente charakterisieren lassen (Auge-Hand-Koordination).

Mit dem Hinweis auf eine eventuelle Bedeutung visuell-räumlicher Fähigkeiten für den Erwerb der Auge-Hand-Koordination liefert die Arbeit weitere Erkenntnisse hinsichtlich der Frage, welche kognitiven Fähigkeiten speziell am feinmotorischen Fertigkeitserwerb beteiligt sind. Auch die Überlegungen von Ahnert und Kollegen zur Bedeutung allgemeiner kognitiver Ressourcen für komplexe motorische Fertigkeiten enthalten in dieser Hinsicht wichtige Hinweise. Aufgrund der vorliegenden Daten ist es allerdings unplausibel, dass der Mechanismus im Vorschulalter noch eine Rolle für den Erwerb der drei zentralen feinmotorischen Fertigkeiten Handgeschick, Auge-Hand-Koordination und Tapping spielt.

Die Ausführungen machen deutlich, dass die Befunde grundlegende Erkenntnisse hinsichtlich drei der wichtigsten Perspektiven zur Beziehung zwischen feinmotorischen Fertigkeiten und kognitiven Fähigkeiten im Kindesalter bereitstellen. Für eine umfassendere Theorie der Beziehung zwischen feinmotorischen Fertigkeiten und kognitiven Fähigkeiten von Kindern im Vorschulalter bilden die Befunde allerdings noch keine Grundlage. Einige der wichtigsten hierfür verantwortlichen methodischen und inhaltlichen Grenzen der Arbeit sowie daraus resultierende Forschungsperspektiven werden im nächsten Kapitel diskutiert.

7.5 Limitationen und Forschungsausblick

In diesem Kapitel sollen vorrangig die Grenzen der Arbeit diskutiert werden, die sich auf die speziellen Befunde zur Bedeutung feinmotorischer Fertigkeiten für kognitive Entwicklungsveränderungen beziehen. Die vorangige Diskussion der Grenzen dieser speziellen Perspektive zum Zusammenhang zwischen den feinmotorischen und den kognitiven Konstrukten ist damit zu begründen, dass sich hierzu in der Literatur häufig vereinfachte und unkritische Äußerungen finden. Es werden daher speziell Grenzen diskutiert, die an den methodischen Eigenschaften der durchgeführten Studien ansetzen und die fokussierten feinmotorischen und kognitiven Konstrukte und deren Operationalisierung sowie Aspekte des Forschungsdesigns betreffen. Zudem wird der Forschungsbedarf skizziert, der durch die Befunde der Arbeit angeregt wird und weitere, in der Arbeit nicht direkt untersuchte, Fragen zu Mechanismen sowie Moderatoren der Beziehung betrifft.

Ein Anliegen im Rahmen der ersten Forschungsfrage war unter anderem darauf gerichtet diejenigen feinmotorischen Konstrukte zu identifizieren, die gegebenenfalls kognitive Entwicklungsveränderungen prädizieren. Im kognitiven Fähigkeitsspektrum sollten analog hierzu Hinweise auf diejenigen Konstruktbereiche gefunden werden, in welchen die Entwicklungsveränderungen stattfinden. Aufgrund dieser Zielsetzung und auch aus forschungsökonomischen Gründen wurden sowohl im feinmotorischen als auch im kognitiven Bereich zunächst relativ breite Konstrukte fokussiert. Das explorative Vorgehen passte zu der dürftigen Forschungslage zu Beginn der Untersuchung, aber schränkt gleichzeitig auch die Generalisierbarkeit der Befunde ein. Dies gilt auch für den in der Arbeit zentralen Befund einer gerichteten Beziehung zwischen der Handgeschicklichkeit und der Reasoningfähigkeit.

Erstens lässt die relativ breite Betrachtung des Bereiches der Finger- und Handgeschicklichkeit keine Aussagen hinsichtlich spezifischerer Fertigkeiten innerhalb des Bereiches zu. Nicht auszuschließen ist daher, dass nicht die Handgeschicklichkeit insgesamt, sondern spezielle Aspekte wichtig sind. Der Teilbefund, wonach die Handgeschicklichkeit speziell visuell-räumliches Schlussfolgern vorhersagt enthält diesbezüglich einen möglichen Hinweis. So konnten Wiedenbauer und Jansen-Osmann (2008) an einer Stichprobe mit Vorschulkindern zeigen, dass der mentalen Rotation – einem zentralen Aspekt des visuell-räumlichen Fähigkeitskonstruktes – manuelle Rotationsprozesse zugrunde liegen. Eine besondere Rolle zumindest für diesen Aspekt visuell-räumlicher Fähigkeiten spielen daher möglicherweise die in dem

Modell von Pont, Wallen und Bundy (2009) beschriebene Handgeschicklichkeitsfacette *in-hand-manipulation* und hier speziell die sogenannten *Rotation Fertigkeiten* (rotieren von Gegenständen in einer Hand).

Im kognitiven Bereich stellt der Befund, dass zwar die Reasoningfähigkeit, nicht aber Allgemeines Wissen durch die Handgeschicklichkeit vorhergesagt wurde, ein zentrales Ergebnis dar. Das Ergebnis wurde als Hinweis darauf interpretiert, dass kognitive Entwicklungsveränderungen offenbar nicht im Allgemeinen durch feinmotorische Fertigkeiten unterstützt werden, wie dies in manchen Publikationen (Dellatolas et al., 2003) suggeriert wird. Der Befund, dass nur die nonverbale Reasoningfähigkeit prädiziert wurde entsprach stattdessen Ergebnissen aus existierenden Studien, die zeigen konnten, dass feinmotorische Fertigkeiten vor allem zu nonverbalen kognitiven Fähigkeiten Beziehungen aufweisen (Davis et al., 2011; Dickes, 1978). Dass mit Reasoning und Allgemeinem Wissen zwar relativ repräsentative, allerdings längst nicht umfassende Operationalisierungen des verbalen und nonverbalen Bereiches realisiert wurden, schränkt die Generalisierbarkeit des Befundes ein. Schlüsse auf andere verbale (z.B. Wortschatz) oder nonverbale (z.B. zentrale Exekutive) Konstruktbereiche sind daher vorerst nicht zulässig.

Das Teilergebnis, dass speziell Entwicklungsveränderungen im Aspekt visuell-räumlichen Schlussfolgerns, aber nicht im Klassifikationsaspekt des Reasoningkonstruktes vorhergesagt wurden, lässt sogar Zweifel daran aufkommen, dass die Konstruktart „Verbal vs. Nonverbal" überhaupt eine Rolle spielt. Zu prüfen wäre daher vermutlich eher, ob die Handgeschicklichkeit visuell-räumliche statt generell nonverbale kognitive Fähigkeiten vorhersagt. Dieser Vermutung müsste in künftigen Studien allerdings mit etablierten Testverfahren zur Erfassung visuell-räumlicher Fähigkeiten nachgegangen werden, die sich auch für Kinder eignen (z.B. Picture Rotation Test, Quaiser-Pohl, 2003). Die Rolle der Konstruktart verbal versus nonverbal könnte in solchen Studien zum Beispiel analysiert werden, indem neben nonverbalen auch verbale Konstrukte mit visuell-räumlichen Grundlagen gemessen werden. Ein aus schulpädagogischer Sicht relevantes Beispiel eines verbalen Konstruktes wären die in Kapitel 7.4 bereits erwähnten lokalen Präpositionen (auf, unter, zwischen, neben, hinter etc.).

Die bisherigen Ausführungen bezogen sich auf Einschränkungen hinsichtlich der Generalisierbarkeit der Erkenntnisse zur Beziehung zwischen den Konstrukten Handgeschicklichkeit und Reasoning auf andere Konstruktkombinationen. Die folgenden Ausführungen beziehen sich auf die Frage inwieweit die Befunde der Arbeit auch Gültigkeit für andere Altersgruppen, als die in dieser Arbeit betrachtete Gruppe der vier, fünf und sechsjährigen Vorschulkinder haben. Die Gruppe der vier bis sechsjährigen Kinder wurde in der Arbeit deshalb genauer betrachtet, da sich die Forschungslage zur Beziehung zwischen feinmotorischen Fertigkeiten und kognitiven Fähigkeiten in diesem Alter zu Untersuchungsbeginn als besonders unbefriedigend darstellte.

Hinsichtlich der Konstruktkombination Handgeschick und Reasoning ist bei den unter vierjährigen Kindern mit hoher Wahrscheinlichkeit noch von einer Beziehung auszugehen. So hängt die Auftretenswahrscheinlichkeit feinmotorischer Objektinteraktionen, die auch Relevanz für basale kognitive Entwicklungsveränderungen (z.B. im visuellräumlichen Schlussfolgern) haben, in diesem Alter sogar noch stärker vom sich entwickelnden Handgeschicklichkeitsniveau ab als bei den in dieser Arbeit untersuchten vier- bis sechsjährigen Kindern. Umgekehrt ist eine Beziehung zwischen Handgeschick und Reasoning bei den über fünfjährigen Kindern eher unwahrscheinlich, da diese bereits über eine reife Handgeschicklichkeit verfügen (Henderson & Pehoski, 1995). Dies deutet sich auch bereits in dem vorliegenden Befund geringerer Beziehungen zwischen der Handgeschicklichkeit und der Reasoningfähigkeit bei den sechsjährigen Kindern an (Studie II).

Obwohl die Befunde zur Beziehung zwischen der Auge-Hand-Koordination und Reasoning und Wissen eher gegen eine Bedeutung der Auge-Hand-Koordination für den kognitiven Kompetenzerwerb sprechen, beschränkt sich dieser Hinweis zunächst ebenfalls auf die betrachtete Altersphase und die betrachtete Konstruktkombination. Beispielsweise ist es durchaus plausibel, dass die in dieser Arbeit untersuchte „paper und pencil" Facette des Konstruktes Auge-Hand-Koordination gerade zu Beginn der Schulzeit für das Lern- und Leistungsverhalten wieder an Bedeutung gewinnt. Hierfür spricht der hohe Aufgabenanteil mit direktem oder indirektem Bezug zu akademischem Lernen (Schriftspracherwerb, künstlerische Tätigkeiten), der im Unterrichtsalltag Anforderungen an die Auge-Hand-Koordination impliziert. Die Auge-Hand-Koordination sollte daher erstens eine Rolle für Kompetenz- und Scheiternserfahrungen spielen, die sich dann, vermutlich vermittelt über affektive und motivationale Wirkfaktoren, auf das Lernverhalten auswirken. Denkbar ist zweitens auch, dass Defizite der Auge-Hand-Koordination speziell in Aufgaben mit Bezug zu akademischen Tätigkeiten (z.B. Schreiben von Buchstaben) Aufmerksamkeitsressourcen binden, was dann die optimale Verarbeitung inhaltlicher Aspekte der jeweiligen Lernaufgabe (Buchstabengedächtnis) beeinträchtigt. Empirische Beziehungen zwischen der Auge-Hand-Koordination und Leistungen in den Fächern Mathematik und Lesen (z.B. Son & Meisels, 2006) bei Kindern im Grundschulalter, sind mit diesen Annahmen grundsätzlich vereinbar.

Die bisherigen Ausführungen bezogen sich auf Grenzen der Arbeit in Bezug auf die in der Arbeit betrachteten Konstrukte und Altersgruppen. Darüber hinaus sind auch Überlegungen hinsichtlich des Untersuchungsdesigns anzustellen.

Die vielleicht wichtigste Frage bezieht sich auf die Belastbarkeit der Interpretation, dass es sich bei dem Pfad von der Handgeschicklichkeit auf die Reasoningfähigkeit um eine kausale Wirkungsbeziehung handelt. Zwar ermöglichte die dritte Studie aufgrund des Cross-Lagged-Paneldesigns bereits die Kontrolle der kognitiven Ausgangsleistung, die Kontrolle von Drittvariableneinflüssen war hingegen auf die Kontrolle bekannter Variablen (Verarbeitungsgeschwindigkeit, sozialer Hintergrund) begrenzt. Nach zwei Querschnitts-, und der methodisch anspruchsvolleren Längsschnittstudie, ist daher gut kontrollierte Interventionsforschung ein notwendiger nächster Schritt. Nur so sind noch höhere interne Validitäten erzielbar.

Eine weitere Prüfung der Annahme feinmotorische Fertigkeiten hätten Bedeutung für kognitive Lern- und Entwicklungsschritte, mit kausal belastbareren Erhebungsdesigns, könnte dabei direkt an den durch die Ergebnisse der Arbeit angeregten Vorüberlegungen ansetzen. Das Grunddesign einer solchen, möglichst randomisierten Untersuchung würde folglich darauf abzielen, den möglichen Effekt einer Handgeschicklichkeitsintervention auf Fähigkeiten aus dem visuell-räumlichen Konstruktspektrum messbar zu machen. Treffen die theoretischen Annahmen zu, die zum Beispiel aus dem Ansatz der verkörperten Kognition (Barsalou, 2008; Smith, 2005) ableitbar sind, regt die Handgeschicklichkeit Objektinteraktionen an und trägt hierüber vermittelt erst nach einiger Zeit zum Aufbau visuell-räumlicher Objektrepräsentationen bei. Die Interventionsstudie wäre daher längsschnittlich anzulegen. Der aktuelle Befund tendenziell engerer Beziehungen bei vierjährigen gegenüber fünf- und sechsjährigen Kindern spricht dabei für einen Interventionsbeginn spätestens ab dem vierten Lebensjahr. Neben einer Experimentalbedingung und einer einfachen Kontrollbedingung ist dabei vor allem eine Placebobedingung wichtig, über welche unter anderem die bei jüngeren Kindern besonders ausgeprägten Zuwendungseffekte zu kontrollieren wären. Sinnvoll wäre auch eine zusätzliche Experimentalbedingung, in der die Kinder ein spezielles Training des Handgeschicklichkeitsaspektes *Rotation* (Pont et al., 2009) erhalten. Hierüber könnte der oben aufgeworfenen Frage nachgegangen werden, ob das gesamte Handgeschicklichkeitskonstrukt oder speziell der Rotationsaspekt eine Rolle für den Erwerb visuell-räumlicher Fähigkeitsaspekte spielt. Welche visuell-räumlichen Fähigkeitsaspekte als abhängige Variable in einer solchen Untersuchung näher zu betrachten wären, hätte sich direkt an den Vorüberlegungen oben zu orientieren.

Die skizzierten Überlegungen bezogen sich primär auf erforderliche Studien zu der Frage, ob und welche Aspekte der Handgeschicklichkeit Entwicklungsveränderungen in welchen visuell-räumlichen Konstruktbereichen vorhersagen. Darauf aufbauend müssten mögliche Mechanismen und Moderatoren einer solchen Beziehung genauer untersucht werden, da diese eine Grundlage für noch gezieltere diagnostische Maßnahmen und Interventionsmaßnahmen bilden. Ein naheliegender erster Schritt wäre zu prüfen, ob die Vermutung zutrifft, dass die Handgeschicklichkeit spezielle feinmotorische Objektinteraktionen unterstützt und dass hieraus der Erwerb visuell-räumlicher Fähigkeiten resultiert. Eine Untersuchung dieser, aus dem Ansatz zur verkörperten Kognition (Barsalou, 2008; Smith, 2005) ableitbaren Annahme könnte direkt in die oben skizzierte längsschnittliche Interventionsstudie eingegliedert werden. Hierzu müsste zunächst die Verfügbarkeit relevanter feinmotorischer Objektinteraktionsgelegenheiten (z.B. Bauklötze, Konstruktionsspiel; Caldera et al., 1999) im Sinne eines Moderators erfasst werden, da hiervon zwangsläufig die Auftrittswahrscheinlichkeit entsprechender Objektinteraktionen abhängt. Bei Geltung der Annahmen müsste der Effekt eines Handgeschicklichkeitstrainings besonders ausgeprägt sein, wenn die Kinder in hohem Ausmaß auf solche Objektinteraktionsgelegenheiten zurückgreifen können. Darüber hinaus müsste die Annahme, dass die Kinder der Trainingsgruppe die erwähnten Handlungsgelegenheiten auch tatsächlich häufiger und gegebenenfalls effektiver nutzen noch direkter geprüft werden. Zum Beispiel könnten die Kinder hierzu nach der Trainingsphase in einer standardisierten Explorationssituation beobachtet werden, wobei die Art der in dieser Situation beobachtbaren Objektinteraktionen als Mediator interpretierbar wäre. Häufigere, ausdauerndere und effektivere Objektinteraktionen mit visuell-räumlicher Relevanz (z.B. Spiel mit Bauklötzen) und ein korrespondierender Leistungsvorsprung in der abhängigen Variable *visuell-räumliche Fähigkeiten*, der trainierten Kinder gegenüber den Kindern aus der Kontrollgruppe, würde die obige Annahme stützen.

Der beschriebene Zugang könnte darüber hinaus genutzt werden, um zu einem besseren Verständnis des in der Arbeit identifizierten Moderators *Geschlecht* zu kommen; also des Befundes, tendenziell engerer Beziehungen zwischen der Handgeschicklichkeit und der Matrizenleistung in der Gruppe der Jungen. So wäre es möglich, dass sich Unterschiede im Niveau der Handgeschicklichkeit in der Gruppe der Jungen deshalb stärker ausgewirkt haben als in der Gruppe der Mädchen, da Jungen häufiger Aktivitäten nachgehen, die den Erwerb visuell-räumlicher Fähigkeiten anregen (z.B. Spiel mit Bauklötzen; Caldera et al., 1999). Da mittels der oben skizzierten Explorationssituation die tatsächlichen Aktivitäten der Kinder direkt beobachtbar wären, ließe sich leicht feststellen, ob der Geschlechtsunterschied, wie angenommen, über Aktivitäten mit visuell-räumlichem Anregungsgehalt vermittelt wird.

Im vorangehenden Abschnitt wurde aufgezeigt, dass die Befunde der vorliegenden Arbeit einen wichtigen Ausgangspunkt für zukünftige Forschungsbemühungen darstellen. Unter Berücksichtigung der beschriebenen methodischen und inhaltlichen Grenzen der Arbeit werden im nächsten Teilkapitel nun wichtige praktische Implikationen der Befunde beschrieben.

7.6 Praktische Implikationen

Aufgrund der insgesamt erst dürftigen Befundlage zielte die Arbeit zunächst auf die Untersuchung grundlegender Aspekte der Beschaffenheit des Zusammenhangs zwischen feinmotorischen Fertigkeiten und kognitiven Fähigkeiten im Kindesalter ab. Trotz dieses grundlagenwissenschaftlichen Zugangs können aus den Daten auch bereits vorläufige Überlegungen zu Fragestellungen mit größerem Anwendungsbezug abgeleitet werden.

Hinsichtlich diagnostischer Fragestellungen existieren bereits Messverfahren, welche die Einschätzung wichtiger Facetten breiter Ausschnitte des motorischen Merkmalsbereichs ermöglichen (MAB-C; Henderson & Sugden, 1992; MoTB3-7; Krombholz, 2011; MOT 3-7; Zimmer & Volkamer, 1987). Mit dem in dieser Arbeit entwickelten feinmotorischen Messinstrument liegt nun erstmals auch ein Verfahren vor, welches eine differenziertere Einschätzung speziell feinmotorischer Fertigkeiten bei Kindern im Vorschulalter ermöglicht. Gerade bei jüngeren Kindern könnte hierbei der Einsatz von Aufgaben zur Messung der Handgeschicklichkeit die Einschätzung grundlegender Fertigkeiten erleichtern, die in diesem Alter noch für Objekt- und Umweltinteraktionen wichtig sind. Wenn später in Vorbereitung auf schulische Anforderungen zunehmend auch graphomotorische Aufgaben bearbeitet werden, ist hierfür insbesondere auch eine gute Auge-Hand-Koordination erforderlich (Wendler, 2001). Zur Einschätzung dieser Fertigkeit bei älteren Vorschulkindern können daher neben den Handgeschicklichkeitsaufgaben zusätzlich die Testaufgaben zur Messung der Auge-Hand-Koordination eingesetzt werden.

Die Befunde zur Beziehung zwischen den feinmotorischen Fertigkeiten mit den kognitiven Fähigkeiten legen darüber hinaus nahe, dass die Kenntnis bestimmter feinmotorischer Fertigkeiten auch bei der Einschätzung zentraler kognitiver Fähigkeiten (z.B. visuell-räumliches Schlussfolgern) von Vorschulkindern hilfreich sein kann. So könnte eine Berücksichtigung der Handgeschicklichkeit als weiterer Prädiktor bei entwicklungsdiagnostischen Fragestellungen zum Beispiel die Vorhersage späterer visuell-räumlicher Denkfähigkeiten verbessern helfen. Hierfür besteht auch deshalb ein Bedarf, da sich der alleinige Einsatz kognitiver Fähigkeitsmaße bei jungen Kindern nicht immer bewährt, spätere kognitive Fähigkeiten vorherzusagen (z.B. Weinert, 1998).

Hinsichtlich statusdiagnostischer Fragestellungen, welche auf die Einschätzung kognitiver Fähigkeiten zu einem gegebenen Zeitpunkt abzielen, ist die Kenntnis feinmotorischer Fertigkeiten nur in speziellen Fällen relevant. Zwar existieren auf der einen Seite mittlerweile etablierte Verfahren, mit welchen die Messung kognitiver Fähigkeiten auch im Kindesalter relativ zuverlässig möglich ist (CFT; Raven, Raven, & Court, 2002; HAWIVA IV; Ricken et al., 2007). Auf der anderen Seite existieren aber auch Verfahren (K-ABC: Melchers & Preuß., 2009), die das Problem aufweisen, dass sie bei Kindern mit spezifischen Feinmotorikdefiziten zu einer Unterschätzung kognitiver Fähigkeiten führen können, da die Bearbeitung der Untertests teilweise feinmotorische Fertigkeiten erfordern. In solchen Fällen ist die Kenntnis der feinmotorischen Fertigkeiten der zu testenden Kinder, insbesondere bei der Interpretation der Testergebnisse, hilfreich.

Hinsichtlich der oben angestellten diagnostischen Überlegungen gilt jedoch insgesamt, dass die feinmotorische Testbatterie für Forschungszwecke entwickelt wurde. Ein Einsatz für individualdiagnostische Anlässe sollte beim derzeitigen Stand der Forschungsarbeiten nur mit Vorsicht erfolgen. Nicht zuletzt auch deshalb, da noch keine Normen vorliegen.

Sollte sich speziell der Befund, dass die Handgeschicklichkeit Entwicklungsveränderungen in basalen Fähigkeitsbereichen vorhersagt in weiteren Untersuchungen bestätigen, hätte dies auch konkrete pädagogische Implikationen. Erziehern in Kindertagesstätten, wie auch Eltern ermöglicht ein solches Ergebnis einen differenzierteren Blick auf bedeutsame Facetten des feinmotorischen Merkmalsbereiches. Pädagogische Maßnahmen sollten demnach nicht nur die Feinmotorik generell, oder die häufiger genannte Auge-Hand-Koordination, in den Blick nehmen, sondern speziell auf die Handgeschicklichkeit; also die kontrollierte Koordination mehrerer Finger einer Hand, die für die Manipulation und damit für die Exploration perzeptueller und funktionaler Merkmale kleiner Objekte erforderlich ist.

Die Daten legen nahe, dass die Auge-Hand-Koordination, zumindest hinsichtlich der fokussierten kognitiven Konstrukte, weniger wichtig ist. Allerdings gilt dies zunächst nur für das in der Arbeit untersuchte „Paper- und Pencil-Konstrukt" und nicht für andere feinmotorische Konstrukte mit Auge-Hand-Koordinationsanteil. Beispielsweise erfordert gerade eine Reihe von Handgeschicklichkeitsaufgaben (Perlen auffädeln, Puzzeln, Steckspiele, etc.) auch eine gute Auge-Hand-Koordination. Da darüber hinaus auch Aufgaben aus dem Bereich der sozialen Selbstständigkeit und der praktischen Lebensbewältigung insgesamt Anforderungen an die Auge-Hand-Koordination implizieren (z.B. Verschließen eines Reißverschluss, Knöpfen), sollten Förderangebote die Fertigkeit nicht unberücksichtigt lassen.

Die Befunde haben darüber hinaus auch Implikationen für die Diskussion über die Auswirkungen von Computerspielen hinsichtlich bildungsrelevanter Zielkriterien. Zumindest aus Studien mit älteren Probanden liegen diesbezüglich mittlerweile Befunde zur begünstigenden oder hemmenden Rolle von Computerspielen für sehr unterschiedliche Kriterien vor. Begünstigende Effekte wurden beispielsweise hinsichtlich wahrnehmungsbezogener Fähigkeiten (Green, Li, & Bavelier, 2010) und visuell-räumlicher Fähigkeiten (Spence & Feng, 2010) gefunden, hemmende Effekte wurden unter anderem bereits hinsichtlich der Schulleistung berichtet (Fuchs & Wößmann, 2005). Mögliche Auswirkungen auf die feinmotorische Fertigkeitsentwicklung wurden hingegen weitgehend vernachlässigt.

Denkbar ist, dass sich Computerspiele auf wenigstens zwei grundsätzliche Arten auf die feinmotorische Fertigkeitsentwicklung auswirken. Die erste ist indirekt und ergibt sich daraus, dass nach einer repräsentativen Kinder und Mütterbefragung von ARD/ZDF (2009) in Deutschland heute bereits zwischen 20 und 40% der 3 bis 5-jährigen

Kinder regelmäßig Angebote am Computer nutzen. Dass die betroffenen Kinder daher vermutlich weniger Tätigkeiten ausführen, welche üblicherweise eng mit der feinmotorischen Fertigkeitsentwicklung assoziiert werden (Spiel mit Bauklötzen, Basteln etc.), liegt somit nahe. Gleichzeitig wirken sich Aktivitäten am Computer und besonders Geschicklichkeitsspiele im Vorschulalter vermutlich auch auf direktere Art auf die feinmotorische Fertigkeitsentwicklung aus; nämlich auf solche Fertigkeiten, die für die Betätigung der Eingabe und Steuergeräte erforderlich sind (Maus, Keyboard, Joystick, Gamepad). Obwohl aktuelle Befunde hierzu fehlen, handelt es sich bei diesen Fertigkeiten vermutlich primär um die motorische Reaktionsgeschwindigkeit sowie um Aspekte der Auge-Hand-Koordination (Greenfield, 1987). Inwiefern hiervon gleichzeitig hemmende Effekte auf die Entwicklung der, für die Exploration der „realen Welt" erforderlichen Handgeschicklichkeit ausgehen, ist noch zu prüfen. Ebenso wie mögliche damit verbundene Nachteile für die Entwicklung basaler kognitiver Fähigkeiten (z.B. visuell-räumlicher Fähigkeiten).

Bisher wurden Anregungen beschrieben, die aus der Arbeit hinsichtlich inhaltlicher Aspekte frühpädagogischer Maßnahmen abgeleitet werden können. Diese sind auch deshalb wichtig, da sie in letzter Zeit im Rahmen sehr allgemeiner, auf Paradigmenebene geführter Diskussionen über die Richtung frühpädagogischer Konzeptionen (Dollase, 2007), in den Hintergrund zu geraten drohen. Der Beitrag der vorliegenden Befunde zu der Paradigmendiskussion selbst ist indirekter Art. Er setzt daran an, dass die Diskussion der aus den Pradigmen abgeleiteten Vorschläge zur Gestaltung anregender Lern- und Entwicklungsangebote nicht unabhängig von den feinmotorischen Kompetenzen der Kinder geführt werden kann. Denn obwohl sich die Vorschläge je nach Paradigma unterscheiden ist ihnen gemeinsam, dass für die Nutzung der jeweiligen Lern- und Entwicklungsangebote feinmotorische Fertigkeiten erforderlich sind. Im Folgenden werden erste Überlegungen darüber dargestellt, welche feinmotorischen Fertigkeiten dies jeweils sind. Dabei wird an den feinmotorischen Anforderungen angesetzt, die im Rahmen eher kindzentrierter (CI Child-Initiated) oder eher akademisch fokussierter (DI-Direct Instruktion) frühpädagogischer Konzeptionen dominieren.

Die akademische Perspektive, welche durch einen frühen kognitiven Kompetenzerwerb zu charakterisieren ist, stand in Folge der PISA-Bildungsnitiative und ihrer Forderung nach früherem und systematischerem Einbezug aller Kinder in den Bildungs- und Erziehungsprozess zunächst verstärkt im Aufmerksamkeitszentrum. Im Rahmen dieser Perspektive dienen die Handgeschicklichkeit, wie auch die in der Arbeit untersuchte paper-pencil Facette des Konstruktes Auge-Hand-Koordination zunächst einem instrumentellen Zweck, der sich aus den Anforderungen der schulnahen Aufgaben selbst ergibt und unmittelbar einleuchtet. So werden eine Reihe typischer Aufgaben erst durch ein Mindestniveau in den genannten Fertigkeiten ermöglicht (Halten und Führen von Stiften, Pinseln, Linealen, Schneiden mit der Schere, Umblättern von Buchseiten etc.). Andererseits ist auch denkbar, dass der in der Bildungsdiskussion nach Pisa 2000 propagierte frühe kognitive Kompetenzerwerb durch feinmotorische Handlungserfahrungen noch direkter unterstützt wird. Hierfür sprechen auch die in der Arbeit gefundenen Hinweise auf eine Bedeutung der Handgeschicklichkeit für Fähigkeiten aus dem visuell-räumlichen Konstruktspektrum, die ihrerseits wichtig für die Bewältigung von Anforderungen in den Bereichen Mathematik (Hegarty & Kozhevnikov, 1999), Problemlösen (Geary, Saults, Liu, & Hoard, 2000) und Naturwissenschaft (Peters, Chisholm, & Laeng, 1995) sind.

Hinsichtlich der kindzentrierten Position, welche durch eine höhere Selbststeuerung des Kindes gekennzeichnet ist, sind die Anforderungen an die Handgeschicklichkeit und die Auge-Hand-Koordination potentiell sogar noch ausgeprägter. Dies wird im größten gemeinsamen Nenner früher wie späterer Vertreter dieses Ansatzes deutlich (Froebel, 1826; Montessori, 1964; Piaget, 1952; Smith, 2005). Demnach stellt die direkte Interaktion des Kindes mit der physischen (und sozialen) Umwelt die wesentliche Triebfeder der kindlichen (auch der kognitiven) Entwicklung dar. Elkind (2001, S.1) formuliert entsprechend: *„The natural world is the infant and young child´s first curriculum. And it can only be learned by direct interaction with things."* Die durch die kindzentrierte Position geprägten pädagogischen Implikationen beziehen sich typischerweise auf die Schaffung von Lern- und Entwicklungsumgebungen, die manuelle Tätigkeiten anregen und die Exploration perzeptueller- und funktionaler Umweltmerkmale ermöglichen (z.B. Elkind, 2001). Dem feinmotorischen Fertigkeitsniveau sowie den feinmotorischen Handlungen selbst wurden allerdings in traditionellen Ansätzen nur bis knapp ans Ende der ersten zwei Jahre Bedeutung zugeschrieben (Piaget). Auch in der neueren Forschung zu frühkindlichen Entwicklungsprozessen spiegelt sich dies in der Form wider, dass zur Beziehung zwischen feinmotorischen und kognitiven Fähigkeiten zwar Studien mit Säuglingen (Schwarzer et al., 2009), aber kaum Studien mit älteren Kindern vorliegen (siehe Kapitel 3 in dieser Arbeit). Die Befunde der vorliegenden Arbeit lassen vermuten, dass speziell das Handgeschicklichkeitsniveau auch im Vorschulalter noch zu berücksichtigen ist, wenn Lernumgebungen mit vielfältigen manipulativen Handlungsangeboten gestaltet werden.

Insgesamt machen die Ausführungen deutlich, dass Kindern die Nutzung der Lern- und Entwicklungsangebote im Rahmen beider Paradigmen erleichtert werden kann, wenn zunächst die erforderlichen feinmotorischen Handlungsvoraussetzungen aufgebaut werden. Welche feinmotorischen Voraussetzungen jeweils benötigt werden, kann dabei abhängig vom pädagogischen Ansatz und der konkreten Angebotsgestaltung variieren. Hinweise auf die erforderlichen Voraussetzungen können daher nur durch gezielte Analysen der feinmotorischen Anforderungen der entsprechenden Lernangebote ermittelt werden.

8 Literaturverzeichnis

Ackerman, P. L. (1988). Determinants of Individual Differences During Skill Acquisition: Cognitive Abilities and Information Processing. *Journal of Experimental Psychology: General, 117*(3), 288–318.

Adolph, K. (2005). Learning to learn in the development of action. In J. J. Rieser, J. J. Lockman, & C. A. Nelson (Eds.), *Action as an organizer of learning and development* (pp. 91–122). Mawah, NJ: Erlbaum.

Ahnert, J. (2005). *Motorische Entwicklung vom Vorschul- bis ins frühe Erwachsenenalter – Einflussfaktoren und Prognostizierbarkeit* (Dissertation). Julius-Maximilians-Universität Würzburg, Würzburg.

Ahnert, J., Bös, K., & Schneider, W. (2003). Motorische und kognitive Entwicklung im Vorschul- und Schulalter: Befunde der Münchner Längsschnittstudie LOGIK. *Zeitschrift für Entwicklungspsychologie und Pädagogische Psychologie, 35*(4), 185–199.

Anderson, P. (2002). Assessment and development of executive function (EF) during childhood. *Child Neuropsychology, 8*(2), 71–82.

Annett, M. (1985). *Left, right, hand and brain: The right shift theory*. Hove, UK: Lawrence Erlbaum Associates.

Arbuckle, J. (2009). *Amos 18 user's guide*. Chicago, Ill: SPSS Inc.

Argelander, A. (1925). Zur Frage der allgemeinen Handgeschicklichkeit. *Zeitschrift Pädagogische Psychologie, 26*, 542.

Backhaus, K. (2006). *Multivariate Analysemethoden: Eine anwendungsorientierte Einführung; mit 6 Tabellen* (11. Aufl.). Berlin, Heidelberg, New York: Springer.

Baedke, D. (1980). *Dimensionen der Handgeschicklichkeit im Kindesalter* (Dissertationsschrift). Philipps-Universität, Marburg.

Baenninger, M., & Newcombe, N. (1989). The role of experience in spatial test performance: A meta-analysis. *Sex roles, 20*(5-6), 327–344.

Barsalou, L. W. (2008). Grounded Cognition. *Annual Review of Psychology, 59*(1), 617–645.

Bayley, N. (2006). Bayley scales of infant and toddler development, 3rd ed., screening test. San Antonio: Psychological Corporation.

Beilei, L., Lei, L., Qi, D., & von Hofsten, C. (2002). The development of Fine Motors and Their Relations to Children's Academic achievement. *Acta Psychologica Sinica, 34*, 494–499.

Belka, D. E., & Williams, H. G. (1979). Prediction of later cognitive behavior from early school perceptual-motor, perceptual, and cognitive performances. *Perceptual and Motor Skills, 49*, 131–141.

Bender, R., & Lange, S. (2001). Adjusting for multiple testing – when and how? *Journal of Clinical Epidemiology, 54*, 343–349.

Benton, S. L., Kraft, R. G., Glover, J. A., & Plake, B. S. (1984). Cognitive Capacity Differences Among Writers. *Journal of Educational Psychology, 76*, 820–834.

Biedinger, N. (2010). Early Ethnic Inequality: The Influence of Social Background and Parental Involvement on Preschool Children's Cognitive Ability in Germany. *Child Indicators Research, 3*(1), 11–28.

Biedinger, N. (2011). The Influence of Education and Home Environment on the Cognitive Outcomes of Preschool Children in Germany. *Child Development Research*, 1–10.

Bjorklund, D. F., & Schneider, W. (2006). Ursprung, Veränderung und Stabilität der Intelligenz im Kindesalter: Entwicklungspsychologische Perspektiven. In W. Schneider & B. Sodian (Hrsg.), *Kognitive Entwicklung. Enzyklopädie der Psychologie* (S. 769–821). Göttingen: Hogrefe.

Boehm, A. E. (1971). *Boehm test of basic concepts: Manual*. New York: Psychological Corporation.

Bortz, J. (2005). *Statistik für Human- und Sozialwissenschaftler* (6. Aufl.). Heidelberg: Springer.

Bortz, J., & Döring, N. (2006). *Forschungsmethoden und Evaluation: Für Human- und Sozialwissenschaftler* (4. Aufl.). Heidelberg: Springer.

Bös, K., & Mechling, H. (1983). *Dimensionen sportmotorischer Leistungen*. Schorndorf: Hofmann.

Bouffard, M., Watkinson, E. J., Thompson, L. P., Causgrove Dunn, J. L., & Romanow, S. K. E. (1996). A test of the activity deficit hypothesis with children with movement difficulties. *Adapted Physical Activity Quarterly, 13*, 61–73.

Bruininks, R. H., & Bruininks, B. D. (2005). *BOT2: Bruininks-Oseretsky test of motor proficiency: administration easel* (2nd ed.). Minneapolis, Minn: Pearson Assessments.

Bühner, M. (2010). *Einführung in die Test- und Fragebogenkonstruktion* (2. Aufl.). *Methoden/Diagnostik*. München: Pearson Studium.

Burrmann, U., & Stucke, C. (2009). Zusammenhänge zwischen motorischen und kognitiven Merkmalen in der Entwicklung. In J. Baur & D. Alfermann (Hrsg.), *Handbuch motorische Entwicklung* (2. Aufl., S. 261–273). Schorndorf: Hofmann.

Burton, A., & Miller, D. (1998). *Movement skill assessment.* Champaign, IL: Human Kinetics.

Büttner, G., Dacheneder, W., Schneider, W., & Weyer, K. (2008). *Frostigs Entwicklungstest der visuellen Wahrnehmung-2: Deutsche Fassung des Developmental Test of Visual Perception* (2nd ed. (DTVP-2). In D. D. Hammill, N. A. Pearson & J. K. Voress. Manual.
Göttingen: Hogrefe.

Caldera, Y. M., Culp, A. M., O'Brien, M., Truglio, T., Alvarez, M., & Husten, A. C. (1999). Children's Play Preferences, Construction Play with Blocks, and Visual-spatial Skills: Are they Related? *International Journal of Behavioral Development, 23*(4), 855–872.

Carroll, J. B. (2005). The Three-Stratum Theory of Cognitive Abilities. In D. P. Flanagan & P. L. Harrison (Eds.), *Contemporary intellectual assessment. Theories, tests, and issues* (2nd ed., pp. 69–76). New York: Guilford Press.

Cattell, R. B., Weiss, R. H., & Osterland, J. (1997). *Grundintelligenztest Skala 1. CFT 1.* Göttingen: Hogrefe.

Cheadle, J. E. (2009). Parent educational investment and children's general knowledge development. *Social Science Research, 38*(2), 477–491.

Chien, C. W., Brown, T., & McDonald, R. (2009). A framework of children's hand skills for assessment and intervention. *Child: Care, Health and Development, 35*(6), 873–884.

Christianson, M. K., & Leathem, J. M. (2004). Development and Standardization of the Computerized Finger Tapping Test: Comparison with other finger tapping instruments. *New Zealand Journal of Psychology, 33*(2), 44–49.

Churchland, P. S. (1986). *Neurophilosophy: toward a unified science of the mind-brain.* Boston: MIT Press.

Cohen, J. (1988). *Statistical power analysis for the behavioral sciences* (2nd ed.). Hillsdale, NJ: L. Erlbaum Associates.

Cook, T. D., & Campbell, D. T. (1979). *Quasi-Experimentation: Design & Analysis Issues for Field Settings*. Boston: Houghton Mifflin Company.

Cratty, B. J. (1986). *Perceptual and motor development in infants and children* (3. Aufl.). Englewood Cliffs: Prentice-Hall.

Davis, E. E., Pitchford, N. J., & Limback, E. (2011). The interrelation between cognitive and motor development in typically developing children aged 4-11 years is underpinned by visual processing and fine manual control. *British Journal of Psychology, 102*(3), 569–584.

Dellatolas, G., Agostini, M. de, Curt, F., Kremin, H., Letierce, A., Maccario, J., & Lellouch, J. (2003). Manual skill, hand skill asymmetry, and cognitive performances in young children. *Laterality, 8*(4), 317–338.

Diamond, A. (2000). Close Interrelation of Motor Development and Cognitive Development and of the Cerebellum and Prefrontal Cortex. *Child Development, 71*(1), 44–56.

Dickes, P. (1978). Zusammenhänge zwischen motorischen und kognitiven Variablen bei Kindern im Vorschulalter. In H.-J. Müller, R. Decker, & F. Schilling (Hrsg.), *Motorik im Vorschulalter. Wissenschaftliche Grundlagen und Erfassungsmethoden* (2. Aufl., S. 119-132). Schorndorf: Hofmann.

Dollase, R. (2007). Bildung im Kindergarten und Früheinschulung. *Zeitschrift für Pädagogische Psychologie, 21*(1), 5–10.

Duff, S. V. (2002). Prehension. In D. J. Cech & S. T. Martin (Eds.), *Functional movement development across the life span* (2nd ed., pp. 313–349). Elsevier Health Sciences.

Duhm, E., & Huss, K. (1979). *Entwicklungstests. Fragebogen zur Erfassung praktischer und sozialer Selbständigkeit 4- bis 6-jähriger Kinder (FPSS)*. Braunschweig: Westermann.

Dunn, D. M., & Dunn, L. M. (1965). *Peabody picture vocabulary test*. Circle Pines: American Guidance Service.

Dyck, M. J., Piek, J. P., Kane, R., & Patrick, J. (2009). How uniform is the structure of ability across childhood? *European Journal of Developmental Psychology, 6*(4), 432–454.

Edfeldt, A. W. (1954). *The Reversal Test. Manual for administration*. Sweden: Stockholm.

Eggert, D. (1974). *Lincoln-Oseretzy-Skala Kurzform* (2. Aufl.). Weinheim: Beltz-Test.

Eggert, D., & Schuck, K. D. (1978). Untersuchungen zu Zusammenhängen zwischen Intelligenz, Motorik und Sozialstatus im Vorschulalter. In H.-J. Müller, R. Decker, & F. Schilling (Hrsg.), *Motorik im Vorschulalter. Wissenschaftliche Grundlagen und Erfassungsmethoden* (2. Aufl., S. 67–82). Schorndorf: Hofmann.

Eisenegger, C., Herwig, U., & Jancke, L. (2007). The involvement of primary motor cortex in mental rotation revealed by transcranial magnetic stimulation. *The European journal of neuroscience, 25*(4), 1240–1244.

Elkind, R. (2001). Early childhood education: Developmental or academic? Retrieved from http://media.hoover.org/documents/ednext20012unabridged_elkind.pdf

Ericsson, K. A. (2006). *The Cambridge handbook of expertise and expert performance.* New York: Cambridge University Press.

Ettrich, K. U. & Ettrich, C. (2005). *KHV-VK. Konzentrations- Handlungsverfahren für Vorschulkinder.* Göttingen: Hogrefe.

Everke, J., & Woll, A. (2007). Cognition and Motor Activity in Childhood – Correlation and Causation. *Sport Science and Physical Education (ICSSPE), Bulletin, 51,* 35–40.

Exner, C. E., & Henderson, A. (1995). Cognition and Motor Skill. In A. Henderson & C. Pehoski (Eds.), *Hand Function in the Child. Foundations for Remediation* (pp. 93–110), Mosby, Elsevier.

Feder, K. P., & Majnemer, A. (2007). Handwriting development, competency and intervention. *Developmental Medicine & Child Neurology, 49*(4), 312–317.

Fitts, P., & Posner, M. I. (1967). *Human Performance.* Belmont, CA: Brooks/Cole.

Fleig, P. (2008). Der Zusammenhang zwischen körperlicher Aktivität und kognitiver Entwicklung: Theoretische Hintergründe und empirische Ergebnisse. *Sportunterricht, 57*(1), 11–16.

Fleishman, E. (1972). Structur and measurement of psychomotor abilities: In R.N. Singer (Eds.), *The psychomotor domain* (pp. 78-196). Philadelphia: Lea & Febiger.

Folio, M. R., & Fewell, R. R. (2000). *PDMS-2: Peabody Developmental Motor Scales* (2nd ed.). Austin, Texas: Pro-Ed.

Franchin, L., Donati, C., Benelli, B., Zobec, F., Berchialla, P., Cemin, M., & Gregori, D. (2011). Interaction of Children with Toys to be Assembled: A Way to Promote the Development of Cognitive and Manual Skills. *The Ergonomics Open Journal, 4,* 44–60.

Fthenakis, W. E. (2006). *Der Bayerische Bildungs- und Erziehungsplan für Kinder in Tageseinrichtungen bis zur Einschulung* (2. Aufl.). Weinheim: Beltz.

Fuchs, T., & Wößmann, L. (2005). Computer können das Lernen behindern. Ifo Schnelldienst, *58,* 16–23.

Ganser, B. (2004). *Theoretische Grundbausteine: Rechenstörungen: Hilfen für Kinder mit besonderen Schwierigkeiten beim Erlernen der Mathematik.* Donauwörth: Auer.

Ganzeboom, H. B. G., Graaf, P. M. D., & Treiman, D. J. (1992). A Standard International Socio-Economic Index of Occupational Status. *Social Science Research, 21,* 1–56.

Garvey, M. A., Ziemann, U., Bartko, J. J., Denckla, M. B., Barker, C. A., & Wassermann, E. M. (2003). Cortical correlates of neuromotor development in healthy children. *Clinical Neurophysiology, 114,* 1662–1670.

Geary, D., Saults, S., Liu, F., & Hoard, M. (2000). Sex differences in spatial cognition, computational fluency, and arithmetical reasoning. *Journal of Experimental Child Psychology, 77,* 337–353.

Gottschaldt, K. (1929). Über den Einfluss der Erfahrung auf die Wahrnehmung von Figuren. *Psychologische Forschung, 12,* 1–87.

Graf, M., & Hinton, R. N. (1997). Correlations for the Developmental Visual-Motor Integration Test and the Wechsler Intelligence Scale for Children – III. *Perceptual and Motor Skills, 84*(2), 699–702.

Greenfield, P. (1987). *Kinder und neue Medien – Die Wirkungen von Fernsehen, Videospielen und Computer.* Weinheim: Psychologie Verlag.

Green, S. C., Li, R., & Bavelier, D. (2010). Perceptual Learning During Action Video Game Playing. *Topics in Cognitive Science, 2,* 202–216.

Grissmer, D., Grimm, K. J., Aiyer, S. M., Murrah, W. M., & Steel, J. S. (2010). Fine Motor Skills and Early Comprehension of the World: Two New School Readiness Indicators. *Developmental-Psychology, 46*(5), 1008–1017.

Haga, M., Pedersen, A. V., & Sigmundsson, H. (2008). Interrelationship among selected measures of motor skills. *Child Care, Health and Development, 34*(2), 245–248.

Heckhausen, H., & Roelofsen, I. (1962). Anfänge und Entwicklung der Leistungsmotivation: Im Wetteifer des Kleinkindes. *Psychologische Forschung*, 26(5), 313–397.

Hegarty, M., & Kozhevnikov, M. (1999). Types of visual–spatial representations and mathematical problem solving. *Journal of Educational Psychology*, 91(4), 684–689.

Henderson, A. (1995). Self-Care and Hand Skill. In A. Henderson & C. Pehoski (Eds.), *Hand function in the child. Foundations for remediation* (2nd ed., pp. 164–183). St. Louis: Mosby/Elsevier.

Henderson, A., & Pehoski, C. (Eds.) (1995). *Hand function in the child: Foundations for remediation* (2nd ed.). St. Louis: Mosby/Elsevier.

Henderson, S. E., & Sugden, D. A. (1992). *Movement assessment battery for children*. UK: The Psychological Corporation, Harcourt Brace Jovanovich.

Holodynski, M. (2006). : Die Entwicklung der Leistungsmotivation im Vorschulalter. *Zeitschrift für Entwicklungspsychologie und Pädagogische Psychologie*, 38(1), 2–17.

Holt, L. E., & Beilock, S. L. (2006). Expertise and its embodiment: Examining the impact of sensorimotor skill expertise on the representation of action-related text. *Psychonomic Bulletin & Review*, 13(4), 694–701.

Honig, A. S. (2006). What Infants, Toddlers, and Preschoolers Learn from Play: 12 Ideas. *Montessori Life: A Publication of the American Montessori Society*, 18(1), 16-21.

Jansen, P., & Heil, M. (2010). The relation between motor development and mental rotation ability in 5-to 6-year-old children. *International Journal of Developmental Science*, 4(1), 67–75.

Jones, D., & Christensen, C. A. (1999). Relationship Between Automaticity in Handwriting and Students` Ability to Generate Written Text. *Journal of Educational Psychology*, 91(1), 44–49.

Kail, R. (2007). Longitudinal Evidence That Increases in Processing Speed and Working Memory Enhance Children's Reasoning. *Psychological Science*, 18(4), 312–313.

Kane, M. J., Hambrick, D. Z., & Conway, A. R. A. (2005). Working Memory Capacity and Fluid Intelligence Are Strongly Related Constructs: Comment on Ackerman, Beier, and Boyle (2005). *Psychological Bulletin*, 131(1), 66–71.

Kaplan, B., Wilson, B.N., Dewey, D., & Crawford, S. (1998). DCD may not be a discrete disorder. *Human Movement Science, 17,* 471–490.

Keogh, J., & Sugden, D. (1985). *Movement skill development.* New York, London: Collier Macmillan.

Kiphard, H. J., & Schilling, F. (1974). *Körperkoordinationstest für Kinder – KTK.* Weinheim, Göttingen: Beltz.

Klauer, K. J. (2001). Training des induktiven Denkens. In K. J. Klauer (Hrsg.), *Handbuch kognitives Training* (2. Aufl., S. 165–207). Göttingen: Hogrefe.

Klauer, K. J. (2003). Positive Effekte für Intelligenz und schulisches Lernen. *Reportpsychologie, 28,* 162–167.

Klieme, E., Artelt, C., Hartig, J., Jude, N., Köller, O., Prenzel, M., (Eds.). (2010). *PISA 2009: Bilanz nach einem Jahrzehnt.* Berlin: Waxmann.

Kremin, H., & Dellatolas, G. (1995). L`accès au lexique: une tand de tandardization chez l`enfant d`age pré-scolaire. *Revue de Neuropsychologie, 53,* 309–338.

Krombholz, H. (2011). *Testbatterie zur Erfassung motorischer Leistungen im Vorschulalter MoTB 3-7. Beschreibung, Gütekriterien, Normwerte und ausgewählte Ergebnisse.*

Lawrenz, B. (2008). Neurodidaktik des Wortschatzerwerbs – dargestellt am Beispiel englischer Präpositionen. *Beiträge zur Fremdsprachenvermittlung,* (47), 3–10.

Lazarsfeld, P. F. (1940). Panel studies. *Public Opinion Quaterly, 4,* 122–128.

Lehmann, W., Rademacher, J., Quaiser-Pohl, C., Günther, A., & Trautewig, N. (2006). Viel + wenig, groß + klein: Riesenspaß bei der Förderung von mathematischen Vorläuferfähigkeiten. *Kindergarten Heute, 11,* 6–14.

Lezak, M. D. (1983). *Neuropsychological assessment.* New York: Oxford University Press.

Luo, Z., Jose, P. E., Huntsinger, C. S., & Pigott, T. D. (2007). Fine motor skills and mathematics achievement in East Asian American and European American kindergartners and first graders. *British Journal of Developmental Psychology, 25,* 595–614.

MacCallum, R. C., Widaman, K. F., Zhang, S., & Hong, S. (1999). Sample Size in Factor Analysis. *Psychological Methods, 4*(1), 84–99.

MacKinnon, D. P., Krull, J. J., & Lockwood, C. M. (2000). Equivalence of the Mediation, Confounding and Suppression Effect. *Prevention Science*, 1(4), 173–181.

Marr, D., Cermak, S., Cohn, E. S., & Henderson, A. (2003). Fine motor activities in Head Start and kindergarten classrooms. *American Journal of Occupational Therapy*, 57, 550–557.

Marr, D., Windsor, M.-M., & Cermak, S. (2001). Handwriting Readiness: Locatives and Visuomotor Skills in the Kindergarten Year. *Early Childhood Research and practice*.

McCarron, L. T. (1982). *MAND: McCarron assessment of neuromuscular development: fine and gross motor abilities.* Dallas, Texas: McCarron-Dial Systems.

McDonald, R. P., & Ho, M. H. (2002). Principles and practice in reporting structural equation analyses. *Psychological Methods*, 7(1), 64–82.

McGrew, K. S. (2005). The Cattell–Horn–Carroll theory of cognitive abilities. Past, present and future. In D. P. Flanagan & P. L. Harrison (Eds.), *Contemporary intellectual assessment: Theories, tests, and issues* (2nd ed., pp. 136–181). New York: Guilford Press.

McReynolds, P., Acker M., & Pietila C. (1961). The relation of object curiosity to psychological adjustment. *Child Development*, 32, 393–400.

Meinel, K., & Schnabel, G. (1976). *Bewegungslehre. Abriß einer Theorie der Bewegung.* Berlin: Volk und Wissen.

Melchers, U., & Preuß. (2009). *Kaufman Assessment Battery for Children (deutsche Version)* (8. Aufl.). Frankfurt: Pearson.

Michel, E., Roethlisberger, M., Neuenschwander, R., & Roebers, C. M. (2011). Development of Cognitive Skills in Children with Motor Coordination Impairments at 12-Month Follow-up. *Child Neuropsychology*, 17(2), 151–172.

Mitrushina, M. N., Boone K. L., & D'Elia L. (1999). *Handbook of normative data for neuropsychological assessment.* New York: Oxford University Press.

Mogel, H. (2008). *Psychologie des Kinderspiels: Die Bedeutung des Spiels als Lebensform des Kindes, seine Funktion und Wirksamkeit für die kindliche Entwicklung.* Dordrecht: Springer.

Mönks, F. J., Lehwald, G., & Ahnert, L. (1991). *Neugier, Erkundung und Begabung bei Kleinkindern.* München: E. Reinhardt.

Montessori, M. (1964). *Montessori method*: Random House Digital, Inc.

Muchinsky, P. M. (1996). The Correction for Attenuation. *Educational and Psychological Measurement, 56*(1), 63–75.

Müller, K., Ebner, B., & Hömberg, V. (1994). Maturation of fastest afferent and efferent central and peripheral pathways: No evidence for a constancy of central conduction delays. *Neuroscience Letters, 166*(1), 9–12.

Nachtigall, C., Kroehne, U., Funke, F., & Steyer, R. (2003). (Why) Should We Use SEM?: Pros and Cons of Structural Equation Modeling. *Methods of Psychological Research Online, 8*(2), 1–22.

Naglieri, J. A., & Das, J. P. (1997b). *Das-Naglieri cognitive assessment system: The Mental Measurements Yearbook database*. Itasca, Riverside Publishing.

Neuwirth, W., & Benesch, M. T. (2004). *Motorische Leistungsserie:* Virtuelle Fachbibliothek Psychologie an der Saarländischen Universitäts- und Landesbibliothek.

Niemeyer, W. (1976). Bremer Artikulationstest (BAT). Bremen: Herbig.

Oerter, R. (Hrsg.) (2008). *Entwicklungspsychologie (6. Aufl.)*. Weinheim, Basel: Beltz, PVU.

Payr, A. (2011). *Der Zusammenhang zwischen der motorischen und kognitiven Entwicklung im Kindesalter: Eine Metaanalyse* (Dissertation). Konstanz.

Pehoski, C. (1995). Object Manipulation in Infants and Children. In A. Henderson & C. Pehoski (Eds.), *Hand function in the child. Foundations for remediation* (2nd ed., pp. 136–153). St. Louis: Mosby/Elsevier.

Peter, K., Wetzel, G., & Heiderich, F. (1938). *Handbuch der Anatomie des Kindes*. München: J.F. Bergmann.

Petermann, F. (Hrsg.) (2009). *Movement Assessment Battery for Children – Second Edition (Movement ABC-2)*. Deutschsprachige Adaptation nach S. E. Henderson, D. A. Sudgen und A. L. Barnett (2nd ed.). Frankfurt: Pearson Assessments.

Petermann, F. (2008). HAWIK-IV: *Hamburg-Wechsler Intelligenztest für Kinder-IV*. New York: Hans Huber.

Petermann, F. (2011). *Der ET 6-6: Durchführung im Vorschulalter: Entwicklungsdiagnostik vom Säuglingsalter bis zur Schulreife*. Frankfurt am Main: Pearson Assessment & Information.

Petermann, F., Stein, I., & Macha, T. (2006). *Entwicklungsdiagnostik mit dem ET 6-6.* Frankfurt: Harcourt Test Services.

Peters, M., Chisholm, P., & Laeng, B. (1995). Spatial ability, student gender and academic performance. *Journal of Engineering Education, 84,* 60–73.

Peugh, J. L., & Enders, C. K. (2004). Missing Data in Educational Research: A Review of Reporting Practices and Suggestions for Improvement. *Review of Educational Research, 74*(4), 525–556.

Piaget, J. (1952). *The origins of intelligence in children.* New York: International University Press.

Piek, J. P., Baynam, G., & Barrett, N. (2006). The relationship between fine and gross motor ability, self-perceptions and self-worth in children and adolescents. *Human Movement Science, 25*(1), 65–75.

Piek, J. P., Bradbury, G. S., Elsley, S. C., & Tate, L. (2008). Motor Coordination and Social-Emotional Behaviour in Preschool-aged Children. *International Journal of Disability, Development and Education, 55*(2), 143–151.

Piek, J. P., Dawson, L., Smith, L. B., & Gasson, N. (2008). The role of early fine and gross motor development on later motor and cognitive ability. *Human Movement Science, 27,* 668–681.

Planinsec, J. (2002). Relations Between The Motor And Cognitive Dimensions of Preschool Girls and Boys. *Perceptual and Motor Skills, 94,* 415.

Pont, K., Wallen, M., & Bundy, A. (2009). Conceptualising a modified system for classification of in-hand manipulation. *Australian Occupational Therapy Journal, 56*(1), 2–15.

Quaiser-Pohl, C. (2003). The mental-cutting test "Schnitte" and the Picture-Rotation-Test, Two new measures to assess spatial ability. *International Journal of Testing, 3,* 219–231.

Raven, J. C., Raven, J. C., & Court, J. H., (1962). *Coloured progressive matrices.* Oxford: Psychologists Press.

Regula, V., Soden-Fraunhofen, Eun-Jin, S., & Liebich, S. (2007). Die Rolle der motorischen Interaktion beim Erwerb begrifflichen Wissens: Eine Trainingsstudie mit künstlichen Objekten. *Zeitschrift für Pädagogische Psychologie, 22*(1), 47–58.

Reinders, H. (2006). Kausalanalysen in der Längsschnittforschung. Das Crossed-Lagged-Panel Design. *Diskurs Kindheits- und Jugendforschung,* (1), 569–587.

Reitan, R. (1969). *Manual for administration of neuropsychological test batteries for adults and children*. Indianapolis: Indana.

Renzi, E. de, & Nichelli, P. (1975). Verbal and nonverbal short term memory impairment following hemispheric damage. *Cortex, 11*, 341–353.

Rhemtulla, M., & Tucker-Drob, E. M. (2011). Correlated longitudinal changes across linguistic, achievement, and psychomotor domains in early childhood: Evidence for a global dimension of development. *Developmental Science, 14*(5), 1245–1254.

Ricken, G., Fritz, A., Schuck, K. D., & Preuss, U. (2007). *HAWIVA-III Hannover-Wechsler-Intelligenztest für das Vorschulalter-III Wechsler Preschool and Primary Scale of Intelligence (WPPSI; Wechsler, D., 1967) – Deutsche Version*. Bern: Hans Huber.

Roebers, C., & Kauer, M. (2009). Motor and cognitive control in a normative sample of 7-year-olds. *Developmental Science, 12*(1), 175–181.

Roebers, C., Röthlisberger, M., Neuenschwander, R., Cimeli, P., Michel, E., & Jäger, K. (2014). The relation between cognitive and motor performance and their relevance for children's transition to school: A latent variable approach. *Human Movement Science, 33*, 284-297.

Roth, K., & Willimczik, K. (1999). *Bewegungswissenschaft*. Hamburg: Rowohlt-Taschenbuch Verlag.

Rubin, K. H. (1977). The social and cognitive value of preschool toys and activities. *Canadian Journal of Behavioural Science, 9*(4), 382–385.

Ruiter, S. A. J., Nakken, H., Meulen, B. F., & Lunenborg, C. B. (2010). Low Motor Assessment: A Comparative Pilot Study with Young Children With and Without Motor Impairment. *Journal of Developmental and Physical Disabilities, 22*(1), 33–46.

Sauter, F. (2001). POD-4. Prüfung optischer Differenzierungsleistungen bei Vierjährigen. Göttingen: Hogrefe.

Schermelleh-Engel, K., & Moosbrugger, H. (2003). Evaluating the Fit of Structural Equation Models: Tests of Signifikcance and Descriptive Goodness-of-Fit Measures. *Methods of Psychological Research Online, 8*(2), 23–74.

Schewe, H. (1977). Untersuchung zum Problem der Beziehung zwischen intellektueller und motorischer Leistungsfähigkeit bei Kindern (Dissertation), Braunschweig.

Schilling, F. (1974). Neue Ansätze zur Untersuchung der Hand- und Fingergeschicklichkeit im Kindesalter. *Sportwissenschaft, 4,* 276-298.

Schneider, W. (1992). The longitudinal study of motor development. In A. Kalverboer, B. Hopkins, & R. Geuze (Eds.), *European Network on Longitudinal Studies on Individual Development. Motor development in early and later childhood. Longitudinal approaches* (pp. 317-342). Cambridge: Cambridge Univ. Press.

Schwarzer, G., Jovanovic, B., Schum, N., & Dümmler, T. (2009). Analytische und konfigurale Verarbeitung von Objekten im Säuglingsalter. *Zeitschrift für Entwicklungspsychologie und Pädagogische Psychologie, 41*(4), 189-197.

Schweizer, K., Moosbrugger, H., & Goldhammer, F. (2005). The structure of the relationship between attention and intelligence. *Intelligence, 33*(6), 589-611.

Seewald, J. (2003). Grundannahmen und Erfahrungswerte der Psychomotorik zu Lernen und Bewegung: Vortragsmanuskript anlässlich des Symposiums „Lernen und Bewegung". Soest.

Siakaluk, P., Pexman, P., Sears, C., Wilson, K., Locheed, K., & Owen, W. (2008). The Benefits of Sensorimotor Knowledge: Body-Object Interaction Facilitates Semantic Processing. *Cognitive Science: A Multidisciplinary Journal, 32*(3), 591-605.

Skinner, R. A., & Piek J. P. (2001). Psychosocial implications of poor motor coordination in children and adolescents. *Human Movement Science, 20,* 73-94.

Slouthsky, V. M., Kloos, H., & Fisher, A. V. (2007). When Looks Are Everything. *Psychological Science, 18*(2), 179-185.

Smidt, W. K., Lehrl, S., Anders, Y., Pohlmann-Rother, S., & Kluczniok, K. (2012). Emergent literacy activities in the final preschool year in the German federal states of Bavaria and Hesse. *Early Years, 32*(3), 301-312.

Smirni, P., & Zappalà, G. (1989). Manual Behaviour, Lateralization of Manual Skills And Cognitive Performance of Preschool Children. *Perceptual and Motor Skills, 68,* 267-272.

Smith, L. B. (2005). Cognition as a dynamic system: Principles from embodiment. *Developmental Review, 25*, 278–298.

Son, S.-H., & Meisels, S. J. (2006). The relationship of young children's motor skills to later reading and math achievement. *Merrill-Palmer Quarterly, 52*(4), 755–778.

Spence, I., & Feng, J. (2010). Video Games and Spatial Cognition. *Review of General Psychology, 14*(2), 92–104.

Squires, J. B., & Potter, L. (1997). Revision of a parent-completed developmental screening tool: Ages and Stages Questionnaires. *Journal of Pediatric Psychology, 22*(3), 313–328.

Stamm, M. (2004). Bildungsraum Vorschule. Theoretische Überlegungen und Perspektiven zu den Möglichkeiten des früher als bisher üblichen kognitiven Kompetenzerwerbs. *Zeitschrift für Pädagogik, 50*(6), 865–881.

Steiger, J. H. (1980). Tests for Comparing Elements of a Correlation Matrix. *Psychological Bulletin, 87*(2), 245–251.

Stewart, R., Rule, A., & Giordano, D. (2007). The Effect of Fine Motor Skill Activities on Kindergarten Student Attention. *Early Childhood Education Journal, 35*(2), 103–109.

Suggate, S. P., & Stoeger, H. (2014). Do nimble hands make for nimble lexicons? Fine motor skills predict knowledge of embodied vocabulary items. *First Language, 34*(3), 244-261.

Teipel, D. (1988). *Diagnostik koordinativer Fähigkeiten*. München: Profil.

Thelen, E. (2000). Grounded in the World: Developmental Origins of the Embodied Mind. *Infancy, 1*(1), 3–28.

Thelen, E., & Smith, L. B. (2000). *A Dynamic Systems Approach to the Development of Cognition and Action* (4th ed.). Cambridge: MIT Press.

Thurstone, L. & Thurstone, L. (1949). *Examiner Manual for the SRA Primary Mental Abilities Test*. Chicago, Ill: Science Research Associates.

Tietze, W., Rossbach, H.-G., & Grenner, K. (2005). *Kinder von 4 bis 8 Jahren: Zur Qualität der Erziehung und Bildung in Kindergarten, Grundschule und Familie* (1.Aufl.). Weinheim, Basel: Beltz.

Tizard, B., Phelps J., & Plewis J. (1976). Play in preschool centers – II. Effects on play of the child`s social class and of the educational orientation of the center. *Journal of Child Psychology and Psychiatry, 17*, 265–274.

Voelcker-Rehage, C., & Wiertz, O. (2003). Lernfähigkeit sportmotorischer Fertigkeiten im Lichte der Entwicklungspsychologie der Lebensspanne (1. Aufl.). Bielefeld: Beiträge zur Sportwissenschaft, Vol. 26.

Voelcker-Rehage, C. (2005). Der Zusammenhang zwischen motorischer und kognitiver Entwicklung im frühen Kindesalter – Ein Teilergebnis der MODALIS-Studie. *Deutsche Zeitschrift für Sportmedizin, 56,* 358–359.

Wassenberg, R., Kroes, M., Feron, J., Kessels, G. H., Hendriksen, G., Kalff, A., & et. Al. (2005). Relation Between Cognitive and Motor Performance in 5- to 6-Year-Old Children: Results From a Large-Scale Cross-Sectional Study. *Child Development, 76,* 1092–1103.

Wendler, M. (2001). Diagnostik und Förderung der Graphomotorik. Konzeptionelle Überlegungen zu einem Entwicklungs- und Bewegungsorientierten Schriftspracherwerbs (Dissertation). Philipps-Universität, Marburg.

Wiedenbauer, G., & Jansen-Osmann, P. (2008). Manual training of mental rotation in children. *Learning and instruction, 18*(1), 18(1), 30–41.

Wilkening, F. (2006). Informationsverarbeitungstheorien zur kognitiven Entwicklung. In W. Schneider (Ed.), *Theorien, Modelle und Methoden der Entwicklungspsychologie* (S. 265–310). Göttingen: Hogrefe.

Williams, H. G. (1983). *Perceptual and motor development.* Englewood Cliffs: Prentice-Hall

Zimmer, R., & Volkamer, M. (1987). *Motoriktest für vier- bis sechsjährige Kinder: Mot 4-6*; Manual (2. Aufl.). Weinheim: Beltz

9 Abbildungsverzeichnis

Abbildung 4.1: Stifte 82
Abbildung 4.2: Kugeln 82
Abbildung 4.3: Klötze 82
Abbildung 4.4: Tracing 83
Abbildung 4.5: Bär 83
Abbildung 4.6: Huhn 83
Abbildung 4.7: Feuer 84
Abbildung 4.8: Hase 84
Abbildung 4.9: Glocke 84
Abbildung 4.10: Bivariate reliabilitätskorrigierte Korrelationen zwischen den drei feinmotorischen und den zwei kognitiven Konstrukten 101
Abbildung 5.1: Lösung für die angenommene dreifaktorielle Struktur feinmotorischer Fertigkeiten mit standardisierten Ladungen 120
Abbildung 5.2: Minderungskorrigierte Partialkorrelationen zwischen den drei feinmotorischen Fertigkeiten und Reasoning sowie Wissen 125
Abbildung 5.3: Mediatormodell für die Beziehung zwischen Handgeschick und Reasoning 132
Abbildung 5.4: Mediatormodell für die Beziehung zwischen Handgeschick und Wissen 133
Abbildung 5.5: Mediatormodell für die Beziehung zwischen Auge-Hand-Koordination und Reasoning 134
Abbildung 5.6: Mediatormodell für die Beziehung zwischen Auge-Hand-Koordination und Wissen 135
Abbildung 5.7: Mediatormodell für die Beziehung zwischen Tapping und Reasoning 136

Abbildung 5.8:	Mediatormodell für die Beziehung zwischen Tapping und Wissen	137
Abbildung 6.1:	Untersuchte Konstrukte zum ersten und zum zweiten Messzeitpunkt	147
Abbildung 6.2:	Konfirmatorischen Faktorenanalyse für die dreifaktorielle Struktur feinmotorischer Fertigkeiten zum ersten und zweiten Messzeitpunkt	150
Abbildung 6.3:	Bivariate Zusammenhänge zwischen den feinmotorischen und den kognitiven Konstrukten zum ersten und zweiten Messzeitpunkt	158
Abbildung 6.4:	Mediatormodell für die Beziehung zwischen Handgeschick und Reasoning	166
Abbildung 6.5:	Mediatormodell für die Beziehung zwischen Handgeschick und Wissen	168
Abbildung 6.6:	Mediatormodell für die Beziehung zwischen Auge-Hand-Koordination und Reasoning	169
Abbildung 6.7:	Mediatormodell für die Beziehung zwischen Auge-Hand-Koordination und Wissen	170
Abbildung 6.8:	Mediatormodell für die Beziehung zwischen Tapping und Reasoning	172
Abbildung 6.9:	Mediatormodell für die Beziehung zwischen Tapping und Wissen	173
Abbildung 6.10:	Pfadmodell für die Beziehung zwischen einem feinmotorischen und einem kognitiven Konstrukt	175
Abbildung 6.11:	Pfadmodell mit standardisierten Koeffizienten für die Beziehung zwischen Handgeschick und Reasoning mit dem auf Null fixierten Pfad A`	176
Abbildung 6.12:	Pfadmodell mit standardisierten Koeffizienten für die Beziehung zwischen Handgeschick und den beiden Untertetests des Reasoningkonstruktes	178

Abbildung 6.13: Erweitertes Pfadmodell mit standardisierten Koeffizienten für die Beziehung zwischen Handgeschick und Reasoning 179

Abbildung 6.14: Pfadmodell mit standardisierten Koeffizienten für die Beziehung zwischen Handgeschick und Wissen mit dem auf Null fixierten Pfad A` 180

Abbildung 6.15: Pfadmodell mit standardisierten Koeffizienten für die Beziehung zwischen Auge-Hand-Koor-dination und Reasoning mit auf Null fixierten Pfad A` 181

Abbildung 6.16: Pfadmodell mit standardisierten Koeffizienten für die Beziehung zwischen der Auge-Hand-Koordination und den beiden Untertests des Reasoningkonstruktes 183

Abbildung 6.17: Erweitertes Pfadmodell mit standardisierten Koeffzienten für Auge-Hand-Koordination und Reasoning 184

Abbildung 6.18: Pfadmodell mit standardisierten Koeffizienten für die Beziehung zwischen Auge-Hand-Koordination und Wissen mit dem auf Null fixierten Pfad A` 185

Abbildung 6.19: Pfadmodell mit standardisierten Koeffizienten für die Beziehung zwischen Tapping und Reasoning mit den auf Null fixierten Pfaden A und A` 186

Abbildung 6.20: Pfadmodell mit standardisierten Koeffizienten für die Beziehung zwischen Tapping und Wissen mit den auf Null fixierten Pfaden A und A` 187

10 Tabellenverzeichnis

Tabelle 3.1: Literaturrecherche zur Beziehung zwischen feinmotorischen Fertigkeiten und kognitiven Fähigkeiten bei Kindern im Vorschulalter 23

Tabelle 3.2: Befunde zur Beziehung zwischen feinmotorischen Fertigkeiten und kognitiven Fähigkeiten im Kindesalter 24

Tabelle 3.3: Zusammenfassende Darstellung von Studienmerkmalen 31

Tabelle 3.4: Studien, in denen kognitive Testaufgaben mit feinmotorischen Komponenten eingesetzt wurden 34

Tabelle 3.5: Studien, in denen feinmotorische Testaufgaben mit ausgeprägten kognitiven Komponenten eingesetzt wurden 35

Tabelle 3.6: Beziehungen der Handgeschicklichkeit und der Auge-Hand-Koordination mit verschiedenen kognitiven Fähigkeiten 36

Tabelle 3.7: Beziehungen der Auge-Hand-Koordination mit verschiedenen kognitiven Fähigkeiten 38

Tabelle 3.8: Beziehungen der Handgeschicklichkeit und der Auge-Hand-Koordination mit verschiedenen kognitiven Fähigkeiten 39

Tabelle 3.9: Beziehungen der Handgeschicklichkeit, der Auge-Hand-Koordination und der Tappingfertigkeit mit verschiedenen kognitiven Fähigkeiten 40

Tabelle 3.10: Aktivitäten im Kindergartenalter und feinmotorischer Handlungsbezug 48

Tabelle 3.11: Konsistente und inkonsistente Aufgaben mit unterschiedlichen Komplexitätsgraden 62

Tabelle 4.1: Soziodemographische Daten (Geschlecht, Alter, Einzugsgebiet) im Test und im Re-Test 86

Tabelle 4.2: Deskriptive Statistiken für die Feinmotorischen Items und Kognitiven Items 89

Tabelle 4.3: Geschlechtsunterschiede in den Feinmotorischen Testaufgaben 91

Tabelle 4.4: Interkorrelationen Zwischen den neun Feinmotorikaufgaben 92

Tabelle 4.5: Mustermatrix mit den Faktorladungen aus der Hauptkomponentenanalyse: Kommunalitäten, Eigenwerte, Varianzanteile und Komponenten-Interkorrelationen ... 94

Tabelle 4.6: Verteilungskennwerte für die feinmotorischen Fertigkeiten 95

Tabelle 4.7: Cronbachs Alpha und Trennschärfekoeffizienten für die Feinmotorikaufgaben 96

Tabelle 4.8: Bivariate Korrelationen der Feinmotorikaufgaben im Test mit den Feinmotorikaufgaben im Re-Test 97

Tabelle 4.9: Beziehungsunterschiede in Abhängigkeit von den feinmotorischen Fertigkeiten Handgeschick, Auge-Hand-Koordination und Tapping 103

Tabelle 4.10: Beziehungsunterschiede in Abhängigkeit der kognitiven Konstrukte Reasoning und Wissen 104

Tabelle 4.11: Bivariate (Biv.) und Alterskorrigierte (Alt.) Korrelationen Zwischen den Feinmotorischen und den Kognitiven Konstrukten 105

Tabelle 5.1: Soziodemographische Daten für die drei Altersgruppen 111

Tabelle 5.2:	Deskriptive Statistiken für die feinmotorischen und kognitiven Aufgaben sowie für Aufmerksamkeit, Verarbeitungsgeschwindigkeit, sozioökonomischer Hintergrund und Bildung der Eltern in drei Altersgruppen	116
Tabelle 5.4:	Geschlechtsunterschiede feinmotorische Testaufgaben	119
Tabelle 5.5:	Vergleich von drei möglichen Modellen feinmotorischer Fertigkeiten	121
Tabelle 5.6:	Interne Konsistenz (Cronbach`s Alpha) für die drei feinmotorischen Fertigkeiten in den drei untersuchten Altersgruppen	122
Tabelle 5.7:	Altersgruppenunterschiede und Ergebnisse der multivariaten Varianzanalyse	123
Tabelle 5.8:	Beziehungsunterschiede in Abhängigkeit von den feinmotorischen Fertigkeiten Handgeschick, Auge-Hand-Koordination und Tapping	127
Tabelle 5.9:	Beziehungsunterschiede in Abhängigkeit von den kognitiven Konstrukten Reasoning und Wissen	128
Tabelle 5.10:	Interkorrelationen zwischen Handgeschick, Auge-Hand-Koordination, Tapping, Reasoning, Wissen und Drittvariablen	131
Tabelle 6.1:	Soziodemographische Daten zu den zwei Messzeitpunkten	148
Tabelle 6.2:	Cronbach`s Alpha (α) für die drei feinmotorischen Fertigkeiten zu beiden Messzeitpunkten	151
Tabelle 6.3:	Cronbach`s Alpha (α) für die zwei kognitiven Fähigkeiten zu beiden Messzeitpunkten	151

Tabelle 6.4: Deskriptive Statistiken für die feinmotorischen und kognitiven Aufgaben, für die Verarbeitungsgeschwindigkeit, den sozioökonomischen Hintergrund und die Bildung der Eltern zu den zwei Messzeitpunkten 154

Tabelle 6.5: Geschlechtsunterschiede in den feinmotorischen Testaufgaben zu beiden Messzeitpunkten 156

Tabelle 6.6: Beziehungsunterschiede in Abhängigkeit der feinmotorischen Fertigkeiten Handgeschick, Auge-Hand-Koordination und Tapping 160

Tabelle 6.7: Beziehungsunterschiede in Abhängigkeit der kognitiven Konstrukte Reasoning und Wissen 161

Tabelle 6.8: Interkorrelationen zwischen den feinmotorischen und den kognitiven Konstrukten und den Drittvariablen Alter, Verarbeitungsgeschwindigkeit, Sozioökonomischer Status und elterliche Bildung zu beiden Messzeitpunkten 165

Tabelle 6.9: Effekt der Verarbeitungsgeschwindigkeit hinsichtlich der Beziehung zwischen Handgeschick und Reasoning zu den Messzeitpunkten 167

Tabelle 6.10: Effekt der Verarbeitungsgeschwindigkeit hinsichtlich der Beziehung zwischen Auge-Hand-Koordination und Reasoning zu den Messzeitpunkten 170

Tabelle 6.11: Effekt der Bildung hinsichtlich der Beziehung zwischen Auge-Hand-Koordination und Wissen zum zweiten Messzeitpunkt 171

Tabelle 6.12: Effekt der Verarbeitungsgeschwindigkeit hinsichtlich der Beziehung zwischen Tapping und Reasoning zum zweiten Messzeitpunkt 173

Tabelle 6.13: Vergleich des angenommenen Modells (Modell 1) mit dem Alternativmodell (Modell 2) 177

Tabelle 6.14: Indizes für den globalen Fit der Pfadmodelle für die Beziehung zwischen der Handgeschicklichkeit und den Untertests Matrizen und Klassenbilden..................178

Tabelle 6.15: Vergleich des angenommenen Modells (Modell 1) mit dem Alternativmodell (Modell 2) 181

Tabelle 6.16: Vergleich des angenommenen Modells (Modell 1) mit dem Alternativmodell (Modell 2).............................182

Tabelle 6.17: Indizes für den globalen Fit der Pfadmodelle für die Beziehung zwischen der Auge-Hand-Koordination und den Untertests Matrizen und Klassenbilden 183

Tabelle 6.18: Vergleich des angenommenen Modells (Modell 1) mit dem Alternativmodell (Modell 2).............................185

Tabelle 6.19: Vergleich des angenommenen Modells (Modell 1) mit dem Alternativmodell (Modell 2).............................186

Tabelle 6.20: Vergleich des angenommenen Modells (Modell 1) mit dem Alternativmodell (Modell 2).............................187

Tabelle 7.1: Zusammenfassende Darstellung der Ergebnisse zu den drei Forschungsfragen 199

11 Anhang

Anhang A: Elternbrief und Einverständniserklärung 246

Anhang B: Allgemeine Instruktionen..249

Anhang C: Instruktionen für die Feinmotorikaufgaben...............250

Anhang D: Kodierung der Literatur in Tabelle 3.2 259

Anhang A: Elternbrief und Einverständniserklärung

Sehr geehrte Eltern,

Am Lehrstuhl für Schulpädagogik (Prof. Dr. H. Stöger) der Universität Regensburg führe ich im Rahmen meiner Dissertation eine Studie zur Untersuchung der Feinmotorik durch. Besonders interessiert mich hierbei, wie wichtig feinmotorische Fertigkeiten für allgemeine und spezielle Lernfortschritte (z.B. allgemeines Wissen und kategoriales Denken) im Kindesalter sind.

Zur Beantwortung dieser Frage wurden in den umliegenden Kindergärten bereits Untersuchungen mit insgesamt 150, 4-jährigen Kindern durchgeführt. Gerne würde ich mir auch die feinmotorischen Fertigkeiten Ihres Kindes anschauen.

Die Untersuchung findet in verschiedenen Kindertagesstätten in Regensburg während der regulären Öffnungszeiten in den Räumen des Kindergartens statt. Um die Entwicklung verfolgen zu können, werden die Kinder in den kommenden 2 Jahren (jährlich einmal) bei verschiedenen Aufgaben beobachtet. Ihr Kind wird dabei an 2-3 Tagen insgesamt etwa 1 ½ Stunden bei verschiedenen feinmotorischen Tätigkeiten beobachtet, die immer spielerischen Charakter haben. Die erste Untersuchung findet im Februar 2010 statt, die zweite im Februar 2011.

Während der Untersuchungen sollten Ablenkungen natürlich weitgehend vermieden werden. Daher ist es notwendig, dass die Kinder jeweils einzeln und außerhalb der Gruppe beobachtet werden können (z.B. im Personalzimmer des Kindergartens). Unsere bisherigen Erfahrungen zeigen, dass dies völlig unproblematisch ist und dass die Kinder nach einer ersten Annährungsphase ausnahmslos mit Spaß und Freude bei den Aufgaben mitgemacht haben. Um die Erzieherinnen zu entlasten, werden sie während der Testung deshalb nur nach Bedarf anwesend sein. Die Kinder führen die Testaufgaben also alleine bzw. mit mir durch.

Eine Auswertung der Untersuchungsergebnisse werde ich Ihnen nach Abschluss der Studie in einem zusammenfassenden Bericht zur Verfügung stellen. Die Bestimmung des feinmotorischen Entwicklungsstandes einzelner Kinder, kann ich auf Grund des Umfangs der Studie jedoch leider nicht vornehmen. Ich hoffe hier auf Ihr Verständnis.

Wenn Sie sich vorstellen können, dass Ihr Kind an der beschriebenen Studie teilnimmt, bitte ich Sie um Ihr schriftliches Einverständnis auf einem zusätzlichen Formular, welches diesem Schreiben beiliegt.

Für Ihre Zeit möchte ich mich bereits herzlich bedanken!

Bei Fragen wenden Sie sich bitte gerne auch telefonisch an mich oder die Lehrstuhlleitung Frau Prof. Dr. H. Stöger

Mit freundlichem Gruß

Philipp Martzog (Diplom Psychologe) Regensburg, den 02.02.2010

Anhang A: Elternbrief und Einverständniserklärung

Ich stimme zu, dass mein Kind an dem beschriebenen Projekt „Untersuchung feinmotorischer und kognitiver Fähigkeiten bei Kindern im Vorschulalter", teilnehmen kann und dass zu Auswertungszwecken teilweise auch Videoaufzeichnungen von Händen und Fingern gemacht werden[9].

Mein Kind _____ nimmt an der Studie teil.

_____ _____
(Unterschrift eines erziehungsberechtigten Elternteils)   Ort, Datum

Vielen Dank für Ihr Vertrauen! Gerne stehe ich für Rückfragen zur Verfügung.

Mit freundlichem Gruß
Philipp Martzog

---

[9] Bei drei Aufgaben führen die Kinder sehr schnelle kleine Bewegungen aus (z.B. eine Glocke leuten), die nicht mehr mit bloßem Auge mitgezählt werden kann. Hierfür ist die Aufzeichnung hilfreich.

Anhang B: Allgemeine Instruktionen

- Bevor ein Kind den Untersuchungsraum betritt, müssen alle Vorbereitungen getroffen worden sein.
- Für die Feinmotorikaufgaben, sollte das Kind saubere, trockene und halbwegs warme Hände haben. Das Kind sollte außerdem auf der Toilette gewesen sein.
- Zu Beginn eignet sich als „warming up" dem Kind die Aufgaben/Spiele zu zeigen, die mit ihm durchgeführt werden..schau mal was wir heute alles machen werden.
- Bei den Feinmotorikaufgaben muss die Händigkeit ermittelt werden. Hierzu soll das Kind vormachen, wie es a) sich die Zähne putzt, b) eine Glocke läutet, c) ein Blatt Papier mit der Schere schneidet, d) einen Baum mit lauter Kirschen malt (mit dem Finger auf den Tisch).
- Ist das Kind bei einer der Aufgaben zu schüchtern, macht der Versuchsleiter die Aufgabe vor.
- Alle Feinmotorikaugaben bearbeitet das Kind mit einer (seiner dominanten) Hand. In der nicht dominanten Hand hält es einen Klotz, damit diese Hand nicht an der Aufgabe „beteiligt werden kann". Erklärung hierfür für das Kind: *„du darfst die Aufgaben heute alle mit diese Hand machen* (auf die dominante Hand zeigen). *Damit die andere aber nicht so alleine ist, bekommt sie den blauen Klotz in die Hand und hält ihn gut fest."*
- Direkt nach der Kennenlernphase und dem Händigkeitstest geht es mit einer allgemeinen Instruktion weiter (gilt nur für die Feinmotoriktestphase): *„heute machen wir mehrere Spiele. Das besondere an diesen Spielen ist, dass sie alle sehr schnell gehen."*
- Jedes Kind muss für die Aufgabenbearbeitung zentral auf dem Stuhl und möglichst mittig zum Tisch bzw. Testgerät sitzen!
- Wenn das Kind mit der Aufgabe beginnen will bevor das Startzeichen „auf die Plätze fertig los" gegeben wurde, sollte seine Hand sanft festgehalten werden. *„warte noch auf das Startzeichen... gleich geht's los"* Es geht erst los, wenn der Versuchsleiter bereit ist.
- Die Feinmotorikaufgaben werden jeweils gefilmt... Achtung Akku aufladen bzw. Kabel etc. mitnehmen
- Bei jeder Aufgabe kann/sollte das Kind gelobt werden, wenn es die ersten z.b. 2-3 Stäbchen/Kugeln, Klötze etc. korrekt umgesteckt hat, um es darin zu bestätigen, dass es „auf dem richtigen Weg ist". Folgende Formulierungen sind geeignet und austauschbar: a) Ja genau, toll machst du das! B) Richtig, gut machst du das!

Anhang C: Instruktionen für die Feinmotorikaufgaben

Item 1: Handgeschicklichkeit

STIFTE		
Bei regulärer Aufgabenbearbeitung		Bei Unterbrechungen
Aufgabenbeschreibung Teil 1: Das Kind entnimmt der blauen Schale einzelne Stäbchen und steckt alle 24 Stäbchen <u>so schnell wie möglich</u> in die obere Lochreihe	**Messung:** Erfasst werden zwei Werte: • Menge umgesteckter Stäbchen innerhalb von 35 Sekunden. • Dauer in Sekunden für den gesamten Durchgang (24. Stäbchen).	• Das Kind beginnt vor dem Startzeichen → unterbrechen; darauf hinweisen, dass es erst auf „los" beginnt, dann: Neustart • Das Kind überspringt Löcher → „...eins nach dem anderen. Lasse keines aus" • Dem Kind fällt ein Stäbchen aus der Hand → Aufgabe geht einfach weiter (Stäbchen sollte allerdings nicht unter den Tisch fallen)
Bei diesem Spiel sollst du die Stäbchen aus dieser Schale Ganz schnell, eins nach dem anderen in diese Reihe stecken. (von links nach rechts auf die oberere Reihe zeigen)... *Auf eines musst du achten: Du musst die Stäbchen so schnell du kannst einstecken.* *Weißt du wie es geht?...dann geht's jetzt los! Achtung: Auf die Plätze, fertig, los.*		
Aufgabenbeschreibung Teil 2: Das Kind steckt, <u>so schnell wie möglich</u>, die 24 Stäbchen der obereren Lochreihe, der Reihe nach, in die untere Lochreihe um.	Messung wie bei Teil 1 (siehe oben)	
Bei diesem Spiel sollst du die Stäbchen dieser Reihe (von links nach rechts auf die oberere Reihe zeigen)... *ganz schnell, einen nach dem anderen in diese Reihe stecken* (von links nach rechts auf die andere Reihe zeigen). *Bis alle Stäbchen umgesteckt sind.* *Denke daran, du musst die Stäbchen wieder ganz schnell umstecken. Weißt du wie es geht?...dann geht's jetzt los! Achtung: Auf die Plätze, fertig, los.*		

Anhang C: Instruktionen für die Feinmotorikaufgaben

Item 2: Handgeschicklichkeit

KUGELN		
Bei regulärer Aufgabenbearbeitung		**Bei Unterbrechungen**
Aufgabenbeschreibung: 1. *Durchgang:* Das Kind nimmt aus einer blauen Schale Kugeln und fädelt sie auf einen Stab bis keine weitere Kugel mehr auf den Stab passt. 2. *Durchgang:* Es folgt ein weiterer Durchgang, der sich darin unterscheidet, dass die Kugeln nicht mehr der Schale, sondern dem grauen Rohr zu entnehmen sind.	**Messung:** Erfasst werden folgende Werte: • Anzahl aufgesteckter Kugeln nach 60 Sekunden für den 1. Und nach 55. Sekunden für den 2. Durchgang. • Jeweilige Dauer in Sekunden für den 1. Und 2. Durchgang.	• Das Kind beginnt vor dem Startzeichen → unterbrechen; darauf hinweisen, dass es erst auf „los" beginnt, dann: Neustart • Das Kind lässt eine Kugel fallen und nimmt nicht die nächste Kugel aus der Schale, sondern sucht die heruntergefallene. „*...lass sie einfach liegen und nimm schnell die nächste*". (wenn das Kind die Kugel jedoch schnell wieder in der Hand hat, wird der Durchgang fortgesetzt.
• Knie dich genau so (….) davor hin. • „ Bei diesem Spiel sollst du Kugeln (auf die Kugeln in der Schale zeigen) ganz schnell auf diesen Stab stecken (auf den Stab zeigen)." • Schau so: (drei Kugeln aufstecken). • Versuche alle Kugeln ganz schnell aufzufädeln. Wenn dir eine runter fällt, lässt du sie einfach liegen und nimmst die nächste aus der Schale. • Bist du bereit? …dann geht's jetzt los! Achtung: Auf die Plätze, fertig, los! • Nach dem das Kind alle 20 Kugeln das erste Mal aufgesteckt hat, werden die Kugeln auf den geneigten Führungsstab aufgesteckt und der 2. Durchgang beginnt (Instruktionen wie oben).		

Anhang C: Instruktionen für die Feinmotorikaufgaben

Item 3: Handgeschicklichkeit

CLOWN		
Bei regulärer Aufgabenbearbeitung		**Bei Unterbrechungen**
Aufgabenbeschreibung: Das Kind dreht 16 Holzzylinder nacheinander um (von blau nach rot). Wenn die 16 Klötze das erste Mal umgedreht wurden, beginnt das Kind von neuem und dreht sie ein zweites Mal um (von rot nach blau).	**Messung:** Erfasst werden drei Werte: • Anzahl umgedrehter Holzklötze nach 28 Sekunden, • Anzahl der Holzklötze nach 40 Sekunden, • Dauer in Sekunden für den Gesamtdurchgang Die Zeit wird zwischen der ersten und letzten Klotzberührung in zwei Durchgängen gestoppt.	• Das Kind beginnt vor dem Startzeichen → unterbrechen; darauf hinweisen, dass es erst auf „los" beginnt, dann: Neustart • Das Kind beginnt mitten im Durchgang die „Drehrichtung" zu wechseln...und beginnt alle schon umgedrehten Klötze wieder zurück zu drehen. *„...nein, drehe alle blauen (bzw. roten Klötze) um, bis der ganze Clown rot bzw. blau ist."* • Das Kind macht eine längere Pause zwischen dem ersten und zweiten Durchgang. *„mache gleich weiter beginne wieder hier oben... so schnell du kannst."*
• *„ Bei diesem Spiel sollst du die blauen Klötze **ganz schnell** in rote verwandeln."* • *Schau so: Du fängst hier oben an* (drei Klötze umdrehen) *und drehst alle um, bis der ganze Clown rot ist".* • *Versuche alle Klötze **ganz schnell** umzudrehen.* • *...dann geht's jetzt los! Achtung: Auf die Plätze, fertig, los!* • Nachdem das Kind alle 16 Klötze das erste Mal umgedreht hat, beginnt der zweite Durchgang unmittelbar danach ohne Pause: • *„..und jetzt noch mal von vorne.. so schnell du kannst. Hier oben geht es los* (auf den obersten Klotz zgen).		

Anhang C: Instruktionen für die Feinmotorikaufgaben

Item 1: Auge-Hand-Koordination

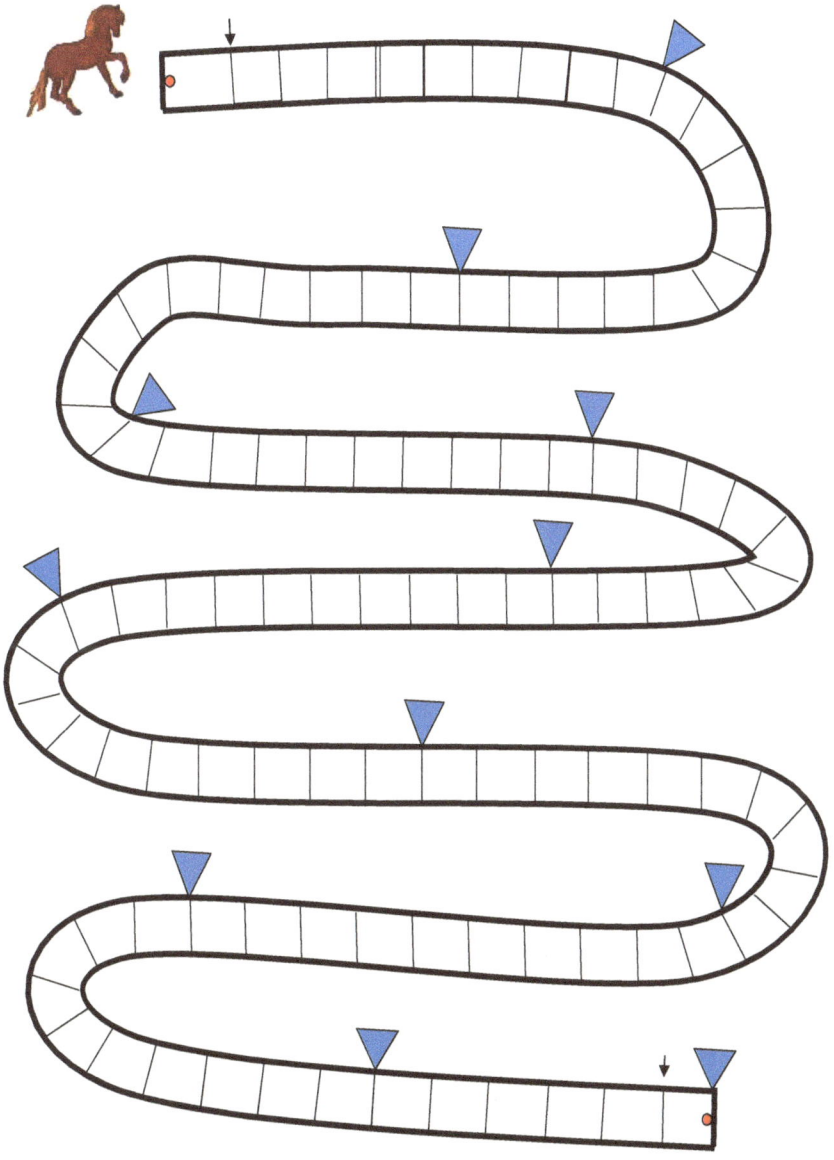

Anhang C: Instruktionen für die Feinmotorikaufgaben

Item 2: Auge-Hand-Koordination

BÄR		
Bei regulärer Aufgabenbearbeitung		Bei Unterbrechungen
Aufgabenbeschreibung: Das Kind setzt jeweils einen roten Punkt auf die „Nasen" von insgesamt 20 Bärchen. Dabei versucht es genau zu sein (also genau die Mitte zu treffen).	**Messung:** Erfasst werden zwei Werte: • Anzahl bearbeiteter Zielflächen nach 30 Sekunden • Dauer in Sekunden für den Gesamtdurchgang • Zeit wird zwischen der ersten und letzten Blattberührung gestoppt.	• Das Kind beginnt vor dem Startzeichen → unterbrechen; darauf hinweisen, dass es erst auf „los" beginnt, dann: Neustart • Das Kind rutscht am Stift „nach unten". „...nimm den Stift an ...Stelle". • Das Kind legt Hand oder Arm auf dem Papier ab: „...der Arm fliegt über das Blatt die Hand ruht sich nicht auf dem Blatt aus". • Das Kind überspringt ein Ziel: „...schau hier hast du eines vergessen" der VL zeigt auf die ausgelassene Stelle.
• *Bei diesem Spiel haben wir lauter schlafende Bärchen, die in den Kindergarten müssen.* • *Damit sie nicht zu spät kommen musst du sie jetzt schnell mit einem Stubs auf die Nase wecken... Stubs heißt, du machst ihnen einfach einen Punkt auf die Nase... und zwar genau da, wo es noch nicht rot ist.* • *Du fängst hier an* (auf den ersten Bär zeigen), *und stubst dann jedes Bärchen, eins nach dem anderen* (mit dem Finger nacheinander auf die ersten 5 Bären zeigen). • Das Kind selbst soll jetzt mit dem Zeigefinger alle 20 Bärchen nacheinander abfahren, um die Reihenfolge zu lernen. • *Jetzt nimmst du den Stift und hältst ihn hier an „dieser" Stelle.* • *Wenn du die Bärchen in die Nasen stubst, muss dein Arm übers Blatt fliegen und der Stift kommt von oben.* • *Bevor du anfängst zeigst du mir erstmal auf diesem Blatt wie gut es dir gelingt.* • Nach dem das Kind die Übungsreihe bearbeitet hat, bekommt es vom Versuchsleiter Feedback. • *Weißt du wie es geht? ...dann geht's jetzt los! Achtung: Auf die Plätze, fertig, los.* (wenn das Kind die Instruktion verstanden zu haben scheint, kann dieser letzte Teil der Instruktion übersprungen werden.)		

Anhang C: Instruktionen für die Feinmotorikaufgaben

Item 3: Auge-Hand-Koordination

HUHN		
Bei regulärer Aufgabenbearbeitung		**Bei Unterbrechungen**
Aufgabenbeschreibung: Das Kind setzt jeweils <u>einen</u> roten Punkt in die Mitte von insgesamt 20 Zielflächen, die auf einem gewundenen Weg als Körner vor einem braunen liegen. Dabei versucht es <u>genau</u> zu sein (also genau die Mitte zu treffen). Gleiche Aufgabenanforderungen wie bei der Bäraufgabe.	**Messung:** erfasst werden zwei Werte: • Anzahl bearbeiteter Zielflächen nach 30 Sekunden • Dauer in Sekunden für den Gesamtdurchgang • Die Zeit wird zwischen der ersten und letzten Blattberührung gestoppt.	• Das Kind beginnt vor dem Startzeichen → unterbrechen; darauf hinweisen, dass es erst auf „los" beginnt, dann: Neustart • Das Kind rutscht am Stift „nach unten". „…nimm den Stift an …Stelle". • Das Kind legt Hand oder Arm auf dem Papier ab: „…der Arm fliegt über das Blatt die Hand ruht sich nicht auf dem Blatt aus". • Das Kind überspringt ein Ziel: „…schau hier hast du eines vergessen" der VL zeigt auf die ausgelassene Stelle.
• Bei dieser Aufgabe haben wir hier eine dicke hungrige Henne/Huhn (auf das Huhn zeigen). • Du hilfst der Henne die Körner, die vor ihr auf dem Weg liegen (auf die Körner zeigen) aufzupicken. • Du fängst hier an (auf das erste Huhn zeigen), und pickst dann jedes Korn, eins nach dem anderen auf (mit dem Finger nacheinander auf die ersten 5 Körner zeigen). • Jetzt nimmst du den Stift und hältst ihn hier an „dieser" Stelle. • Wenn du die Körner aufpickst, muss dein Arm und deine Hand, wie bei den Bärchen vorhin übers Blatt fliege .und der Stift kommt immer von oben. • Bevor du anfängst zeigst du mir erstmal auf diesem Blatt wie gut es dir gelingt. • Nach dem das Kind die Übungsreihe bearbeitet hat, bekommt es vom Versuchsleiter Feedback. • *Weißt du wie es geht?...dann geht's jetzt los! Achtung: Auf die Plätze, fertig, los.* (wenn das Kind die Instruktion verstanden zu haben scheint, kann dieser letzte Teil der Instruktion übersprungen werden)		

Anhang C: Instruktionen für die Feinmotorikaufgaben

Item 1: Tapping

FEUER		
Bei regulärer Aufgabenbearbeitung		Bei Unterbrechungen
Aufgabenbeschreibung: Das Kind führt schnelle wiederholte Bewegungen aus, indem es mit einem Stift mind. 10 Sekunden lang Punkte schnell hintereinander auf ein Blatt setzt (ein Feuer muss gelöscht werden und es fallen viele schnelle kleine Regentropfen vom Himmel).	**Messung:** Erfasst wird die Anzahl ausgeführter Punktierbewegungen innerhalb von 10 Sekunden (für die spätere Videoanalyse sollte der Aufnahmefokus maximal herangezoomt werden).	• Das Kind beginnt sehr langsam. Wenn der Eindruck entsteht, dass das Kind die Instruktion „so schnell du kannst" nicht verstanden hat, sollte es noch einmal daran erinnert werden: „so schnell du kannst" wenn das Kind das Tempo dann deutlich erhöht, beginnt das Zeitintervall neu. • Das Kind unterbricht nach bereits ca. 5 Sekunden: „Immer wieder löschen, das Feuer ist noch nicht aus, immer weiter löschen, bis ich stopp sage!" Das Zeitintervall beginnt dann von neuem.
• Bei diesem Spiel sollst du **ganz schnell** ein brennendes Haus löschen. • Schau, hier haben wir das brennende Haus. • Die Feuerwehr ist noch nicht da, deshalb musst du es löschen! • Hier haben wir zum Glück einen Regentropfenstift, mit dem wir ganz viele kleine Regentropfen auf das Feuer fallen lassen bis das Feuer aus ist (die Punktierbewegung wird mit ca. 10 Taps schnell vorgemacht). • Also, bist du bereit? – das Kind bejaht – dann darfst du das Feuer löschen so schnell du kannst **und bis ich stopp sage** (jetzt erst wird dem Kind der Stift übergeben) • Während der Aufgabenbearbeitung: ..genau, immer wieder löschen, bis ich Stopp sage... immer weiter löschen... immer weiter.... Immer weiter. • Nach ca. 15 Sekunden (hier muss nicht gestoppt werden, da sich das Zeitintervall grob abschätzen lässt): „okay, stopp, das Feuer ist jetzt gelöscht." • Auf die Plätze, fertig, los!		

Anhang C: Instruktionen für die Feinmotorikaufgaben

Item 2: Tapping

HASE		
Bei regulärer Aufgabenbearbeitung		Bei Unterbrechungen
Aufgabenbeschreibung: Das Kind führt schnelle wiederholte Bewegungen aus, indem es mit seinem Zeigefinger die Leertaste einer Computertastatur wiederholt drückt.	**Messung:** Erfasst wird die Anzahl ausgeführter Drückbewegungen nach 5, 10, 15, 20, 25 Sekunden. Der PC zählt die Bewegungen mit. Durch einen Mausklick auf die Karotte nach der Aufgabenbearbeitung durch das Kind, erscheint das Ergebnis in einem Dialogfeld. Es muss dann auf das Protokollblatt übertragen werden.	• Das Kind unterbricht den Testdurchgang, um etwas zu erzählen: „*Lass den Hasen weiterhoppeln bis er bei der Karotte ist. Immer weiterhoppeln lassen (evtl. erzähl mir das später).*"
<ul><li>**Vorbereitung der Aufgabe**: im Ordner „Hase" liegt eine Datei mit dem Namen TEST diese Datei wird geöffnet. Dann wird die Taste F 11 für die Gesamtbildschirmansicht gedrückt. Die Aufgabe ist jetzt vorbereitet. Das Kind bearbeitet nicht die Notebooktastatur, sondern die externe.</li><li>*Bei diesem Spiel hoppelt der Hase so schnell er kann zu dieser Karotte, um sie zu fressen. Und du darfst ihm dabei helfen.*</li><li>*Ich mache dir mal vor, wie du ihn gleich hoppeln lassen kannst. Schau genau zu!* Der Versuchsleiter drückt mindestens 2 Mal pro Sekunde mit seinem Zeigefinger auf die Leertaste bis der Hase in der Mitte angekommen ist. Dann soll das Kind die zweite Hälfte machen. „*Jetzt bist du dran.*" Wenn das Kind offensichtlich die Geschwindigkeitsinstruktion nicht umsetzt, sollte es während dieses Übungsdurchgangs ermuntert werden. „*So schnell es kann zu drücken*".</li><li>Hat der Hase die Karotte erreicht, ist der Übungsdurchgang abgeschlossen: „*Gut hast du das gemacht. Jetzt möchte ich mal sehen, ob du den Hasen noch schneller hoppeln lassen kannst.*"</li><li>*Durch drücken der Taste F5 springt der Hase wieder zurück in die Startposition.*</li><li>*Bist du bereit?* (Kind nickt) *auf die Plätze, fertig, los!*</li></ul>		

Anhang C: Instruktionen für die Feinmotorikaufgaben

Item 3: Tapping

GLOCKE		
Bei regulärer Aufgabenbearbeitung		Bei Unterbrechungen
Aufgabenbeschreibung: Das Kind führt schnelle wiederholte Bewegungen aus, indem es eine Glocke mind. 10 Sekunden lang schnell läutet. Hierzu muss ein „Schlitten" auf einer Schiene schnell hin und her bewegt werden.	**Messung:** Erfasst wird die Anzahl ausgeführter „Hin- und Herbewegungen" innerhalb von 10 Sekunden (für die spätere Videoanalyse sollte der Aufnahmefokus maximal herangezoomt werden).	• Das Kind beginnt sehr langsam. Wenn der Eindruck entsteht, dass das Kind die Instruktion *„so schnell du kannst"* nicht verstanden hat, sollte es noch einmal daran erinnert werden: *„so schnell du kannst"* wenn das Kind das Tempo dann deutlich erhöht, beginnt das Zeitintervall neu. • Das Kind unterbricht nach bereits ca. 5 Sekunden: *„Immer wieter Klingeln, immer wieter Klingeln, bis ich stopp sage!"* Das Zeitintervall beginnt dann von neuem.
• Bei diesem Spiel sollst du **ganz schnell** eine Glocke läuten. • Schau so: die Bewegung wird mit ca. 10 Schiebebewegungen schnell vorgemacht. • bist du bereit? – das Kind bejaht – dann geht es los, so schnell du kannst **bis ich stopp sage!** • Während der Aufgabenbearbeitung: ..genau, immer weiter klingeln, bis ich Stopp sage... immer weiter klingeln... immer weiter.... Immer weiter. • Nach ca. 15 Sekunden (hier muss nicht gestoppt werden, da sich das Zeitintervall grob abschätzen lässt): „okay, stopp jetzt bist du fertig."		

Anhang D: Kodierung der Literatur in Tabelle 3.2

Nr. In Tabelle 3.2

LS 21	Belka, D. E., & Williams, H. G. (1979). Prediction of later cognitive behavior from early school perceptual-motor, perceptual, and cognitive performances. *Perceptual and Motor Skills, 49*, 131–141.
KS 16	Davis, E. E., Pitchford, N. J., & Limback, E. (2011). The interrelation between cognitive and motor development in typically developing children aged 4-11 years is underpinned by visual processing and fine manual control. *British Journal of Psychology, 102*(3), 569–584.
LS 9	Dellatolas, G., Agostini, M., de Curt, F., Kremin, H., Letierce, A., Maccario, J., & Lellouch, J. (2003). Manual skill, hand skill asymmetry, and cognitive performances in young children. *Laterality, 8*(4), 317–338.
KS 15	Dickes, P. (1978). Zusammenhänge zwischen motorischen und kognitiven Variablen bei Kindern im Vorschulalter. In H.-J. Müller, R. Decker, & F. Schilling (Eds.), *Motorik im Vorschulalter. Wissenschaftliche Grundlagen und Erfassungsmethoden* (2nd ed., S. 119–132). Schorndorf: Hofmann.
KS 5a	Feder, K., & Kerr, R. (1996). Aspects of Motor Performance and Preacademic Learning. *Cadian Journal of Occupational Therapy, 63*(5), 293–303.
KS 17	Graf, M., & Hinton, R. N. (1997). Correlations For the Developmental Visual-Motor Integration Test and the Wechsler Intelligence Scale for Children – III. *Perceptual and Motor Skills, 84*(2), 699–702.
KS 22	Jansen, P., & Heil, M. (2010). The relation between motor development and mental rotation ability in 5-to 6-year-old children. *International Journal of Developmental Science, 4*(1), 67–75.
KS 20	Michel, E., Roethlisberger, M., Neuenschwander, R., & Roebers, C. M. (2011). Development of Cognitive Skills in Children with Motor Coordination Impairments at 12-Month Follow-up. *Child Neuropsychology, 17*(2), 151–172.

LS 18	Piek, J. P., Dawson, L., Smith, L. B., & Gasson, N. (2008). The role of early fine and gross motor development on later motor and cognitive ability. *Human Movement Science, 27*, 668–681.
KS 13	Planinsec, J. (2002). Relations Between The Motor And Cognitive Dimensions of Preschool Girls and Boys. *Perceptual and Motor Skills, 94*, 415.
LS 1	Roebers, C. M., Röthlisberger, M., Neuenschwander, R., Cimeli, P., Michel, E., & Jäger, K. (2014). The relation between cognitive and motor performance and their relevance for children's transition to school: A latent variable approach. *Human movement science, 33*, 284-297.
KS 10	Smirni, P., & Zappalà, G. (1989). Manual Behaviour, Lateralization of Manual Skills And Cognitive Performance of Preschool Children. *Perceptual and Motor Skills, 68*, 267–272.
KS 6	Solan, H. A., & Mozlin, R. (1986). The correlations of perceptual-motor maturation to readiness and reading in kindergarten and the primary grades. *Journal of the American Optometric Association, 57*, 28–35.
KS 19	Stewart, R., Rule, A., & Giordano, D. (2007). The Effect of Fine Motor Skill Activities on Kindergarten Student Attention. *Early Childhood Education Journal, 35*(2), 103–109.
KS 11	Voelcker-Rehage, C. (2005). Der Zusammenhang zwischen motorischer und kognitiver Entwicklung im frühen Kindesalter – Ein Teilergebnis der MODALIS-Studie. *Deutsche Zeitschrift für Sportmedizin, 56*, 358–359.